Qui fuis-je ?
Où cours-tu ?
À quoi servons-nous ?

Infographie: Chantal Landry

Catalogage avant publication de Bibliothèque et Archives nationales du Québec et Bibliothèque et Archives Canada

D'Ansembourg, Thomas

    Qui fuis-je, où cours-tu et à quoi servons-nous?

    ISBN 978-2-7619-2508-2

    1. But (Psychologie). 2. Réalisation de soi. I. Titre.

BF505.G6D36 2008    153.8    C2008-941746-1

Pour en savoir davantage sur nos publications,
visitez notre site: **www.edhomme.com**
Autres sites à visiter: www.edjour.com
www.edtypo.com • www.edvlb.com
www.edhexagone.com • www.edutilis.com

09-08

© 2008, Les Éditions de l'Homme,
division du Groupe Sogides inc.,
filiale du Groupe Livre Quebecor Media inc.
(Montréal, Québec)

Tous droits réservés

Dépôt légal: 2008
Bibliothèque et Archives nationales du Québec

ISBN 978-2-7619-2508-2

DISTRIBUTEURS EXCLUSIFS:

- Pour le Canada et les États-Unis:
  **MESSAGERIES ADP***
  2315, rue de la Province
  Longueuil, Québec J4G 1G4
  Tél.: 450 640-1237
  Télécopieur: 450 674-6253
  Internet: www.messageries-adp.com
  * filiale du Groupe Sogides inc.,
    filiale du Groupe Livre Quebecor Media inc.

- Pour la France et les autres pays:
  **INTERFORUM editis**
  Immeuble Paryseine, 3, Allée de la Seine
  94854 Ivry CEDEX
  Tél.: 33 (0) 1 49 59 11 56/91
  Télécopieur: 33 (0) 1 49 59 11 33
  **Service commandes France Métropolitaine**
  Tél.: 33 (0) 2 38 32 71 00
  Télécopieur: 33 (0) 2 38 32 71 28
  Internet: www.interforum.fr
  **Service commandes Export – DOM-TOM**
  Télécopieur: 33 (0) 2 38 32 78 86
  Internet: www.interforum.fr
  Courriel: cdes-export@interforum.fr

- Pour la Suisse:
  **INTERFORUM editis SUISSE**
  Case postale 69 – CH 1701 Fribourg – Suisse
  Tél.: 41 (0) 26 460 80 60
  Télécopieur: 41 (0) 26 460 80 68
  Internet: www.interforumsuisse.ch
  Courriel: office@interforumsuisse.ch
  **Distributeur: OLF S.A.**
  ZI. 3, Corminboeuf
  Case postale 1061 – CH 1701 Fribourg – Suisse
  **Commandes:** Tél.: 41 (0) 26 467 53 33
                   Télécopieur: 41 (0) 26 467 54 66
                   Internet: www.olf.ch
                   Courriel: information@olf.ch

- Pour la Belgique et le Luxembourg:
  **INTERFORUM editis BENELUX S.A.**
  Boulevard de l'Europe 117
  B-1301 Wavre – Belgique
  Tél.: 32 (0) 10 42 03 20
  Télécopieur: 32 (0) 10 41 20 24
  Internet: www.interforum.be
  Courriel: info@interforum.be

Gouvernement du Québec – Programme de crédit d'impôt pour l'édition de livres – Gestion SODEC – www.sodec.gouv.qc.ca

L'Éditeur bénéficie du soutien de la Société de développement des entreprises culturelles du Québec pour son programme d'édition.

 Le Conseil des Arts du Canada
The Canada Council for the Arts

Nous remercions le Conseil des Arts du Canada de l'aide accordée à notre programme de publication.

Nous reconnaissons l'aide financière du gouvernement du Canada par l'entremise du Programme d'aide au développement de l'industrie de l'édition (PADIÉ) pour nos activités d'édition.

Thomas d'Ansembourg

# Qui fuis-je ?
# Où cours-tu ?
# À quoi servons-nous ?

Vers l'intériorité citoyenne

*Il y a des fuites qui sauvent la vie : devant un serpent, un tigre, un meurtrier.*

*Il en est qui la coûtent : la fuite devant soi-même. Et la fuite de ce siècle devant lui-même est celle de chacun de nous.*

*Comment suspendre cette cavalcade forcée sinon en commençant par nous, en considérant l'enclave de notre existence comme le microcosme du destin collectif ? Mieux encore : comme un point d'acupuncture qui, activé, contribuerait à guérir le corps entier ?*

Christiane Singer
*Où cours-tu ? Ne sais-tu pas que le ciel est en toi ?*

À Valérie<br>
et à nos enfants Camille, Anna et Jiulia.

À la vie quotidienne<br>
qui nous rassemble, petits et grands,<br>
adultes et ados, dans un même apprentissage,<br>
sur les bancs de son école de conscience,<br>
de cohérence et de tendresse.

# INTRODUCTION

## L'intériorité qui transforme

> *Pour mettre de l'ordre dans le monde, nous devons d'abord mettre la nation en ordre ; pour mettre la nation en ordre, nous devons mettre la famille en ordre. Pour mettre la famille en ordre, nous devons cultiver notre vie personnelle. Et pour cultiver notre vie personnelle, nous devons clarifier nos cœurs.*
>
> CONFUCIUS

### Qui *fuis-je*, où *cours-je*, et à quoi *sers-je* ?

Qui n'a jamais plaisanté autour de ces questions : qui fuis-je, où cours-je, et à quoi sers-je ? Celles-ci, même formulées en boutade, nous font un peu peur. Quand elles arrivent à notre conscience, souvent nous courons et fuyons plus vite pour ne pas les entendre et surtout ne pas tenter d'y répondre. Nous courons d'une chose à faire à l'autre, oubliant d'être. En planifiant ainsi toujours plus de choses à faire dans nos vies, tôt ou tard il y a forcément moins de vie dans les choses que l'on fait... et nous venons à manquer de l'essentiel : de vie, de sensation de vie, de sens à nos vies. Bien sûr, l'hyperactivité, la surconsommation (de relations, de télé, d'Internet, d'alcool, de nourriture, de vêtements, de gadgets, d'activités, de loisirs), la violence subtile (manipulation émotionnelle, culpabilisation, séduction) ou grossière, et la victimisation peuvent nous donner un moment l'impression d'exister, et nous nous disons : « Je cours tout le temps, j'achète ce que je veux, je me bagarre ou je me plains, donc j'existe ! » Mais quelqu'un en nous n'est pas dupe de ces fugues, refuges et subterfuges, et nous demande : « Qui fuis-je et à quoi sers-je ? »

En effet, une partie de nous sait que nous vivons en réaction (tiraillés entre ce que nous aimons ou n'aimons pas, ce dont nous avons envie ou n'avons pas envie, ce qui nous peine et nous réjouit) et non en création (inspirés par notre élan profond, au-delà des circonstances). Nous nous sommes habitués à vivre en compensation frileuse (en ne cherchant pas tant à être heureux qu'à éviter de souffrir) plutôt qu'en expansion joyeuse dans l'exploration et le déploiement généreux de notre être.

> La fuite et la course sont un piège dont nous ne sortirons pas par l'extérieur.

### Qui fuyons-nous ?

Qui n'a jamais soupiré, épuisé, en se disant : « Je rêve de silence et de calme : ne rien dire, ne rien faire, ne rien entendre pendant huit jours ! » Si nous rêvons de la sorte, qu'est-ce qui subtilement nous fait fuir toutes les occasions de ne rien dire ou faire et de savourer le silence ? Qui ne s'est jamais dit : « J'ai besoin de changement ! », sans pourtant s'atteler avec lui-même pour en parler face à face ?

Quand nous aimerions tant goûter l'intimité véritable, avec nous-mêmes comme avec l'autre, comment réaliser que c'est la peur de nous-mêmes qui nous la fait fuir ? Et si nous espérons être créateurs de notre vie, qu'est-ce qui nous empêche de fréquenter l'élan créateur qui sommeille en nous ?

Aurions-nous à ce point peur que la fuite en avant, qui a l'apparence très valorisée socialement de dynamisme et d'engagement, devienne notre assurance de ne jamais nous rencontrer ? Plus nous nous fuyons, plus nous courons... Et plus nous courons, moins nous goûtons le sens de la vie.

Nous voilà pris au piège !

### Où courons-nous ?

Nous avançons dans nos vies en faisant des choix en ce qui a trait à nos études, à notre profession, à notre vie sociale et culturelle, aux sports, aux loisirs et aux activités diverses. Nous décidons de mener une vie de couple ou de rester célibataire, de fonder une famille ou non, etc. Avec le rythme de vie et les *choses à faire* que ces choix impliquent, ces derniers ne sont-ils pas des tentatives pour mieux vivre et tâcher, finalement, d'être chaque jour plus heureux, plus joyeux et plus rayonnants ?

> **Une vie pleine de choses à faire est, parfois, vide de sens.**

Toutefois, de stratégie en stratégie et de choix de vie en choix de vie, il peut arriver que la vie soit de plus en plus pleine de *choses à faire* et de plus en plus vide de sens... C'est la course du hamster dans son tambourin[1] : gare au K.-O. (chaos ?) contre les barreaux de la cage !

Faute de trouver le bien-être intérieur durable, nous nous précipitons vers des choses qui nous sont extérieures (travail, argent, pouvoir, projets, voyages, activités sociales et culturelles, télé, médicaments et antidépresseurs, etc.), glanant parfois désespérément un *ersatz de bien-être dans un soulagement passager*, c'est-à-dire dans une compensation.

---

1. Thomas d'Ansembourg, *Être heureux, ce n'est pas nécessairement confortable*, Montréal, Éditions de l'Homme, 2004, p. 80.

Cette précipitation vers l'extérieur nous fait vivre à un rythme infernal et, selon notre position dans la société, nous contribuons à créer des rythmes de vie infernaux pour bien d'autres citoyens ! Alors, pour survivre, nous mettons en place, le plus souvent inconsciemment, des systèmes de compensation. Ceux-ci sont d'autant plus difficiles à démasquer qu'ils passent assez inaperçus sous l'apparence d'habitudes de vie dites « normales ».

De l'apéro au jardinage, du jogging à Internet et du souci de l'ordre à l'orthorexie[2], il y a des milliers de façons de nier notre étouffement profond en parvenant à limiter notre respiration à de rares petites bouffées d'oxygène.

Ainsi, s'occuper de la paille permet d'oublier la poutre…, oserais-je dire, en empruntant quelque peu aux Écritures !

Il m'a personnellement fallu quelques années de mal-être croissant, dans ma précédente profession, avant de comprendre que l'avidité avec laquelle j'avalais ma bière en rentrant du boulot, l'acharnement avec lequel je faisais mon *jogging* tous les deux jours, l'énergie que je consumais en jardinage vigoureux ou encore mon besoin de sortir pour faire des rencontres ne traduisaient pas tant la satisfaction de la journée accomplie, le plaisir de maintenir mon corps en forme, d'être les mains aux choses de la terre ou de rencontrer des gens que mon besoin d'évacuer les tensions qui m'habitaient alors et les frustrations, colères et insatisfactions que celles-ci exprimaient.

> L'apéro, le *jogging*, les rencontres ou le jardinage :
> compensations ou jubilations ?

---

2. L'orthorexie est un trouble du comportement alimentaire, découvert il y a moins de 10 ans, caractérisé par une obsession du *manger correct*. L'orthorexique recherche l'aliment idéal en se fixant ses propres tabous alimentaires. La pathologie peut entraîner l'isolement du malade ainsi qu'une perte d'envie de vivre. Voir « Entretien avec le Docteur Sabatier, médecin nutritionniste », *Figaro Magazine*, le 22 avril 2006.

Je n'avais, à l'époque, aucunement conscience que ces tensions témoignaient d'un mal-être. Je les prenais pour les conséquences d'une vie professionnelle normale. Je n'avais aucun outil pour les décoder et pour comprendre que mon être profond ou ma vraie personne étouffait sous le *gentil personnage* que je montrais aux autres, et que l'heure du changement avait sonné. Même à partir du moment où j'ai commencé à réaliser mon mal-être, faute d'outil de conscience pour l'aborder, j'ai eu trop peur d'ouvrir la boîte du cœur, et j'ai continué à me fuir en courant de chose à faire en chose à faire, et de compensation en compensation. Parfaite illustration de ce que Blaise Pascal[3] appelait déjà au XVIIe siècle le *divertissement*. Si je n'avais pas accepté à un moment d'écouter vraiment cette voix qui devenait impérieuse en moi, me demandant : *à quoi sers-je, où cours-je* et *qui fuis-je ?*, et de commencer le travail qui permet graduellement de voir apparaître les réponses, je ne sais pas ce que je serais devenu. Sans doute un malheureux de plus, une « gentille personne morte », selon l'expression de Marshall Rosenberg[4], un citoyen désabusé et peut-être même cynique.

Aujourd'hui il me semble que nos choix de comportement individuel ont des conséquences sociales de plus en plus importantes. La course et la fuite causent de profondes souffrances chez un nombre croissant de personnes et la facture est élevée pour toute la société : couples séparés, familles brisées, tensions et agressivité croissantes dans la vie privée, à l'école et au travail, absentéisme, maladies et dépressions,

---

3. Blaise Pascal (1623-1662) est un mathématicien, physicien, philosophe et théologien français. Il a nommé *divertissement* notre façon de nous distraire de l'essentiel par mille prétextes.
4. Marshall Rosenberg est docteur en psychologie clinique et homme de paix de réputation mondiale. Il est le fondateur du Centre pour la Communication Non Violente (CNV) et du processus de la CNV. Il est l'auteur de nombreux ouvrages dont *Pour une éducation au service de la vie* et *Les mots sont des murs ou des fenêtres*. Je me suis formé avec lui à son approche du sens de la relation à soi, à l'autre et à la vie. La conscience non violente m'a significativement aidé à transformer ma vie. J'enseigne cette approche depuis 1995, lors de conférences et de séminaires, ainsi que dans mes deux premiers livres.

consommation de soins de santé, suicides, pollution allant jusqu'à mettre en péril la vie sur la planète, etc.

Nous avons créé une société où, à force de se fuir, tout le monde court sans arrêt. Dans cette course, un climat de compétition et de surenchère de l'avoir et du paraître, sur le plan social, local comme planétaire, laisse – à part quelques élus – l'immense majorité pour compte. Aujourd'hui, ceux qui n'ont rien à gagner dans cette course n'ont également plus rien à perdre et commencent à manifester leur ras-le-bol par la surconsommation de drogues et d'alcool, les émeutes et la violence sociale, l'émigration clandestine suicidaire (notamment en Afrique du Nord) et le terrorisme.

> Ceux qui n'ont rien à gagner dans cette course n'ont également plus rien à perdre.

Beaucoup d'actes de violence et de délinquance sont des signes de détresse, personnelle ou collective, et peuvent se comprendre comme des tentatives désespérées de retrouver *un ersatz de bien-être* en faisant *des mauvais coups*. Faute d'avoir développé la ressource intérieure qui permet d'imaginer et de faire *des bons coups*, la personne qui fait des mauvais coups soulage ses tensions et reçoit une décharge d'adrénaline qui lui donne pendant un moment l'impression d'exister. C'est une course vers l'extérieur de soi pour fuir un mal-être intérieur.

Nous ne changerons pas cette attitude collective sans remettre en question notre attitude individuelle. Ainsi, en questionnant notre fuite individuelle, nous pourrons agir pour ralentir celle de la société. Nous interroger sur le sens de notre vie n'est plus seulement une question personnelle relevant de la sphère privée, mais un enjeu social relevant de l'intérêt général.

La connaissance et l'estime de soi sont aujourd'hui les clés de la transformation sociale.

J'ai du mal à voir comment nous pourrions sortir du piège de la course sans travail intérieur de compréhension et de respect de soi ; et il en va de même pour nos sociétés, qui ne se tireront pas davantage de ce piège en cherchant une solution extérieure, (par exemple, pour ce qui est de la violence sociale, par le seul renforcement des systèmes répressifs, sécuritaires et judiciaires), mais plutôt en revoyant les principes mêmes de leur fonctionnement et en proposant un projet de vie qui donne envie.

### À quoi servons-nous ?

> Nous avons besoin de sens comme de pain.

Parmi nos besoins fondamentaux (sécurité, nourriture, reconnaissance, appartenance…), il y a ceux de nous sentir utiles, de compter pour quelqu'un, de contribuer à quelque chose, ainsi que de comprendre notre vie et d'y trouver un sens. Quel est votre désarroi lorsque vous ne savez pas à quoi vous servez, comment vous contribuez à la société et quel sens a votre vie ? Inversement, mesurez votre joie intime lorsque vous êtes bien conscient de l'utilité de votre contribution et du sens de votre vie. De la simple recherche d'un cadeau d'anniversaire approprié pour un proche à l'implication personnelle dans des projets artistiques, économiques ou sociaux – en passant par l'humble routine quotidienne et familiale souvent fort sous-estimée –, l'engagement personnel conscient favorise la joie. Au-delà du « faire », parvenir à goûter la sensation d'exister et de participer à la vie, à sentir notre appartenance et le lien qui nous relie à toute vie est source de sens.

Toutefois, si nous sommes en mode « course », *nous mettons de plus en plus de choses à faire dans notre vie, mais nous goûtons de moins en moins à la vie dans les choses que nous faisons.* Prendre soin de notre enfant, être disponible pour notre conjoint, nous impliquer dans nos projets préférés ou même nous arrêter pour prendre le temps de ressentir peut alors devenir une charge, un souci qui alourdit la vie plutôt qu'il ne l'embellit. Si, à cet état de fatigue et de ras-le-bol, s'ajoutent quelques mauvaises nouvelles, voire des nouvelles tragiques ou de vrais chocs de vie (deuil, maladie, accident), il faudra vraiment *s'accrocher* pour trouver un sens à la vie et ne pas sombrer dans l'impuissance et l'abrutissement. Et si à cela s'ajoutent encore des difficultés matérielles, l'isolement, l'exclusion et l'absence de perspectives, la vie perd tout sens, et nous risquons de n'avoir plus rien à perdre.

Quand un groupe important d'êtres humains n'a plus rien à perdre, outre les tragédies individuelles qui en résultent, la communauté est en péril[5].

Comment trouver un sens à sa vie ? Ce livre est une invitation à mieux comprendre les causes de la fuite et de la course, et à (ré-) apprendre à vivre de tout son être.

> Nous pouvons apprendre à ralentir le rythme de la course qui nous épuise et épuise la planète.

Pour arrêter la fuite et ralentir le rythme de la course qui nous épuise et détruit la planète, laisser tomber un peu de nos compensations et dépendances, désamorcer la mécanique de violence qui s'enclenche dans le cœur de chacun de nous, pour comprendre et prévenir celle qui déferle, à l'occasion, dans nos maisons, nos écoles, nos banlieues comme sur les régions en guerre, un peu de recul personnel n'est-il pas nécessaire ?

---

5. Des analyses des émeutes qui ont secoué différentes banlieues de Paris en 2005, où des habitants d'un quartier ont brûlé les voitures et boutiques de leurs propres voisins, démontrent le principe voulant que ceux qui n'ont plus rien à gagner n'ont plus rien à perdre. Plus récemment, des analyses des émeutes survenues au Kenya, en janvier 2008, à la suite de l'élection présidentielle, montrent que les violences meurtrières ne sont pas tant l'expression du tribalisme – comme certains journalistes l'ont écrit – que du ras-le-bol des populations les plus laissées pour compte. En effet, à Nairobi, 60 % de la population vit dans des bidonvilles contigus aux beaux quartiers.

Pour apprivoiser nos vieux démons et démonter nos vieux scénarios, pour réconcilier ces parties de nous qui, en se divisant, continuent de diviser le monde et, en s'affrontant, de créer un monde d'affrontement, pour retrouver l'élan créateur qui attend en chacun de nous, de même, un peu de recul personnel n'est-il pas nécessaire ?

Et si nous appelions ce recul à l'intérieur de soi-même « l'intériorité » ? Et si l'intériorité se révélait la condition d'accès inspirante à la bienveillance éclairée pour soi et pour l'autre, à la pacification intérieure et extérieure, à la confiance et au respect mutuel, à l'accueil des différences, à la solidarité, à la créativité, à la gestion non violente des conflits, à la capacité de transformer nos habitudes de pensée, nos systèmes de croyances et de réflexion (et donc de transformer notre rapport à la vie, la nature et la terre) et à la disponibilité nécessaire pour devenir récepteur de Sens, et peut-être émetteur ? Et si nous regardions alors l'intériorité comme la clé du *bien-vivre ensemble*, qui transforme et ouvre la voie d'un vrai changement social : **l'intériorité citoyenne** ?

## Ce dont nous manquons, ce n'est pas de ressources, mais d'accès à ces ressources

Il me semble que, quand la difficulté se présente, quand nous ne nous comprenons plus et ne comprenons plus ce qui nous arrive, quand les conflits s'instaurent en systèmes de relation et l'ennui ou les passages à vide en mode de vie, quand rien ne va plus, et que d'une manière ou d'une autre l'heure du changement sonne dans nos vies, ce dont nous manquons ce n'est pas de ressources, mais d'accès à ces ressources. Je parle de ressources intérieures comme l'imagination, l'intuition, la créativité, l'intelligence du cœur, la puissance d'action et de transformation, la confiance, la paix et l'amour bienveillant.

Depuis une quinzaine d'années, j'accompagne des hommes et des femmes à travers leurs difficultés d'être, qu'il s'agisse de jeunes en difficulté, en dérive ou en révolte, d'adultes à bout, de couples en crise, de familles ou d'équipes en guerre (je me suis moi-même retrouvé dans pratiquement chacune de ces situations). Je réalise que **ce qui nous manque devant l'obstacle, ce n'est pas les moyens de le dépasser, mais plutôt la capacité de recul qui permet de trouver ces moyens et d'envisager comment démonter l'obstacle, le traverser, le contourner, sauter par-dessus ou glisser par-dessous, «faire avec» ou même l'utiliser.**

> Comment, en pédalant de plus en plus vite et le nez dans le guidon, nous distraire de l'évidence que nous ne sommes plus sur notre chemin?

J'appelle intériorité cette capacité à prendre du recul ou à se retirer à l'intérieur de soi pour pouvoir s'observer, se mettre et se laisser mettre en question, pour laisser poindre les vrais enjeux, qui n'apparaissent que par paliers de conscience successifs. Il s'agit d'une disposition du cœur et de l'esprit cherchant à accéder à ses ressources intérieures et à sa capacité de transformation, sous l'inspiration et la guidance de cette sagesse intérieure accessible en chacun de nous et que chacun appelle comme il veut: l'Humanisme, l'Univers, l'Esprit, l'Être ou Dieu, et ce, afin d'adopter en toute conscience l'attitude la plus juste. Le «connais-toi toi-même» de Socrate, aussi connu que négligé – comme si la notoriété de cet aphorisme dégageait chacun du souci de s'impliquer réellement dans son application pas nécessairement confortable… – m'apparaît être la définition la plus évidente, pour autant qu'on se rappelle que Socrate indique clairement l'enjeu de cette connaissance de soi. Dans la seconde partie de la phrase, qui, elle, est largement méconnue, Socrate précise: «et tu connaîtras l'Univers et les Dieux…» Avons-nous bien mesuré la portée de cette promesse? Dans la même intuition que Confucius (voir citation en exergue de ce chapitre), le philosophe grec avait bien perçu que la connaissance intime de soi n'est pas un enfermement dans la complaisance narcissique, mais la clé de l'ouverture de conscience humaniste, de l'attention à la vie et à l'univers, et la condition pour vivre l'expérience de la transcendance. Dans notre culture imprégnée de christianisme, nous savons que Jésus a confirmé cette invitation à se connaître soi-même et à s'aimer comme condition de la relation d'amour à l'autre : « Aime ton prochain comme toi-même. » Il semble que nous ayons également tendance à oublier la seconde partie de cette phrase : « comme toi-même », et donc à négliger ce qu'elle implique, soit prendre le temps de se connaître pour apprendre à s'aimer. Qui de nous peut dire qu'il a appris, dès l'enfance, à se connaître en profondeur et à être en paix avec les différentes parties de lui-même ?

Si je qualifie l'intériorité de citoyenne, c'est pour indiquer que je ne l'entends pas ici au sens d'une pratique religieuse réservée à la sphère privée. Il s'agit, pour chaque individu, d'apprendre à ouvrir l'espace où s'enracinent la conscience et la responsabilité, qui sont les deux composantes de la citoyenneté.

Par citoyenneté, j'entends notre appartenance consciente à la communauté sociale, locale et mondiale, en tant qu'êtres libres, responsables et interreliés. Il n'y a pas de citoyenneté sans conscience : les *inconscients*, au sens clinique du terme, peuvent être suspendus de leurs droits, par mesure de protection pour eux et pour la société. Le citoyen du monde, au début du XXI$^e$ siècle, ne peut envisager de faire face aux défis familiaux et scolaires (éducation et formation des jeunes), sociaux et professionnels (emploi, logement, sécurité matérielle, plaisir de vivre...) sur les plans local et national, ainsi qu'aux défis climatiques planétaires dont l'urgence n'est plus à prouver, sans sortir de son inconscience, c'est-à-dire sans remettre profondément en cause sa façon d'être au monde, de vivre son appartenance à l'univers et aux différents groupes auxquels il appartient, ainsi que sa façon de trouver un sens à sa vie et d'y intégrer des rapports humains solidaires. La citoyenneté d'aujourd'hui, élargie au village global, a besoin de s'enraciner dans une conscience élargie.

> À citoyenneté nouvelle, conscience nouvelle :
> le développement social durable s'enracine dans
> le développement personnel profond.

D'après mon expérience, pour la majorité des gens, le mot « intériorité » est associé à la pratique d'une religion. Or, beaucoup de personnes ont délaissé toute pratique religieuse ou n'ont jamais adhéré à une religion. Dès lors, du fait de l'association entre *intériorité* et *religion,* elles ont souvent rejeté, avec la pratique religieuse, toute démarche d'intériorité, comme « on jette le bébé avec l'eau du bain » – si vous me permettez cette expression populaire. Il faut dire également – notre époque en connaît toujours l'abrutissante expérience – que la pratique religieuse ne garantit malheureusement pas l'intériorité, ni *a fortiori* l'ouverture de conscience et de cœur que celle-ci permet. Nous y reviendrons.

Je partage ainsi avec de plus en plus de nos contemporains la conviction profonde que la transformation sociale espérée vers un monde plus équitable et plus respectueux de l'homme et de la vie passe par la transformation individuelle. **Nous ne parviendrons pas, collectivement, à respecter la nature si, individuellement, nous continuons à faire systématiquement violence à notre propre nature.** Nous ne pourrons pas réapprendre à respecter le rythme, les ressources et les limites de la terre si nous ne respectons pas notre propre rythme, nos ressources et nos limites. L'intériorité qui transforme me paraît être la clé de la citoyenneté nouvelle dont l'humanité a besoin, pour sauver sa peau d'abord et pour continuer ensuite l'aventure de la vie à l'heure du village global.

# PREMIÈRE PARTIE

## L'intériorité : une notion psy, chrétienne, zen, *new age,* ou le lieu même de notre humanité ?

> *Commencer par soi, mais non finir par soi ;*
> *se prendre pour point de départ, mais non pour but ;*
> *se connaître, mais non se préoccuper de soi.*
>
> Martin Buber[1]

---

1. Martin Buber (1878-1965) est un philosophe israélien d'origine autrichienne, professeur de philosophie religieuse, d'anthropologie et de sociologie. Auteur, entre autres, de *Je et Tu* (1923). Pour lui, « toute vie réelle est rencontre ».

Voici une image qui pourrait nous inspirer : sur l'océan de nos jours, il arrive que nous ressentions, passagèrement ou durablement, une impression de surnager, sans vision perspective, de vagues en creux de vagues, comme ballottés entre nos peurs et nos désirs, particulièrement entre notre peur de manquer de quelque chose (d'amour, de reconnaissance, de sécurité...) et nos désirs compensatoires (de consommation, de rencontres et de satisfactions superficielles), ou emportés par des vagues d'émotion que nous ne comprenons et ne maîtrisons pas. Tandis que nous tentons – entre la surexcitation et l'abattement – de survivre dans cette mer qui nous paraît au mieux ennuyeuse et au pire hostile, le rêve qu'un dauphin rieur vienne proposer l'appui de sa nageoire pour nous guider vers un rivage accueillant ne nous traverse-t-il pas ? Depuis le temps que j'aide des gens à passer à travers toutes sortes d'intempéries, s'est forgée en moi la conviction que, quel que soit l'état de la mer et celui du nageur hébété que nous sommes, quelque chose en nous, comme un dauphin rieur – notre élan de vie propre –, attend que nous lui tendions la main pour nous porter là où nous aimerions aller. L'intériorité est cet espace que nous pouvons ouvrir, agrandir et habiter pour accueillir notre élan de vie. Mais tant que l'espace intérieur est fermé, l'élan est bloqué.

> **L'intériorité vient nous porter comme un dauphin rieur.**

Je ne prétends pas faire ici l'inventaire de tous les aspects de l'intériorité. J'évoque seulement ceux que j'ai expérimentés, à longueur d'année, par moi-même d'abord, puis en accompagnant d'autres personnes, et qui se sont révélés systématiquement décisifs dans ce processus d'ouverture de cœur et de conscience vers un état d'être plus libre et plus responsable.

Par *plus libre*, je veux dire moins entravé par des mécanismes inconscients : peurs et colères enfouies, croyances limitantes, *a priori* automatiques, projections inhibantes et autres « vieilles casseroles » que l'on traîne souvent derrière soi sans même le savoir.

Par *plus responsable*, je veux dire – au sens étymologique même du mot – plus à même d'offrir une réponse personnelle aux questions de la vie, une réponse qui engage l'être unique que nous sommes et pas seulement notre personnage construit par les milieux familial, social, religieux et professionnel et les croyances et habitudes de pensée que ces conditionnements supposent ; une réponse dont nous pouvons assumer joyeusement les conséquences pas forcément confortables sans les faire peser sur les autres ou sur des facteurs extérieurs. L'intériorité est l'espace d'inspiration qui nous permet de vivre notre vie, non pas comme une survie matérielle et fonctionnelle, mais comme un dialogue avec l'Univers et les Dieux évoqués par Socrate.

En décrivant quelques cas rencontrés dans ma pratique, je voudrais illustrer deux premières clés propices à ouvrir l'intériorité. La première résulte de l'observation systématique que ce qui nous empêche d'évoluer et de transformer notre réalité, c'est notre enfermement dans notre système de croyances et de pensées, dans les automatismes de fonctionnement qui en résultent, dans le ressassement du passé, et dans la crainte de l'avenir. Ces quatre éléments peuvent nous faire vivre un enfer, un *enfer-mement* dans nos habitudes, que nous confondons avec l'exercice de notre liberté.

L'oiseau né dans la cage peut prendre ses allers et retours entre les barreaux pour la liberté, au point d'ignorer qu'il ressent parfois l'appel du large.

La clé de l'enfer ou de la paix semble être entre nos mains, ou plutôt dans nos cœurs : c'est la conscience. Sans conscience, la cage reste fermée et nous tournons en rond. Avec un peu de conscience, la porte s'ouvre et nous pouvons envisager la liberté, comme l'oiseau timide qui ne se hasarde pas encore au-delà du dernier barreau de sa cage bien-aimée. Mais avec encore plus de conscience, nous nous enhardissons à tenter un premier vol, avec la certitude que la cage est là, au cas où… C'est une première clé pour l'ouverture de l'intériorité : quitter l'*enfer-mement*.

La deuxième clé consiste à passer ou à basculer dans l'*ouvert-ure* de conscience et de cœur et à accueillir le moment présent. Ce passage s'accompagne d'un mouvement de bascule intérieur qu'on appelle le *lâcher prise*. Nous décidons alors de ne plus nous accrocher aux barreaux et à notre cage, et de nous laisser aller dans la confiance. Le processus de transformation qui mène au lâcher prise peut être choisi délibérément et en toute conscience. C'est le cas lorsque nous avons constaté nous-mêmes notre *enfer-mement*, accepté l'appel du large et choisi de travailler régulièrement à y remédier par des apprentissages successifs (par exemple : par une vie quotidienne consciente, la lecture et le questionnement, la fréquentation de la nature, la méditation, la pratique d'un art, une thérapie individuelle ou de groupe, des ateliers d'ouverture de cœur et de conscience, des temps de retraite ou de ressourcement spirituel, etc.). Toutefois, il arrive que le choix n'apparaisse pas comme délibéré et conscient : le processus s'impose alors à nous de l'extérieur. S'agit-il d'une décision consciente ou inconsciente ? Dans la lecture des cas qui suivent, nous pourrons nous poser la question.

Bref, il s'agit de **se *désenfermer* et de s'ouvrir**. Ce n'est pas une tautologie. Ce sont les deux axes du processus qui permet non seulement d'accéder à notre intériorité, mais aussi de nous y maintenir en la nourrissant.

# CHAPITRE 1

## Quitter « l'ENFER-mement »

N'avez-vous pas parfois l'impression d'être à l'étroit en vous-même, comme trop serré dans un vêtement étriqué ? N'avez-vous pas, à l'occasion, l'impression que l'espace que vous connaissez et occupez à l'intérieur de vous-même est à peine plus grand que celui d'un petit studio de deux pièces, composé d'une cuisine éclairée d'une pauvre ampoule, d'une chambre, et d'un minuscule corridor reliant les deux, c'est-à-dire juste de quoi satisfaire vos besoins matériels de survie : manger et dormir à l'abri ?

Ne vous arrive-t-il pas de ressentir, en même temps, à l'intérieur de vous, une puissance dont vous ne savez pas comment faire bon usage, comme un courant électrique à haute tension assez fort pour éclairer un palais et ses chambres, salons, salle de bal, halls, escaliers, corridors, bibliothèques, théâtre, oratoire, cuisines, citernes, caves, granges, ateliers, jardins, allées, pavillons… mais que vous n'avez appris à utiliser que pour allumer la pauvre ampoule de votre petite cuisine ?

Ou encore, n'avez-vous pas l'impression d'être raccordé à une conduite d'eau à très haut débit, capable d'alimenter bassins, fontaines, vasques, moulins, turbines et salles de bain de votre palais intérieur, mais dont, au montage, la grosse vanne principale aurait été remplacée par erreur par un petit robinet purgeur de radiateur, auquel vous ne pouvez vous désaltérer qu'au goutte à goutte ?

Ces images dépeignant une grande ressource en nous à laquelle nous sommes mal raccordés semblent parler à beaucoup de personnes. Je les utilise régulièrement à l'occasion des ateliers que j'anime pour aider les participants à visualiser l'intériorité comme un espace et une force qui sont de tout temps disponibles en eux et qui leur appartiennent déjà, même s'il leur reste à se les approprier. Il n'y a pas à chercher ailleurs qu'en soi-même. Le travail proposé consiste essentiellement à oser mettre en question l'espace du petit studio intérieur, et particulièrement à constater que ses murs ne sont que des cloisons d'habitudes, de croyances et de peurs qui ne résistent pas à une poussée un tant soit peu vigoureuse. Lorsque nous osons remettre en question nos cloisonnements, nous sommes rapidement et heureusement surpris de voir que s'ouvre un espace inattendu : du petit corridor, nous accédons à la première salle, puis à la seconde, puis à travers de larges galeries, des enfilades évidentes ou des portes dérobées et des passages secrets, nous gagnons, petit à petit, de l'espace dans notre palais intérieur.

## Témoignages

> « Je suis un trop petit passage pour la puissance de vie qui coule en moi. »
>
> (Charlotte, 20 ans)

Lorsque je rencontre Charlotte, elle est déjà en dépression. Elle a de nombreux talents (peinture, chant, danse et écriture), de grands idéaux (humanitaires, écologiques), une sensibilité à fleur de peau, un appétit de vivre si grand qu'elle veut tout à la fois, et, en plus de tout cela, une telle générosité qu'elle se donne à cent pour cent dans tout ce qu'elle entreprend. Pourtant, elle ne parvient pas à rassembler toutes ces magnifiques parties d'elle-même pour en faire un usage heureux.

Lorsqu'elle me dit : « Je suis un trop petit robinet pour la puissance de vie qui coule en moi », elle est en phase suicidaire. Débordée, submergée, elle ne voit d'autre solution que de se déconnecter de cette pression trop forte qui est devenue insoutenable. À force d'être sous pression, elle est tombée en dépression. Charlotte ne parvient pas à se centrer suffisamment pour observer les différentes parties d'elle-même sans être absorbée par l'une ou par l'autre. Dès qu'elle prend contact avec une de ces parties, elle se laisse emporter, au prix d'être déconnectée de toutes les autres. Ainsi, lorsqu'elle *part* dans ses projets humanitaires, elle doit aller à l'autre bout du monde, pour plusieurs années, et renoncer à ses talents artistiques comme à ses proches, ce qui lui est insoutenable. Alors, elle *se lance* plutôt dans un projet artistique et créatif, qui l'exalte au point d'y travailler dix heures par jour, ne lui laissant pas de temps pour ses projets humanitaires et écologiques. Alors, elle culpabilise... C'est l'enfer ! Elle me dit avoir une sensation de brûlure dans le cœur, comme un patin de frein chauffé à blanc qui incendie sa poitrine.

Pour Charlotte – comme pour chacun de nous –, le travail consistera à se donner du temps de recul, de retraite intime, pour explorer les pièces de sa maison et découvrir que, à mesure qu'elle comprend mieux les différentes parties d'elle-même et qu'elle se sent plus à l'aise avec celles-ci, son petit robinet trop étroit se transforme en vanne généreuse qu'elle apprend à manœuvrer pour irriguer, alimenter et *énergiser* à son gré son espace intérieur.

## Commentaires

1. Sans ce travail d'intériorité, je crois fort que Charlotte ne serait plus en vie, ou en tout cas qu'elle ne serait pas parvenue à unifier toutes ses *envies* pour finalement devenir l'« art-thérapeute » pour enfants qu'elle est aujourd'hui. Grâce au recul qu'elle a pris et au travail qu'elle a fait sur elle-même – l'un et l'autre bien inconfortables par moments –, elle est parvenue à réconcilier toutes les parties d'elle-même et à se créer un emploi lui permettant de déployer tant son élan humanitaire et sa générosité que ses talents d'artiste et son extrême sensibilité.

    Avant cette unification, Charlotte se disait en enfer. J'ai la conviction que l'enfer évoqué par les religions n'est ni ailleurs ni après la mort : qu'il soit à grand ou à petit feu, nous nous y retrouvons dès que nous sommes décentrés, que les différentes parties de nous-mêmes sont dispersées et que nous perdons le contact avec notre unité profonde.

> **L'enfer commence ici et maintenant, dès que nous sommes décentrés et que notre unité se trouve divisée.**

2. L'intériorité a sauvé Charlotte et lui permet d'accompagner des dizaines d'enfants en souffrance autrement promis, pour la plupart, à la dépendance aux médicaments. Ces enfants en souffrance (re) découvrent un bien-être intérieur fiable grâce à Charlotte, qui les aide à trouver les codes et clés pour accéder à la puissance de vie qui pousse et palpite en eux.

3. Vu de l'extérieur, le parcours de Charlotte pourrait faire l'objet d'explications et de commentaires variés. Des psys pourraient dire qu'elle a apprivoisé ses complexes, démantelé ses croyances et ses mécanismes d'autosabotage, transformé sa peur d'exister dans *l'ici et maintenant* en acceptation de la vie et de la réalité, et appris la maîtrise (qui n'est pas

le contrôle) de son élan de vie, et que ce travail sur soi lui a donné la confiance et les compétences nécessaires pour l'accompagnement des autres.

Des chrétiens diront peut-être qu'elle s'est ouverte à la grâce de l'Esprit et que c'est le Christ qui l'a sauvée de la dispersion en l'aidant à s'incarner vraiment, qu'il l'a remise sur la voie et lui a permis de reprendre goût à la vie et de venir en aide à des enfants en souffrance.

Des praticiens de philosophie ou de spiritualité orientale reconnaîtront sans doute que Charlotte, en se rapprochant du Soi, s'est rapprochée de la plénitude de l'Être, ce qui lui a conféré un degré de conscience et de présence la rendant à même de stimuler chez d'autres humains l'ouverture à l'Être.

Sur le plan des énergies, on pourrait dire qu'ayant appris à être à l'écoute d'elle-même et à se centrer, ses attitudes et ses choix se sont révélés moins *excentriques*, plus posés et justes, et qu'il se dégage de cette *centration* et de cet ancrage une énergie puissante et inspirante qui incite les autres à se transformer eux aussi.

Toutes sortes de commentaires peuvent ainsi être faits séparément ou conjointement, une approche n'empêchant pas l'autre, selon les voies de chacun, philosophique, religieuse, spirituelle ou psychothérapeutique. Pour moi, ils ont chacun leur part de vérité : tous tentent de comprendre ce qui s'est passé dans le cœur de Charlotte et chacun en saisit à sa manière un aspect. Charlotte elle-même percevait des éléments de chacun de ces quatre points de vue. Ce qui m'intéresse, c'est qu'il s'est passé quelque chose d'aussi déterminant en Charlotte. Je veux tenter, à partir de cela, de décrire certaines constantes qui se manifestent dans les processus de transformation personnelle, quel que soit le point de vue.

Il me semble qu'un dénominateur commun existe entre ce que ces approches humaniste ou spirituelle essaient de décrire et de comprendre. J'aimerais tenter dans ce livre d'approcher ce socle commun.

> « Mon cancer est venu tirer la sonnette d'alarme. »
> (JOHAN, CHEF D'ENTREPRISE, 45 ANS)

Johan gère une petite affaire commerciale qu'il a créée, qui rapporte bien mais le fait vivre « à la course », agitation qu'il a longtemps prise pour de l'intensité. Il a une grande humanité, une belle sensibilité qui lui permet de comprendre et d'aimer rapidement les autres, mais les horaires harassants et la rude compétition de son milieu de travail l'ont empêché de développer ses relations. Le *faire* a pris le dessus sur *l'être*.

Un jour, Johan est hospitalisé d'urgence à la suite de douleurs au ventre. On l'opère d'un petit cancer à l'intestin. La course s'arrête. Hôpital, chimio, convalescence, Johan se retrouve assis avec lui-même de longues journées, et la précarité de la vie lui saute au visage. Il se dit : « Qu'arrivera-t-il à ma femme et à mes trois enfants si je disparais, quel sens aura eu cette course si loin de moi-même, et comment ai-je pu me préoccuper à ce point d'enjeux matériels alors que mon vrai trésor, ce sont les relations humaines ? » Les médecins sont rassurants ; Johan s'en sort bien, mais il n'en reste pas là. Il compte bien trouver des réponses à ces fameuses questions : « Qui fuis-je ? Où *cours-je* ? » qui s'imposent à lui. Un travail de thérapie individuelle et de groupe l'amène à réaliser qu'en renonçant à sa passion pour les relations humaines il a ignoré et négligé une partie de sa vitalité. « Mon cancer est venu tirer la sonnette d'alarme, comme si mon être me disait : tu ne t'occupes pas de moi, je ne vaux donc pas la peine, alors je me laisse mourir. »

En même temps qu'il travaille sur lui-même, Johan se découvre la passion d'enseigner ce qu'il apprend. Il est aujourd'hui formateur et *coach* en entreprise, spécialisé dans la gestion du stress et l'alignement sur l'élan de vie, et heureux de mettre ses compétences en affaires et son expérience de la traversée de soi-même au service de sa passion pour l'humain.

## Commentaires

1. Après son opération et sa convalescence, Johan n'a pas seulement tourné la page, il a changé de livre. Sa situation de recul obligé a été suffisamment soudaine et brutale pour le réveiller de son engourdissement. Le réveil lui a permis de voir qu'il ne s'agissait pas seulement de *faire* autrement ou autre chose, mais d'apprendre à *être*.
2. « Être » est peut-être la seule chose qui n'a pas été enseignée à Johan dans le bagage éducatif qu'il a reçu et qu'il trouve pourtant riche. Il est universitaire, vient d'une famille bourgeoise aisée, aimante, catholique et pratiquante, et a beaucoup voyagé. Il se rend compte qu'en dépit de toutes les portes que son éducation lui a ouvertes il n'a pas appris à écouter et à respecter son élan de vie, à vivre sa spécificité. Son existence correspondait aux normes de son milieu, elle était sans doute agréable, mais ne nourrissait pas son être profond.
3. C'est en renouant avec celui-ci que Johan a appris à déployer son élan de vie, ce qui lui a permis, comme c'est le cas la plupart du temps, de s'ouvrir davantage à l'humain. À nouveau, certains attribueront ce revirement à la compréhension psychologique, d'autres à la rencontre de son être au-delà de l'ego, ou à l'amour de Dieu. Pour d'autres encore, la puissance de la vie, ou bien un mélange de toutes ces raisons expliquent sa transformation. Il me semble en tout cas que, quelles que soient la lecture des faits et l'inspiration qui préside à la transformation, celle-ci s'enclenche et s'élabore dans l'espace ouvert de l'intériorité. Si Johan n'avait ouvert aucune porte, rien ne se serait passé.

> « J'ai appris à bien faire, pas à bien être. »
> (Marianne, médecin, 50 ans)

Marianne est un médecin généraliste au bout du rouleau, au bord du *burn-out*. Elle paraît dix ans de plus que son âge et se plaint du poids qu'elle prend de jour en jour. Marianne se donne depuis toujours à fond dans son métier : elle écoute, aide et soigne tout le monde sauf elle. Un jour, elle constate qu'elle ne se reconnaît plus : elle n'a plus d'élan, plus de joie, plus d'intérêt pour rien. Elle a assez d'énergie pour se joindre à un atelier de travail de groupe sur l'élan de vie que j'anime, sur le thème : « Qui choisit ?[2] » En observant ses propres fonctionnements et ceux des autres participants, Marianne prend conscience des différents *pièges anti-bonheur* dans lesquels elle est coincée, particulièrement celui du « faire plutôt qu'être » : faire pour être reconnue, appréciée, aimée. Elle comprend qu'elle court tout le temps parce qu'elle a peu d'estime d'elle-même. Son métier lui permet de se voir comme une sauveuse, ce qui fait qu'elle se sent appréciée, tout en étant prise au piège de cette attente de l'extérieur. Marianne décide de travailler sur l'estime de soi et la confiance en soi qui lui font défaut, et que lui masquent ses compétences et son succès professionnel.

En plus de défaire les blocages qui la freinent, Marianne découvre la joie de rencontrer son élan de vie. En choisissant de devenir médecin, elle avait suivi son amour des gens dans un élan de cœur certes généreux, mais au prix de se négliger,

---

2. Thème et contenu de cet atelier d'approfondissement de la Conscience Non Violente : « Qui choisit ? Apprendre à choisir de tout mon être en acceptant les deuils qui naissent avec le choix ». Est-ce mon être profond qui choisit ou suis-je le jouet de mon ego mû par mes conditionnements, mes peurs, mes envies changeantes ? Est-ce que j'assume les conséquences pas forcément confortables de mes choix ? Comment apprendre à m'ancrer dans mon élan vital afin d'apprendre également à lâcher, quitter, renoncer et accepter dans la joie de l'élan ?

voire de se maltraiter elle-même. Son élan de vie profond, lui, l'invite à prendre soin de toute vie et de toute chose vivante, à commencer par elle-même. Aujourd'hui, Marianne sait dire non aussi clairement que oui. Elle a cessé de vouloir plaire à tout le monde et accepte la possibilité de déplaire. Elle se respecte dans ses choix et ses rythmes, et son bien-être rayonne dans ses yeux rieurs et ses éclats de rires communicatifs. Elle est heureuse d'avoir retrouvé un poids normal, mais ce qui la réjouit vraiment, c'est de ressentir aujourd'hui encore plus de compassion pour ses clients et de compréhension pour les vraies causes de leurs souffrances, au-delà des symptômes. Elle sait maintenant que la souffrance peut souvent être le signe d'un éloignement de soi. Ainsi, elle peut ajouter à ses compétences de médecin la capacité d'écoute et l'intuition qu'elle a développées dans sa quête personnelle. Ces qualités se révèlent aujourd'hui bien utiles et pertinentes pour discerner les enjeux véritables informulés dont les plaintes des patients ne sont souvent que les symptômes.

> **La souffrance s'installe en nous dès que nous marchons trop longtemps dans une autre direction que celle vers laquelle tend notre élan de vie.**

Marianne me disait son plaisir d'être passée du *faire* à *l'être* : « Je ne cours plus de rendez-vous en rendez-vous. J'ai des journées bien remplies, mais j'ai choisi de les vivre comme en vacances : je fais ce que j'aime faire à mon rythme. Je vois moins de patients, mais je suis bien plus disponible pour eux et mon approche est plus efficace : je ne focalise plus sur les symptômes, mais sur leurs causes, qui se révèlent souvent de l'ordre du mal-être. »

**Commentaires**

1. Nos compétences professionnelles, sociales et autres, parce qu'elles nous apportent un certain niveau de satisfaction, peuvent nous tromper sur notre bien-être véritable. Si elles constituent notre seul mode d'accès à des sensations ou des sentiments gratifiants, nos compétences peuvent nous faire manquer le rendez-vous avec nous-mêmes et, donc, avec l'Être ou la Vie.

2. Nos élans de cœur peuvent nous piéger dans une agitation émotionnelle qui peut aller de la simple accélération des palpitations du cœur au déchaînement ou à la sidération de la passion. Cette (relative) intensité émotionnelle peut un temps faire illusion, en nous donnant l'impression de chevaucher fièrement notre destin. Mais les émotions étant changeantes par nature, ce n'est qu'une vague que nous chevauchons naïvement, et nous aurons tôt ou tard l'occasion de nous en rendre compte en atterrissant sur la plage ou les rochers...

> L'élan de vie est au-delà des émotions.
> L'élan de vie est notre fibre même, notre essence. Il n'est ni agité ni sous tension. S'il *tend vers* une façon d'être au monde et vers les projets concrets que celle-ci peut susciter, c'est avec la tranquille détermination d'une aiguille de boussole revenant au nord, quelque tour que l'on fasse.

3. Qu'est-ce qui a permis à Marianne de transformer sa course hébétée en promenade de vacances, et ses coups de cœur généreux mais épuisants en don d'amour paisible et durable : l'élan, l'énergie, l'Être, Dieu ?

   Tout cela ensemble, sans doute. En tout cas, il m'apparaît que cette transformation a été possible parce que Marianne s'y est rendue disponible : elle s'est mise intérieurement en état d'ouverture de cœur et de conscience.

4. Imaginons un instant que toutes les personnes qui se retrouvent aujourd'hui stressées, agitées, prises dans *la course pour tout bien faire* apprennent qu'elles disposent intérieurement du pouvoir de s'apaiser, de se ralentir et de se réorienter, sans médicaments ni drogues...

> « J'étais cassante parce que j'ai été cassée. »
> (SOLANGE, INSTITUTRICE, 33 ANS)

Solange est institutrice. Sans le savoir, elle n'aime pas son métier et le fait donc inconsciemment payer aux enfants : elle crie, s'énerve, les menace, les culpabilise et les terrorise. Solange aime l'ordre et que tout soit calme, bien programmé et rangé. Or, elle est professeur de maternelle avec 25 enfants à sa charge... Un matin, Solange subit un grave accident en se rendant à son école. L'hospitalisation et les complications qui s'ensuivent l'amènent, de façon bien imprévue, à se rencontrer. Elle fait régulièrement un rêve où elle se voit en méchante sorcière poursuivant des enfants qui réussissent finalement à la faire tomber dans une fosse. Elle n'aime pas se voir ainsi, mais doit reconnaître que cette image guère gentille mais vraie lui parle d'elle-même. Au cours de sa thérapie, ce que Solange apprend n'est pas agréable mais se révèle cependant essentiel pour réorienter sa vie. Elle prend enfin conscience qu'elle a énormément souffert lorsqu'elle était enfant, tant chez elle qu'à l'école. Par peur de sa fragilité, elle a tout refoulé et n'a donc jamais eu accès à sa colère, sa révolte ou sa détresse. Inconsciemment, elle a choisi des études d'institutrice pour reproduire le schéma terrorisant qu'elle a vécu enfant et pour rester – de l'autre côté de la barrière – dans le climat qu'elle a bien connu d'éducation dans la tension et l'incompréhension.

Solange réalise qu'elle ne peut pas continuer ce métier tant qu'elle ne sera pas en paix avec sa propre enfance. Finalement, elle prendra une fonction de responsabilité comptable et administrative dans une association de jeunesse où son goût de l'ordre et du rangement est bien apprécié, ce qui la rend heureuse. Plus personne ne se doute aujourd'hui que, dans une autre vie, elle a été la terreur de nombreuses classes de maternelle.

## Commentaires

1. L'enfance de Solange a été brisée par des adultes qui n'étaient pas heureux et ne faisaient rien pour le devenir. Tant qu'elle ne prenait pas conscience qu'elle reproduisait le modèle de son enfance, elle risquait de détruire celle de bien des innocents.
2. À nouveau, nous pouvons constater que Solange est une personne qui n'a pas appris l'intériorité. Sans doute est-elle catholique et pratiquante, mais le niveau de conscience dans lequel elle vivait sa pratique religieuse la confortait dans le fait qu'elle *faisait son devoir* d'institutrice et qu'*elle devait* être stricte avec les enfants. Personne ne lui avait parlé de l'écoute de soi, de l'accueil de son élan de vie, ni *a fortiori* du nettoyage émotionnel et affectif en amont que requiert particulièrement toute activité de relation d'aide, de soins, d'enseignement ou d'accompagnement. « Je réalise maintenant combien j'étais agressive tant que je n'avais pas pris conscience que j'avais été agressée. J'étais cassante parce que j'ai été cassée. »
3. Comme c'est souvent le cas, c'est un accident qui a amené Solange à s'intérioriser et à faire des prises de conscience fondamentales, tant pour son bien-être que pour celui de dizaines de jeunes êtres humains. Nous ferions l'économie de bien des souffrances personnelles et sociales en anticipant ces prises de conscience par un travail d'intériorité approprié et préventif. En regardant enfin sa propre blessure, Solange peut comprendre celle de ses parents et pacifier sa relation avec eux en les acceptant tels qu'ils sont et en tenant compte du fait qu'ils l'ont élevée avec

les moyens qu'ils avaient, eux aussi ayant vécu une enfance difficile.
4. Je frémis en pensant à tous les enfants innocemment exposés à des « bombes vivantes » comme Solange avant son ouverture de conscience.
5. À nouveau, le lieu de la transformation de Solange, que celle-ci soit d'ordre énergétique, psychologique, religieux ou spirituel, est l'espace intérieur rendu, dans son cas, accessible par sa mise forcée en disponibilité.

> « Quand tu ne peux pas créer, tu détruis. »
> (Kristoff, 17 ans)

Kristoff a un visage d'ange et de longs cheveux bouclés. Il vient de purger quatre mois de prison lorsqu'il participe à une activité de l'association pour les jeunes en difficulté dans laquelle je me suis impliqué pendant une dizaine d'années. Ses parents divorcés ayant refait leur vie chacun de leur côté, Kristoff vit seul avec son vieux grand-père qu'heureusement il adore. Mais sa vie est fade, routinière. Il ne veut pas suivre les traces de son père fonctionnaire, qu'il décrit comme un « petit bourgeois », et dont la vie lui semble ennuyeuse à mourir. Kristoff pète de vie et de fantaisie. Il rêve de se payer des voyages d'aventure et fantasme sur l'émission *Ushuaïa* de Nicolas Hulot[3]. Pour trouver de l'argent et tromper son ennui, il s'amuse à entrer par effraction dans les maisons pour voler, et finalement il se fait prendre. À l'issue de sa peine de prison, il apprend que notre association offre notamment des randonnées dans le désert avec des jeunes, ce qui lui paraît presque aussi excitant que l'émission *Ushuaïa*. Dès son premier voyage

---

3. L'émission *Ushuaïa* est bien connue en France et en Belgique. Son animateur, le journaliste-explorateur Nicolas Hulot, fait partager ses découvertes de territoires magnifiques depuis une montgolfière, un paramoteur, ou un harnais d'escalade.

avec l'association, Kristoff se révèle au cœur de son élan : il est heureux, toujours prêt à rendre service et sa créativité, notamment en mécanique, nous tirera de bien des pannes. Il deviendra l'un des animateurs principaux de l'association, en charge de nombreux projets qu'il mènera avec cœur et efficacité. Quelques années plus tard, il créera sa propre association pour aider des jeunes.

**Commentaires**
1. Kristoff erre sans père et sans repères, livré à lui-même dans un monde qui stimule tous les désirs sans répondre aux vrais besoins. Il est plein de vie et de créativité, mais personne ne lui montre comment en faire bon usage. Boris Cyrulnik[4] évoque ce piège : « Les progrès techniques ont réuni les conditions expérimentales de l'angoisse : 1. Être plein de vitalité ; 2. Avoir une conscience aiguë du monde ; 3. Ne rien pouvoir faire. » Dans de telles circonstances de pleine santé, conscience d'enjeux multiples, et impossibilité d'agir, les rats de laboratoire s'entretuent ou s'automutilent. Le défoulement de l'agressivité soulage l'angoisse née de l'impuissance. Kristoff en était bien conscient : « Par chance j'ai jamais été violent, mais j'en ai vu des gars qui arrivaient à rien faire de leur vie ; alors ils cassent tout. Qu'est-ce que tu veux, quand tu peux rien créer, tu fous tout en l'air. » Le poète et homme d'État Alphonse de Lamartine[5] avait identifié ce mécanisme : « Celui qui peut créer dédaigne de détruire. » Pour pouvoir créer, nous avons besoin de connaître notre talent, donc de nous connaître et de nous aimer, et d'entrer ainsi dans notre

---

4. Boris Cyrulnik est psychiatre, éthologue, psychanalyste et professeur d'université. Auteur de nombreux ouvrages dont *Les vilains petits canards* et *Un merveilleux malheur*, il a fait connaître le concept de résilience, qui est « le ressort intime face aux coups de l'existence ».
5. Alphonse de Lamartine (1790-1869) est poète, voyageur, écrivain, historien et homme politique.

intériorité. L'intériorité est une clé pour changer nos habitudes destructrices.
2. La participation à des projets communs, l'intégration dans une équipe et la possibilité de déployer son identité ont amené Kristoff, petit à petit, à comprendre ce qu'il cherchait vraiment lorsqu'il volait les gens pour financer son rêve de voyage : « Au fond je rêvais de participer à quelque chose qui ait du sens, qui représente un défi et se vive ensemble. »
3. Il n'y a donc évidemment pas que les épreuves de la vie et le travail psychologique ou spirituel qui peuvent être l'occasion d'un déclic ou accélérer la prise de conscience. Des circonstances heureuses et porteuses en sont souvent l'occasion également. Toutefois, c'est toujours d'un déclic de conscience qu'il s'agit, et celui-ci n'est pas de l'ordre de l'intelligence intellectuelle (Kristoff était bien assez intelligent pour savoir que son comportement était délinquant et lui faisait courir le risque de sanctions judiciaires), mais de l'ordre du niveau de conscience : dans la première partie de sa vie, Kristoff croyait *vraiment* qu'en volant il allait pouvoir se payer un voyage de rêve (ce qui sans doute est matériellement possible) et, surtout, il croyait *vraiment* que ce voyage le rendrait heureux.

   La conscience s'ouvre par paliers et cela n'a (presque) rien à voir avec l'intelligence intellectuelle.
4. En ayant ainsi rencontré et fréquenté, avec recul et conscience, son élan de vie, Kristoff a pu transformer son existence d'une façon qui non seulement le passionne – car il y déploie toute son inventivité –, mais se révèle être un service aux autres, un engagement citoyen.

# QUI FUIS-JE, OÙ COURS-TU ET À QUOI SERVONS-NOUS ?

> « Je n'ai jamais appris à être un bon compagnon pour moi-même. »
>
> (Emmanuel, cadre supérieur, 60 ans)

Emmanuel est un haut fonctionnaire d'État, responsable de tout un département et d'une centaine de personnes. Il peut être charmant, dévoué et attentif, mais par moments sa part d'ombre le submerge. Il devient alors cassant, agressif et même tyrannique, ou disjoncte tout à coup dans une colère explosive sans lien avec la réalité. Bien sûr, il se contient devant ses pairs et ses supérieurs, mais ses subordonnés ont l'impression de marcher dans un champ de mines.

Emmanuel finit par être incommodé par ses sautes d'humeur et son cardiologue ne lui cache pas ses inquiétudes. En s'intériorisant, il découvre à quel point il a refoulé toutes les colères et la tristesse ressentie lorsqu'il était enfant, durant la Deuxième Guerre mondiale, face aux déportations et atrocités infligées à plusieurs membres de sa famille. Les contradictions mineures de sa vie font régulièrement sauter la *cocotte-minute* de ses émotions refoulées. Dans ces moments-là, Emmanuel est complètement submergé par ses émotions : il n'est plus en connexion consciente avec lui-même, mais noyé sous la vague ou la marée. Et bien sûr, il fait alors inconsciemment porter à son interlocuteur du moment le poids de ses souffrances passées.

En passant en revue ses complexes, croyances et projections, Emmanuel remet les choses à leur place, pleure ce qu'il doit pleurer, accepte ce qu'il doit accepter. En apprenant ainsi à côtoyer l'être qu'il est, au-delà de l'enfant meurtri, il commence à goûter plus de paix intérieure et donc à propager plus de paix autour de lui. Ses relations s'en ressentent rapidement et, à mesure qu'il découvre son pouvoir de changer les choses de l'intérieur, il reçoit des témoignages d'amitié et de la chaleur humaine. Il me dit : « J'étais pris dans un cercle vicieux : traumatisé-traumatisant. Je vois aujourd'hui le bénéfice d'un cercle vertueux : pacifié-pacifiant. »

## Commentaires

1. Emmanuel, secoué il est vrai par les inquiétudes de son cardiologue, a été assez lucide pour observer son propre fonctionnement et se responsabiliser. Cette attitude reste rare. Notre éducation et notre culture ne nous invitent pas positivement, spontanément, et je dirais préventivement, au travail de développement personnel. Emmanuel était juif pratiquant, mais reconnaissait que son éducation ne lui avait pas donné accès à son espace intérieur : « J'ai appris à être un bon croyant, un bon citoyen, un bon père et époux et même un bon directeur, mais pas à dénouer les nœuds de mon intimité pour être un bon compagnon pour moi-même. »

2. En racontant l'histoire d'Emmanuel, je me souviens des recherches de la psychanalyste Alice Miller sur l'enfance d'Hitler et de Ceausescu, et sur le pouvoir absolument dévastateur des émotions refoulées. La lecture de ses différents livres[6], édifiante pour moi, m'a inspiré il y a plus de 15 ans mes premières réflexions sur la notion d'intériorité citoyenne que je tente de développer aujourd'hui. Dans le même esprit, je retrouve cet extrait du livre qu'Etty

---

6. Alice Miller (née en 1923) est docteur en philosophie, psychologie et sociologie. Elle est connue pour ses recherches sur l'enfance et la douzaine d'ouvrages qu'elle y a consacré, dont : *Le drame de l'enfant doué, C'est pour ton bien, L'enfant sous terreur, La souffrance muette de l'enfant* et, plus récemment, *Ta vie sauvée enfin*. Alice Miller constate que les humiliations, les gifles, la négligence sont des formes de maltraitance qui blessent la dignité et l'intégrité de l'enfant. C'est à l'âge adulte que l'enfant maltraité commence à souffrir de ces maltraitances et à faire souffrir les autres. Il ne s'agit donc pas d'un problème de famille uniquement, mais de toute la société : les victimes de cette dynamique de violence se vengent tôt ou tard, le plus souvent inconsciemment, et parfois sur des nations entières – voir le site www.alice-miller.com.

Hillesum consacre à sa vie dans un camp de déportation nazi :

> Je ne suis pas particulièrement impressionnable. Non que je sois courageuse, mais je sais que j'ai en face de moi des êtres humains et que je dois faire de mon mieux pour comprendre chacun des actes d'un individu. Et c'est précisément là ce qui était important ce matin : non qu'un jeune officier bougon de la Gestapo ait hurlé contre moi, mais le fait qu'au lieu de m'indigner j'ai eu envie d'aller vers lui et de lui demander s'il avait eu une enfance très malheureuse ou si sa fiancée venait de le quitter. Car il semblait surmené et épuisé, maussade et affaibli. J'aurais aimé commencer à m'occuper de lui sur-le-champ, car je sais que des jeunes gens aussi pitoyables deviennent dangereux dès qu'on leur donne le moindre pouvoir sur leurs semblables[7].

3. Je cite cette réflexion à la suite du travail d'ouverture de conscience fait par Emmanuel, parce que je frémis à nouveau en pensant au nombre de *chefs*, petits ou grands, hommes ou femmes, qui se retrouvent dans des positions de pouvoir sans avoir fait leur nettoyage intérieur et dont l'attitude cause tant de souffrance aux autres.

Ce livre, comme tout mon travail, nourrit mon rêve que, sur toute la planète, les familles, les écoles, les individus et les communautés de toutes confessions et de toutes convictions prennent soin de favoriser l'intériorité dès l'enfance.

---

7. Etty Hillesum, *Une vie bouleversée : 1941-1943*, Paris, Seuil, collection « Points », 1995.

## Qu'elle soit citoyenne, philosophique ou spirituelle, l'intériorité est le creuset de notre humanité

Par cette étude de cas, je veux montrer que malgré les meilleures intentions du monde nous nous sommes éloignés de nous-mêmes. Ainsi, faute d'avoir appris à développer leur intériorité, les êtres humains se retrouvent pris au piège des habitudes suivantes :

– Ils sont d'abord très dépendants de l'extériorité (faire, avoir, contrôler, paraître…), ce qui est épuisant et génère surconsommation, gaspillage, abus des ressources, maladies, tensions et violences individuelles et sociales.

– Ils sont prisonniers de l'immédiateté (« Je prends mes désirs pour mes besoins. Je veux tout, tout de suite ») et de sa conséquence inévitable : la vision à très court terme (« Je pédale de plus en plus vite et le nez dans le guidon pour ne pas voir que je ne suis plus sur mon chemin »).

– Ils se sont automatisés dans le processus d'action-réaction (« Tu as tort, j'ai raison. Si tu gagnes, je perds. Si tu fais ceci, je fais cela… ») qui mène aux relations de pouvoir et non de synergie.

– Ils favorisent la pensée binaire (« C'est bien ou mal, noir ou blanc, juste ou injuste » ; « Je suis soit comme ceci, soit comme cela ») qui amène la division intérieure et son corollaire, la culpabilité que l'on subit ou que l'on fait subir aux autres.

– Enfin, ils se retrouvent empêtrés dans leur passé (« Si vous saviez ce que j'ai vécu… ma mère/mon père ne m'a jamais aimé… j'en veux toujours à… ») qui sabotent leur élan créateur et les enferme dans l'individualisme.

Il y a bien des cas où des circonstances encourageantes et porteuses ont facilité les prises de conscience qui ont mené à la transformation personnelle. Vous connaissez vraisemblablement des exemples d'expériences de vie, de rencontres, de voyages, de spectacles, de livres ou d'un simple moment de contemplation qui ont été des éléments déclencheurs ou des accélérateurs de prise de conscience. Toutefois, ce sont souvent des circonstances éprouvantes, parfois dramatiques, qui nous secouent, nous réveillent et nous tirent de notre vie de somnambule et font office – rudement cette fois – de déclencheurs ou d'accélérateurs de prise de conscience.

Quelles que soient les circonstances qui se présentent, je peux témoigner de ce qui suit :

> Lorsque nous acceptons de nous impliquer dans un travail de conscience avec la patience, la rigueur et la confiance que tout processus d'apprentissage requiert, nous découvrons systématiquement ceci : la dispersion et la division se transforment en discernement et en unité de l'être ; la violence des tensions intérieures, des culpabilités et des jugements se métamorphose en paix du cœur et en bienveillance ; et la détresse, les peurs et les doutes se transforment en confiance joyeuse et en don d'amour.

C'est tout simplement comme cela. Je n'ai ni les moyens ni l'intention d'en convaincre qui que ce soit. Je peux juste en témoigner pour indiquer à toute personne en souffrance ou *simplement* usée, désabusée et fatiguée que les ressources du changement sont là, à portée de cœur.

Que nous soyons croyants, agnostiques ou athées, pratiquants d'une religion, d'une philosophie ou de toute autre forme de spiritualité, nous pouvons, selon nos traditions, nos convictions, nos recherches et notre intuition, parler d'énergie, d'élan de vie, de l'Être, de la puissance d'Allah, de Yahvé ou de Dieu, pour tenter de nommer *qui* ou *ce qui* transforme en nous le « plomb » de notre personnalité humaine gentille, méchante, malheureuse ou violente, en l'« or » de notre être généreux créateur et vrai. Quelle que soit l'inspiration ou la dimension considérée, et que les circonstances soient agréables ou désagréables, c'est bien dans le creuset de l'intériorité que peut s'élaborer le processus d'ouverture de cœur et de conscience qui permet la transformation personnelle, et donc le changement social.

Comme l'accès à cette intériorité a des conséquences immédiates non seulement sur la vie personnelle de l'individu, mais aussi sur son intégration, son appartenance et sa contribution au fonctionnement ou au dysfonctionnement des groupes et communautés auxquels il appartient, cet enjeu même a donc une portée sociale, communautaire et citoyenne.

Le travail sur soi, longtemps classé sous l'appellation *développement personnel* (lorsqu'il est davantage d'ordre psychologique) ou *développement spirituel* (lorsqu'il est davantage d'ordre religieux ou spirituel), n'est pas confiné à la sphère individuelle ni à des enjeux de bien-être personnel, mais implique, par rayonnement et interaction, tout le tissu social.

C'est ce qu'évoque si justement Christiane Singer[8] dans la citation inscrite en ouverture, en invitant chacun à se considérer « comme un point d'acupuncture qui, activé, contribuerait à guérir le corps entier ».

---

8. Christiane Singer (1943-2007) a longtemps été lectrice à l'Université de Bâle, puis chargée de cours de littérature française à l'Université de Fribourg. Elle s'est formée à la leibthérapie selon Karlfried Dürckheim. Elle animait des conférences et des séminaires encourageant l'être et l'intériorité. Elle est l'auteur de nombreux ouvrages inspirés, dont, entre autres, *Du bon usage des crises* ; *Éloge du mariage, de l'engagement et autres folies* ; *Où cours-tu, ne sais-tu pas que le ciel est en toi ?* et *Les âges de la vie*.

# CHAPITRE 2

## Entrer dans « l'OUVERT-ure »

Le processus transformateur qui mène à la paix du cœur est bien une expérience intérieure, même si c'est souvent un événement extérieur qui est l'élément déclencheur qui nous pousse à faire l'expérience de l'intériorité. Certaines cultures ont instauré cette intériorité comme principe de vie. Je pense particulièrement aux aborigènes d'Australie et aux Amérindiens d'Amérique du Nord, à de nombreuses traditions orientales, à la civilisation cathare, à la tradition soufie et à celle des Compagnons du Devoir, pour ne citer que celles-là.

Je me souviens d'une rencontre avec un petit groupe d'aborigènes d'Australie qui voyageaient en Europe pour faire connaître leur culture et présenter leurs traditions. L'un deux a dit une phrase qui m'a particulièrement touché à l'époque (j'étais encore juriste et me sentais coincé entre les codes de droit et les articles de loi) : « Nous, nous portons notre loi dans notre cœur, sous la forme d'une chanson millénaire que nous nous passons de génération en génération. Ainsi, nous avons toujours en nous la référence à nos valeurs pour trouver l'attitude juste. Vous, vous écrivez votre loi dans des livres, ainsi vous pouvez fermer le livre et vivre loin de vos valeurs. »

Je n'avais jamais entendu aussi clairement exprimé ce que je cherchais : la connexion aux valeurs par l'intérieur, et non par le biais d'une référence extérieure.

Pour les Cathares – mouvement de recherche des fondements du christianisme apparu aux XIIe et XIIIe siècles et considéré comme une hérésie par le clergé catholique –, la foi se fonde sur l'Esprit : elle cherche le Beau, le Bon, le Vrai, qui ne se trouvent ni dans un livre ni dans un dogme. Les « bons chrétiens », comme s'appelaient eux-mêmes les cathares, se reconnaissent à leur engagement, à la cohérence avec laquelle ils vivent leur vie comme une ascèse intérieure, une discipline.

Le soufisme, quant à lui, est la branche mystique de l'islam : toute mystique recherche la connaissance expérimentale de Dieu. Pour les soufis, celle-ci n'est pas seulement un savoir, mais une saveur : le goût même de la vie. Pour eux, toute existence procède de Dieu et Dieu seul est réel : le monde créé n'est que le reflet du divin, et percevoir Dieu derrière l'écran des choses implique la pureté de l'âme. Dieu est un dieu d'Amour auquel on accède par l'Amour, par des degrés successifs ou des étapes d'ouverture intérieure qui requièrent une pratique et des initiations.

La tradition des Compagnons du Devoir s'attache depuis l'origine des corporations d'artisans aux valeurs éthiques de la transmission du savoir-faire, du partage communautaire, de la solidarité, du respect et de l'entraide, ainsi qu'à une sorte de mystique du travail bien fait qui éveille la conscience citoyenne. « Par la conscience du métier, le compagnonnage mène à l'homme, par la conscience de l'homme, il mène à la Cité. » (Charte des Compagnons du Devoir)

Pour ce qui est de notre culture, il semble que quelques siècles de rationalisme aient hypertrophié l'intelligence intellectuelle au détriment des intelligences émotionnelle et spirituelle, et que quelques décennies d'État-providence, de sécurité et de recherche de la satisfaction immédiate des désirs par la consommation aient achevé d'émousser notre capacité intuitive, notre esprit d'aventure et donc notre envie de participer à l'œuvre de la vie.

Voici deux histoires que j'ai vécues lorsque j'étais animateur responsable d'une association s'occupant de jeunes en difficulté[9]. J'ai déjà évoqué brièvement l'une d'elles dans mon premier livre et si j'ai à cœur de les approfondir ici, c'est qu'elles n'ont pas cessé de guider ma réflexion. Ces anecdotes illustrent :

– que le recul qui permet l'intériorité peut être inspiré par plusieurs choses. Il n'y a pas que les démarches catégorisées « psy » ou « spi » ;

– qu'un changement de cadre ne suffit pas à nous transformer de l'intérieur, mais peut favoriser la disposition à transformer également le cadre intérieur. Accepter de quitter un temps le voyage organisé de nos habitudes et de nos repères sécurisants peut nous donner l'envie de partir en randonnée intérieure vers de nouveaux repères ;

– que le plus difficile est bien d'accepter de quitter nos références et notre douillet (même si odieux) *enfer-mement*. Jacques Brel l'avait bien compris : « Pour le type qui fait Bruxelles-Pékin, le problème n'est pas d'arriver à Pékin, mais de quitter Bruxelles. »

---

9. Cette association, dont j'ai fait partie pendant dix ans, parallèlement à mon métier de juriste, organisait des activités pour des jeunes en difficulté de tous genres : drogue, fugue, suicide, violence, échec scolaire… Elle avait pour objectif de créer un climat favorable aux prises de conscience, permettant aux jeunes de se transformer en rencontrant la personne qu'ils étaient derrière leur personnage.

Les histoires qui suivent dans ce chapitre et le suivant traitent principalement d'adolescents. Je suis conscient que les lecteurs ne sont pas tous directement concernés, notamment parce qu'ils ne sont pas tous parents, mais je pense qu'ils y trouveront leur intérêt, dans la compréhension de l'humain en général – la conscience et la citoyenneté étant à encourager dès l'enfance –, ainsi que dans l'accompagnement de leur « ado intérieur ».

## Témoignages

> « Je voudrais être un homme merveilleux. »
> (MICHEL, 17 ANS)

Lors d'une randonnée dans le désert, organisée pour les jeunes dont je m'occupais à l'époque, il y a, parmi la vingtaine d'adolescents qui nous accompagnent, un garçon de 17 ans, Michel, dont le comportement rend la vie de groupe bien difficile. À l'époque, nous aurions pu considérer ce garçon comme rebelle, voire asocial : il se disputait rageusement avec tout le monde, bousculait physiquement les uns et les autres et ne contribuait pas aux tâches communes du campement itinérant. Heureusement, nous nous doutions que son comportement était l'expression, sans nul doute inconfortable pour tout le groupe, d'un profond mal-être intérieur et d'une haine de soi projetée sur les autres, que des années de vie dans un quartier défavorisé, puis en institution, n'avaient pas aidé à apaiser. De bivouac en bivouac, notre randonnée traverse des paysages émerveillants de dunes sous un ciel immense. Après quelques jours, à la nuit tombée, alors que nous sommes assis tous ensemble autour d'un feu de broussailles en attendant la potée du soir, je m'enhardis à leur proposer quelques poèmes et textes d'auteurs qui, comme eux, avaient marché dans le désert. J'avais estimé que, pour un premier essai de soirée poétique avec mes gaillards, trois textes suffiraient. Mais au moment où je m'arrête pour les remercier de leur écoute et les inviter à passer aux gamelles, Michel m'interpelle vivement, comme sorti tout d'un coup d'une rêverie : « Non, non, Thomas, continue ! » Avec l'assentiment du groupe, je lis encore quelques textes avant de passer au repas. Puis, Michel me rejoint pour me dire : « Thomas, j'ai pas compris grand-chose, mais c'était tellement beau ! »

Au-delà des textes, quelque chose dans la mélodie des mots, du son de la voix qui conte, de la beauté des images évoquées, ou encore du recueillement de 20 gamins à l'écoute sous les étoiles, avait touché le cœur de cet adolescent révolté, l'avait entrouvert à la conscience que la douceur, la beauté, la bonté existent, qu'elles sont tangibles et que, grâce à elles, s'ouvre un espace intérieur où règne la paix, ce qui apporte un profond sentiment de bien-être et donne le goût d'exister *par et en soi-même* et non plus *par et en réaction à quelque chose*, ainsi que le plaisir d'appartenir au groupe et à la nature.

De dune en dune et de bivouac en bivouac, nous avons vu Michel s'ouvrir et s'intégrer, prendre plaisir à la vie de groupe au point d'en devenir un peu la mascotte, le joyeux drille. Nous nous étions apprivoisés. Aussi ai-je poursuivi mes lectures de textes. Chaque soir, nous étions, les autres animateurs et moi, émerveillés de voir les jeunes insister pour répéter ce moment nourrissant et apaisant.

Plus tard je comprendrai dans quel piège se trouvait enfermé Michel : le piège de la pensée binaire[10] dans lequel les propositions différentes s'opposent ou s'annulent : « Pour appartenir au groupe, je dois cesser d'exister par moi-même, me fondre et me confondre. Donc, pour exister par moi-même, je dois me distinguer constamment par le rejet et l'opposition

---

10. Sur la pensée binaire, la division intime qu'elle génère, la souffrance et la violence qui en résultent et donc le piège anti-bonheur qu'elle constitue, ainsi que sur la pensée complémentaire (la non-dualité) qui rassemble, unifie et pacifie, voir Thomas d'Ansembourg, *Cessez d'être gentil, soyez vrai*, à la p. 28, et *Être heureux, ce n'est pas nécessairement confortable*, à la p. 38.

systématiques : je me rebelle, donc j'existe. » C'est notamment en goûtant des moments de recul et d'intériorité que Michel a pu prendre conscience ou du moins ressentir le bénéfice de la pensée complémentaire qui, elle, conjugue des propositions différentes : « Je peux me sentir unique, spécifique *et* je peux appartenir à un groupe. Je peux être avec les autres sans cesser d'être moi-même. »

Sur la route du retour, dans l'autocar qui nous ramène de Marseille à Bruxelles, une étudiante en psychologie, future assistance sociale qui nous accompagnait pour son stage de fin d'études, demande aux jeunes s'ils sont d'accord pour remplir un questionnaire sur leur voyage. Avec leur accord également, je lis leurs commentaires et, bien sûr, ceux de Michel, qui m'intéressent particulièrement. La dernière question à choix multiples est : « Qu'aimerais-tu faire plus tard ?

1. Devenir une star du *show-business* ou du sport.
2. Devenir un homme ou une femme de pouvoir dans les affaires ou la politique.
3. Fonder une famille et être un conjoint et parent responsable.
4. Autre choix… »

Michel n'avait pas coché le premier choix, même s'il n'avait pas son pareil pour imiter Johnny Hallyday ou Renaud. Il n'avait pas non plus coché le deuxième choix, même s'il s'amusait à nous dire qu'il ferait fortune et qu'il reviendrait un jour survoler le désert avec son hélicoptère personnel. Michel avait coché la troisième proposition : « Je voudrais fonder une famille et être un conjoint et parent responsable » et, dans la quatrième case, il avait ajouté d'une main tendrement maladroite : « Je voudrais être un homme merveilleux. »

## Commentaires

Ainsi, Michel avait-il pu goûter à la merveille d'être en vie, d'être ensemble et ressenti sans doute quelque chose de l'ordre de la grâce d'exister. Lui, que personne ne pouvait approcher ni toucher, a été touché au cœur par cette grâce. Parce que la vie l'a amené à se rencontrer sous un jour nouveau, au-delà de ses habitudes et enfermements familiers, Michel a (re) trouvé le goût de l'unité et de l'appartenance, comme en témoignait sa joie de vivre.

Depuis ce moment, j'ai la conviction que nous cherchons tous la même chose : goûter à la merveille d'être vivant, d'être ensemble, de faire un avec nous-mêmes, les autres et la vie, et ressentir en nous le tressaillement de la grâce d'exister. Je me demande si, faute de recul, toutes les stratégies que nous mettons en place pour ce faire – nos choix de vie – ne se révèlent pas tôt ou tard plus piégeantes que libérantes, et si la seule façon de se libérer et d'envisager de nouvelles façons d'être n'est pas de se retirer – comme Michel dans le désert – régulièrement dans un espace de silence intérieur qui, au-delà des enfermements de nos personnalités, nous dispose à la fréquentation *de la merveille*.

> **Vingt gamins rebelles témoignent :**
> **« Pourquoi être excentrique si je suis centré ? »**

La seconde expérience demeure également pour moi source de discernement et d'inspiration. Nous emmenions une vingtaine de jeunes de 14 à 18 ans, qui pour la plupart faisaient l'objet d'un enfermement en institution, pour deux jours d'escalade sur rochers et de parcours d'audace dans un camp militaire du sud de la Belgique[11]. Ce camp en pleine nature n'est

---

11. Il s'agit du camp de Marche-Les-Dames, près de Namur, conçu pour l'entraînement du Régiment para-commando. Ses équipements utilisent les reliefs accidentés de la nature pour créer une série d'épreuves qui constituent un parcours de connaissance et de maîtrise de soi. Il ne s'agit pas d'une course, mais d'un parcours d'équipe où les plus hardis aident les plus timides, ce qui permet à chacun d'apprendre de l'autre.

ni gardé ni clôturé et les responsables institutionnels des jeunes n'avaient pas caché leur inquiétude quant aux fuites possibles ou au grabuge dans les environs. Mais je peux témoigner qu'après une journée passée au grand air dans une nature magnifique de falaises, de sapinières et de rivières, après les efforts physiques et les émois vécus ensemble, le soir, lorsque tout le monde partage une bière autour du feu de bivouac en attendant la soupe, aucun d'entre eux ne voudrait être ailleurs. Pourquoi ? Parce qu'ils sont bien !

**Commentaires**
1. C'est le bien-être qui rassemble. Ce qui fédère tous ces gamins farouches, ce n'est pas la loi, la police, la peur, l'appât du gain ou un code de morale ou de devoir, c'est le bien-être intime qu'ils ressentent dans leur cœur. En plaisantant, rassemblés autour du feu, loin des excentricités que craignaient certains de leurs superviseurs, ils semblaient dire : « Pourquoi donc serais-je excentrique si je suis centré ? » D'après moi, ce qui procure ce sentiment d'être centré, d'être bien, c'est la satisfaction de quatre besoins fondamentaux pour bien vivre :

    – La **chaleur de l'amour** et, dans ce cas-ci, de l'amitié : en ayant ainsi passé la journée en équipe de deux ou trois à s'assurer mutuellement la sécurité nécessaire dans les ascensions comme dans les descentes, ils ont compris que l'entraide, l'attention, la patience, l'endurance et le respect mutuel ne sont pas des notions morales théoriques, mais des clés de survie et de bien-être. Chacun de nous n'a-t-il pas besoin non seulement de paroles et d'intentions aimantes, mais aussi de gestes, d'attitudes, d'intonations et de regards qui expriment concrètement l'affection ? Nous avons besoin de sentir que les autres sont disponibles pour nous, qu'ils ont du temps à nous accorder.

    – La **sécurité du respect** : personne ne leur a demandé d'où ils venaient, ce qu'ils avaient fait et s'ils avaient longtemps à *tirer* dans leur institution. Nous les avons accueillis tels qu'ils sont, sans attentes sur ce qu'ils *devraient* ou *pourraient* être. Chacun de nous n'attend-il pas d'être accueilli et aimé tel qu'il est, pour ce qu'il est, et non pour ce qu'il fait ou *devrait* prétendument faire ?

– La **motivation du sens** et la **sensation physique d'exister** : dans une telle journée, qui implique une rencontre physique et psychique parfois confrontante avec les éléments et les humains, les besoins de sens et de sensations sont nourris, ce qui rapproche l'être de son élan de vie. Chacun de nous n'a-t-il pas besoin non seulement de voir le sens de ce qu'il vit, mais de sentir vibrer la vie dans tout son corps ? Je reste impressionné de voir le nombre d'êtres humains qui sont déconnectés de leur corps et qui ont perdu la sensation physique d'appartenance avec toutes les choses vivantes, ce qui leur donne inévitablement une impression de solitude. Retrouver la sensation physique d'exister, en chair et en sens, nous reconnecte aux éléments, à la matière, à la nature, et nourrit notre sentiment d'unité avec le monde vivant.

### Amour, Respect, Sens et Sensation.

2. Aimer et respecter : parmi les quatre points qui précèdent, j'ai distingué à dessein l'amour du respect, car – curieusement je le reconnais – l'un et l'autre ne vont pas toujours de pair, du moins dans la façon la plus habituelle dont l'amour est vécu. Ainsi, je rencontre bien des gens qui, s'ils ne doutent pas de l'amour de leurs parents et de leurs proches, peuvent toutefois souffrir leur vie durant de ne pas s'être sentis respectés par eux dans leur spécificité, leur identité et leur différence. Inversement, dans notre élan d'amour pour l'autre, si nous ne sommes pas vigilants, nous pourrions facilement manquer de respect envers son

identité et son altérité, encombrés que nous sommes par nos attentes et nos croyances. L'amour véritable est bien sûr indissociable du respect.
3. Une clé pour se comprendre : si j'ai rappelé un peu plus tôt l'anecdote du feu de bivouac, c'est parce qu'elle m'a inspiré une clé qui me sert depuis lors dans l'accompagnement des personnes, une clé bien pratique pour décoder notamment les enjeux suivants :

> Nous allons bien si nos besoins d'amour, de respect, de donner un sens à notre vie et de ressentir la sensation d'être en vie sont nourris et que, de ce fait, s'instaure une unité entre les différentes parties de nous-mêmes, un sentiment de cohérence, d'appartenance, ainsi qu'une sensation plus ou moins forte de plénitude, qui peut être vécue ou non comme spirituelle.
>
> Si nous allons mal, c'est que l'un ou l'autre, ou encore aucun de nos besoins d'amour, de respect, de donner un sens à notre vie et de ressentir la sensation d'être en vie n'est satisfait et que nous ressentons alors de la dispersion, voire de la distorsion entre des parties de nous-mêmes, de l'incohérence et une impression d'abandon, de vide, de solitude ou d'isolement.

Imaginons que les citoyens du monde disposent de cette clé de la compréhension de l'humain dès leur petite enfance et aient concomitamment développé la capacité tant à prendre soin de leurs besoins en formulant des demandes claires ou en prenant des actions concrètes qu'à être empathiques aux besoins des autres. N'aurions-nous pas là un moyen de maximiser les joies et de minimiser les peines ?

4. Un climat aimant crée une *aimantation* : bien sûr, avec les jeunes en question, nous n'avions pas l'ambition de susciter un déclic miracle et définitif, mais seulement de créer,

pour un moment, un climat de bien-être attrayant parce qu'à la fois simple et profond, qui puisse inoculer en eux le goût de revenir à cet état-là. Ainsi, si certains ont pu trouver assez rapidement le ressort pour changer de vie, d'autres sont repartis dans des galères diverses durant parfois quelques années. Parmi les témoignages les plus éclairants, je retiens celui de Marc, 20 ans, de retour après quelques années de prison, de drogue et de cavale : « Je reviens chez vous parce que les seuls souvenirs chaleureux que j'ai, c'est grâce aux trucs que j'ai faits avec vous. »

Les « trucs » évoqués par Marc ne sont pas tant *ce qu'on a fait* que *comment on l'a vécu*. Marc revient parce qu'il cherche à retrouver l'état de bien-être qu'il a pu ressentir dans son cœur *à l'occasion* d'une activité. Il cherche à rassembler en lui ces éléments fondamentaux : amour, respect, sens et sensations, qu'il a parfois pu rencontrer ailleurs dans ses cavales, par bribes et morceaux, mais sans l'intensité qui naît de l'unité intime en soi-même.

Ce qui me parle dans cette histoire, c'est la polarité ou l'*aimantation* : la boussole intérieure de Marc le ramène là où il s'est trouvé bien, là où il a ressenti l'intensité de l'unité. Je me souviens de cette phrase éclairante que j'ai lue quelque part (dans un texte sur la genèse de la violence dans les quartiers défavorisés) et sans doute déjà citée :

> « Si à la maison on se battait, là où on se battra je me sentirai à la maison. Si à la maison on chantait, là où on chantera je me sentirai à la maison. »

Pour éviter que de plus en plus de jeunes et moins jeunes se retrouvent en rupture scolaire ou familiale, sociale ou professionnelle, nous n'avons sans doute pas, directement, d'autre pouvoir – mais celui-là nous l'avons – que de travailler individuellement à transformer notre culture de société pour que l'humain y retrouve sa place. Nous pouvons nous assurer que, de sa fécondation à son dernier souffle, il soit accueilli dans la dignité, accompagné dans l'émerveillement de la découverte du monde et éveillé à la conscience de son appartenance à l'univers vivant. Concrètement, cela veut dire que nos systèmes éducatifs, familiaux et scolaires acceptent de privilégier le climat relationnel par rapport aux choses à faire, privilégier le plaisir à vivre, à créer et apprendre ensemble par rapport aux tâches à accomplir et aux fonctions à assurer. Notons bien que ce n'est pas l'un ou l'autre, le programme ou la qualité de la relation; c'est l'un et l'autre, avec une priorité à mes yeux sur la qualité de l'être, dont chaque adulte est invité à témoigner. S'il s'agit d'un pouvoir d'action individuel, nous verrons que nous ne sommes pas seuls.

En passant à l'occasion dans des couloirs d'école, en écoutant le ton des échanges dans les classes et les cours, en observant le rythme de vie des familles et les priorités qu'elles se donnent, en écoutant le témoignage de parents et d'ados, le ton et le tempo de leurs échanges, je me demande si, à force de courir de plus en plus vite, de chose à faire en chose à faire, nous n'avons pas tout simplement perdu de vue que le sens de la vie consiste à goûter la *merveille* d'être en vie ensemble.

Comme notre culture ne soutient pas cette priorité à tous les niveaux de la société, toutes sortes de tragédies absurdes apparaissent, comme celle qui fait l'objet du témoignage suivant, dont j'ai aimé la clarté.

## Priorité à l'Être dès l'enfance : le savoir, le faire et l'avoir suivront

*Les enfants ont besoin du plaisir à vivre de leurs parents.*

PHILIPPE JEAMMET[12]

Le 12 avril 2006, la Belgique est en état de choc. Jo, 17 ans, vient d'être tué, en pleine journée, au milieu de la foule dans le hall principal de la Gare centrale de Bruxelles, d'un coup de couteau donné par un autre adolescent qui voulait son baladeur. Voici l'article qu'un père de famille fait paraître dans le journal *Le Soir* en réaction aux commentaires publiés dans ce même journal par un médecin-psychiatre (je le cite presque intégralement, avant d'en proposer un commentaire). Ce texte, assez long, illustre pour moi l'absurdité dans laquelle baigne notre monde parce que le *bien vivre ensemble* grâce à la chaleur de l'amour, la sécurité du respect et la clarté du sens ne sont pas des priorités de notre société[13].

---

**Le déficit d'autorité comme explication du meurtre d'un ado à la gare centrale ?**

J.-C. ENGLEBERT - FOREST

Dans l'édition du *Soir* de ce samedi 15 avril, le Docteur-psychiatre N. Z. met en avant le déclin de la fonction d'autorité au sein de la cellule familiale et la gestion de la famille avec des règles démocratiques comme la chute d'autant de barrières qui auraient dû empêcher le meurtre d'un adolescent ce mercredi 12 avril à la Gare centrale de Bruxelles.

---

12. Le docteur Philippe Jeammet est psychiatre, président du congrès de la Société européenne de psychiatrie de l'enfant et de l'adolescent. Extrait d'un article paru dans le journal *Libération* du 30 septembre 2003 sous le titre « Les Psys penchés sur les "tocs" des ados, un congrès de psychiatrie de l'enfant s'inquiète des parents démotivés ».
13. C'est moi qui souligne.

[...] Mon rôle de parent de trois ados est d'une simplicité désarmante : amener les enfants à l'autonomie et à la responsabilité pour en faire des citoyens responsables et veiller à la préservation pour eux des possibilités de choix les plus larges possibles.

En travaillant l'autonomie de nos enfants, nous les rendons <u>libres par rapport aux envies</u> imposées et aux pulsions, comme, par exemple, la jalousie suscitée par la possession d'un objet tel un lecteur MP3.

En les rendant responsables, nous guidons leur manière d'<u>assumer leurs choix</u> dans le respect d'autrui.

En maintenant l'ouverture la plus large de leurs choix, nous les préservons des <u>frustrations générées par le « non-avoir »</u> : que représente la possession d'un lecteur MP3 par rapport à la beauté d'un projet de vie, par rapport à une perspective de développement par les études ou la perspective de partager un moment d'intimité et d'émotion en famille ?

Ces trois aspects de l'éducation requièrent naturellement de la part du parent une acceptation de l'enfant comme individu, <u>avec la culture propre à sa génération</u>. [...]

Cet exercice d'éducation ne peut trouver son accomplissement que dans le cadre d'un <u>dialogue vrai, entre individus égaux</u>, où le caractère guidant et structurant de l'adulte se manifeste non pas par « l'autorité autoritaire » de celui « qui sait », mais bien par son expérience de la vie, la manière dont il a assumé ses propres expériences de vie, les a analysées, en a tiré les leçons et accepte de les partager librement avec ses rejetons. [Je n'ai trouvé que] le débat démocratique pour arriver à un tel résultat. Mais sachez, cher Docteur Z., que pour épuisant qu'il soit, cet exercice est totalement fascinant et me procure une <u>satisfaction personnelle trouvant peu d'égale</u> à mes yeux. Et, non, cela n'implique pas que je fuie mes responsabilités lorsque celles-ci se présentent à moi. Cela ne m'en donne que plus d'autorité sur mes rejetons.

[...] C'est notre incapacité à nous, adultes, de proposer et d'assumer la culture comme facteur de libération qui entérine la transformation de l'individu, de créateur, rêveur, esprit critique en un simple consommateur. C'est cette incapacité qui a transformé le père de famille amoureux de sa femme et aimant ses enfants en un bourreau de travail ne rêvant que d'obtenir sa voiture de fonction au boulot, son nouveau « home cinéma », ses futures vacances à la Martinique, qui a transformé le paisible promeneur en conducteur agressif d'un rutilant 4x4. Alors je pense du plus profond de mon âme et de ma conscience qu'au moment

> de frapper, ce qui aurait pu retenir le bras de l'agresseur, ce n'est pas l'image d'une autorité. C'est plutôt <u>la beauté</u> de cette chienne de vie, c'est plutôt tout ce que lui et sa victime avaient encore à vivre, c'est le souvenir d'une émotion <u>partagée</u> avec papa, maman, les frères et sœurs en écoutant une chanson ou en regardant un film plutôt que le souvenir d'une autorité exprimée de manière aveugle.

## Commentaires

1. En proposant ce texte, j'espère que le lecteur peut le recevoir sans culpabilité mais en conscience éclairée de ses ressources comme de ses limites. Je sais qu'il y a des enfants qui sont difficiles à comprendre pour leur entourage et qui, malgré des trésors d'affection et de disponibilité, témoignent d'une façon d'être au monde singulière, qui semble échapper aux *normes,* en tout cas aux habitudes. Dans ce genre de cas, ma proposition est de mettre en place tout ce que nous pouvons comme attention et disponibilité dans l'acceptation de l'insondable mystère qu'est l'autre, même s'il est notre enfant, et d'avoir confiance dans le processus de la vie. Dans la plupart des cas, accepter de *se laisser mettre au monde* par son propre enfant, par le regard neuf qu'il nous donne sur la vie, sera l'occasion d'une *co-naissance,* sinon d'une renaissance. Rappelons-nous que le sens de la vie est d'apprendre à être, et demandons-nous : « En quoi est-ce que ce qui m'arrive vient m'apprendre à être ? », et « En quoi, par ce qui lui arrive, mon enfant est-il aussi invité à apprendre à être ? »

   Aujourd'hui, de nombreuses approches, psychocorporelles notamment, viennent nous aider à mieux nous comprendre et à trouver du sens[14].

---

14. Je me réfère, parmi d'autres, à la kinésiologie, à la réinformation cellulaire, à la méthode de libération des cuirasses, à différentes approches de massage ainsi qu'à des pratiques de « centrage » et de maîtrise des énergies comme le tai-chi.

2. Ce père écrit que la famille est là pour créer un espace de sécurité, de tendresse, de réflexion, d'imagination et d'ouverture de conscience où règne la joie d'être ensemble, qui est le fondement de la confiance en soi, en l'autre et en la vie. Les parents sont avant tout des passeurs d'humanité et des éclaireurs de sens. Il arrive, je le crains, fréquemment, que la famille vive dans des rapports purement fonctionnels et matériels, où prime l'indifférence, l'immédiateté ou l'autorité (au sens hiérarchique du terme), et où les échanges se résument à : *mange, range, étudie... et fiche-nous la paix !*

Il y a fort à craindre que l'enfant se sente alors déshumanisé, *dés-intégré*, c'est-à-dire qu'il n'ait pas l'impression de participer à un projet qui ait un sens, et donc sans perspectives ; et il y a fort à parier qu'il reproduise le mode de relation dont il a été témoin en entretenant avec l'autre (ou certains autres) des rapports fonctionnels, autoritaires et immédiats, qui déshumanisent et traitent sans pitié : « Passe-moi ton MP3, sinon... »

Dans un contexte comme celui-là, l'enfant ressent une impression d'impuissance et d'insignifiance personnelle qui peut s'accroître en raison de différents facteurs, comme d'être ballotté, la valise à la main, de la maison d'un parent à l'autre, ne sachant parfois plus chez qui il loge le soir, où est son lit et qui vient le chercher à l'école ; ou d'être réveillé en plein sommeil, déposé en trombe à l'école ou à la garderie et repris en fin de journée ; ou d'être livré à lui-même devant d'abrutissantes émissions télévisées. Toutes sortes de comportements et d'attitudes, si l'on n'est pas vigilant, mènent à la *chosification*.

Comme le mot l'indique, il s'agit de la réduction de l'être à l'état de chose, d'objet dont on ne s'occupe que pour passer à autre chose. La tragédie, c'est que l'enfant chosifié chosifie. L'histoire regorge d'exemples pouvant en témoigner.

Je ne sais plus quelle femme auteur écrivait ceci, pour quoi je lui rends hommage : « Les enfants sont invités à participer au banquet de l'Amour. » Imaginons l'état du monde si les parents qui décident de faire un enfant avaient d'abord mesuré, en toute conscience, qu'il serait leur priorité absolue pendant vingt ans au moins, et non un accessoire de leur vie d'adulte. Faute de cette priorité et de la sécurité affective qu'elle procure, les individus prennent vite l'habitude de compenser les manques affectifs par l'instauration de rapports de force. Le psychanalyste jungien Guy Corneau constatait : « Le besoin d'amour blessé se transforme invariablement en volonté de puissance. »

3. L'échange égalitaire, le débat familial démocratique sur lequel ce père insiste, est en ce sens fondamental. Il n'est pas une démission, mais un témoignage. Ce père nous dit d'abord que se parler, prendre le temps de s'écouter mutuellement, c'est la clé du *vivre ensemble* familial et citoyen. La démocratie espérée dans la Cité est utopique si chacun ne s'applique pas à la créer chez soi. Et cela commence humblement lorsque l'on prend le temps de s'asseoir pour se parler autrement qu'entre deux portes.

Ensuite, psychologiquement, l'échange égalitaire est l'occasion de l'ancrage fondamental de l'être. L'attitude des parents qui dialoguent avec leur enfant signifie : « En te parlant et t'écoutant, je te consacre en tant qu'être unique et irremplaçable. » Le poète Rilke écrivait que la rencontre entre deux êtres humains, quels qu'ils soient, est comme un sacrement. À cette attitude des parents, l'enfant pourra intérieurement répondre : « J'existe en tant que Je, parce que tu m'as dit Tu. » Je ne joue pas avec les pronoms, ni n'incite personne à l'égoïsme du petit moi, je parle précisément du sentiment profond d'identité derrière la personnalité, de l'être derrière le moi, qui fait qu'un être humain est un sujet et non un objet.

La personnalité, nous le verrons, est la construction du petit moi qui s'échafaude loin de l'être, loin du Je véritable. Et cela cause toutes nos tragédies et nos « moi d'abord ! ». Bouclons la boucle de la relation, au risque – je vous l'accorde – de nous prendre les pieds dans les pronoms. L'enfant qui se sent respecté dans son être (et non juste pour son personnage gentil, poli, rangé) pourra également entendre, intérieurement : « Je te respecte en tant que Tu (autre, différent), parce que je me respecte en tant que Je (identité fondée). »

Nous voyons là à quel point la sécurité affective et le dialogue d'être à être sont, dès le premier jour, et de l'intérieur, des piliers de l'équilibre personnel et de la conscience citoyenne.

4. Se parler de cœur à cœur, s'intéresser à ce que l'autre expérimente (ce qu'il ressent, ses repères personnels, ce qui l'intéresse en matière de culture, etc.) en partageant ses propres expériences et repères, cela nourrit le sentiment de communauté et permet de vivre les désaccords de façon structurée et bienveillante. Cette attitude *fait autorité* par sa clarté et sa justesse, comme un savant *fait autorité* par la clarté et la justesse de son propos, et elle laisse au rayon des accessoires pathétiques l'autorité hiérarchique que l'on prétend *avoir sur* l'autre, qui n'exprime qu'un manque de savoir être.

5. Enfin, cultiver ensemble le sens de la beauté, de la gratuité, de la douceur et du sacré de la vie, c'est d'abord être cohérent. La plupart du temps, les parents et enseignants se réfèrent à ces valeurs, d'une manière ou d'une autre, parce qu'elles font partie de l'éducation. Les enfants qui entendent les adultes leur parler de ces valeurs sans constater de cohérence dans leurs actes (ou *a fortiori* en faisant les frais de leurs incohérences) risquent bien de ne pas y croire et d'être peu enclins à créer activement un monde où ces valeurs priment. Les parents et enseignants le savent bien :

les enfants n'écoutent pas ce que l'on dit, ni ce que l'on fait. Ils écoutent *ce que nous sommes*, ils cherchent en nous la cohérence.

C'est, ensuite, l'occasion d'éviter le piège de l'avidité et des plaisirs de pacotille, accueillir le *non-avoir*, ou en tout cas le *non-attachement*, en expérimentant ensemble la recette du bonheur intime, celui qui s'appelle la paix intérieure, que l'on porte en soi partout, car elle n'est à la merci d'aucune circonstance. Il s'agit d'*aimanter* nos boussoles intérieures.

6. Imaginons maintenant que les familles, les systèmes éducatifs et scolaires – puis, par contagion positive, nos systèmes d'administration, d'entreprise, de gestion de biens et services, de soins et d'hospitalisation... – soient aussi soucieux du climat relationnel que de leur programme de *choses à faire*, aussi soucieux de l'*être* que du *faire* et du *comment* que du *quoi*. N'avons-nous pas le pouvoir de contribuer individuellement à créer les conditions d'une citoyenneté plus joyeuse et plus responsable, ancrée non dans la morale ou la loi, mais dans l'aimantation naturelle de nos boussoles intérieures vers le climat qui garantit notre bien-être ? Angélisme ?

Qui nous empêche d'essayer ? Le pari en vaut la peine. Ce qui est clair, c'est que le plus beau cadeau que nous puissions faire à nos proches, c'est d'apprendre à être heureux, ainsi que l'évoque le D$^r$ Boris Cyrulnik déjà cité :

> « Le bonheur est contagieux. Ce qui enchante un enfant, c'est le bonheur dans lequel il baigne. Si vous souhaitez son bien-être, travaillez à vous rendre heureux. »

# CHAPITRE 3

# Il est urgent de ne rien faire, par moments

## Se rendre disponible pour la transformation

Il semble que le dauphin rieur évoqué un peu plus haut ne s'approche pas de nous tant que nous surnageons, avec beaucoup d'agitation et de bruit, dans nos vieilles habitudes, en ressassant le passé et la crainte de l'avenir. Il ne s'approche que si nous laissons tomber ces vieilles habitudes et nous mettons tranquillement en disponibilité. Si, à cause de l'inconscience qui résulte de nos habitudes, nous ne nous mettons pas spontanément en disponibilité, il semble que la vie s'arrange, parfois rudement, pour nous secouer et nous forcer à nous asseoir avec nous-mêmes, à écouter notre élan vital et à nous laisser rejoindre puis guider par le dauphin rieur.

Dans la plupart des cas, un premier élément de l'intériorité consistera à défaire les entraves, *désenclencher* les pièges, et dénouer les amarres qui musèlent l'identité dans la personnalité. Il ne s'agit pas de complaisance dans le passé, mais précisément de regarder celui-ci sans complaisance pour le remettre à sa place et éviter ainsi qu'il prenne inconsciemment toute la place. Dans tous les cas – et c'est là véritablement la clé principale –, l'intériorité consistera à nous ouvrir au présent, à ce qui est là, et à accepter de nous laisser transformer par la puissance de vie qui est en nous. Cette acceptation n'est pas nécessairement confortable, car elle comporte des renoncements, des accouchements et des deuils. Ce qui me paraît constant, dans mon expérience, c'est que cette double approche (laisser derrière soi le passé et s'ouvrir au présent), si elle est vécue en pleine conscience et dans l'acceptation des remous qu'elle provoque, déclenche un processus de transformation personnelle décisif.

## Conscience, force intérieure et transformation sociale

En terminant cette première partie et en pensant aux différentes personnes dont j'ai parlé, je pensais d'abord la résumer comme ceci :

– L'estime de soi est la clé du bien-être personnel et de l'intégration sociale. Elle se nourrit de l'intérieur. Elle est à encourager au plus tôt dans l'enfance. En cas de manque ou de perte, elle peut se reconstruire, ce qui demande un travail d'intériorité ;

– Notre malheur ou nos difficultés n'ont pas tant trait à nos conditions de vie qu'au conditionnement de notre esprit. Transformer notre propre logiciel pour nous défaire de nos vieux systèmes de croyances et de nos vieilles projections est un processus de travail intérieur dont dépend non seulement notre capacité à traverser les conflits, mais aussi notre façon d'être et d'agir sur le monde.

En effet, comment pourrions-nous contribuer à l'unité durable à l'extérieur de nous, dans des projets sociaux et politiques, si, intérieurement, nous sommes dispersés, déchirés et ignorants de *la merveille* que constitue le fait d'être en vie ?

Puis, je me suis demandé d'où vient la force politique et le pouvoir créateur de personnalités comme Gandhi, Nelson

Mandela ou Vaclav Havel. D'où leur est venue cette puissante capacité à mener des révolutions sociales non violentes en rassemblant dans l'unité et en suivant fidèlement l'inspiration qui leur est soufflée de l'intérieur ? Cette puissance de transformation politique n'est-elle pas le prolongement actif de la force et de l'unité intérieures qu'ils ont chacun travaillées durement dans des conditions de retrait – si j'ose m'exprimer ainsi, puisqu'il s'agit principalement d'emprisonnement – qui étaient tout sauf confortables ? Le retrait et le dépouillement semblent avoir systématiquement stimulé la clarté de leur vision et leur conscience citoyenne, la puissance de leur élan et de leur engagement social, la cohérence entre leurs actes et leurs paroles. Ils laissent entendre dans leurs écrits que c'est le recul qui leur a donné la perspective. Cela serait une lapalissade si, venant d'eux, ce n'était bousculant de vérité. *Il est urgent de ne rien faire, par moments*. N'est-ce pas ce dont témoignent ces hommes d'action qui ont transformé de façon historique les structures politiques et sociales de leur pays ? Au fond, cette même maxime pourrait s'appliquer à chacun de nous comme à chacune des personnes évoquées au début de cette première partie[15].

Ces personnes pourraient être vous et moi ; nous les rencontrons tous les jours. Pour la plupart d'entre elles, de l'extérieur tout semble bien aller, alors qu'intérieurement rien ne va plus, ou presque. Quel que soit leur milieu d'origine, leur éducation, leur formation ou leurs bonnes intentions, quels que soient leurs talents et leur sensibilité, elles se retrouvent

---

15. Ce n'est sans doute pas par hasard qu'au départ d'une réflexion sur l'intériorité comme facteur d'unité et de vision personnelle et sociale il me vienne cette réflexion sur le charisme d'hommes politiques, sur leur vision perspective et leur sens de l'unité. Au moment où j'écris (à l'automne 2007), dans mon pays, en Belgique, nous sommes sans gouvernement depuis six mois, alors que les responsables politiques enchaînent les réunions, de jour comme de nuit, certains reconnaissant n'avoir pas pris un jour de repos depuis des mois.

empêtrées dans leur propre vie, « empêtrées de cette vie dont ils ne savaient plus que faire », comme le disait Sartre, parce qu'elles ne prennent jamais de temps d'arrêt ou de recul.

Elles ont apparemment toutes eu accès – à des niveaux divers – à l'éducation familiale, à l'école et même à l'université pour certaines, ainsi que, selon les cas, à une éducation religieuse. Elles ont appris plusieurs langues, connaissent l'informatique, pratiquent différents sports, et ont réussi leur vie de couple ou leur vie professionnelle. Qu'est-ce qui fait qu'en dépit de tous ces apprentissages, qui se sont révélés porteurs de satisfactions, elles ne connaissent pas les processus de transformation intérieure qui facilitent la traversée des épreuves de la vie ?

D'où vient qu'en dépit de toutes leurs compétences l'accès à la connaissance intime d'elles-mêmes, à la vraie personne derrière leur personnage, à leur identité ou à l'être derrière leur personnalité, à leurs talents et au sens essentiel de leur vie leur fasse ainsi défaut ?

Pourquoi, faute d'accès à l'intériorité transformante, n'ont-elles pas accès à la connaissance et à la guidance de *l'Univers et des Dieux*, qui semblent avoir bien inspiré Gandhi, Mandela et Havel ?

Pour comprendre la cause de ce manque, il m'a paru utile d'aller voir d'où nous venons et de trouver les raisons pour lesquelles nous sommes à ce point coupés de notre intériorité.

# DEUXIÈME PARTIE

## D'où venons-nous ? Pourquoi sommes-nous à ce point coupés de notre intériorité ?

*Un imbécile, c'est quelqu'un dont l'intelligence s'arrête à ce qu'il connaît.*

JEAN-YVES LELOUP

*Les sciences ont évolué au point que nous avons maintenant des missiles guidés et des hommes égarés.*

MARTIN LUTHER KING

La société et le mode de vie que nous avons créé correspondent à notre perception du monde et de la vie. Cette perception est façonnée par nos systèmes de réflexion, d'interprétation et de croyances, qui sont entretenus par notre culture générale. Un nombre croissant de nos contemporains, comme nous le verrons dans la troisième partie, réalisent que, pour développer une autre société et un autre mode de vie, nous ne devons pas seulement faire mieux ou faire autre chose, mais plutôt penser autrement et transformer nos systèmes de réflexion et de croyances afin d'atteindre un niveau de conscience élargi. En changeant notre « logiciel », nous pourrons ouvrir d'autres canaux de perception que ceux que nous connaissons, mais cette démarche demande que l'on prenne du recul, sinon chacun aura tendance à s'identifier à son éducation, à sa culture et à sa petite histoire de vie, perpétuant ainsi une façon de faire (même si elle est insatisfaisante), en y apportant peu ou pas de variations personnelles. Sans recul, chacun risque de rester pris au piège.

Rappelons-nous qu'il y a deux étapes pour sortir d'un piège. Premièrement, nous ne pouvons pas sortir d'un piège tant que nous ne savons pas que nous sommes pris dedans[1], et deuxièmement, nous ne pouvons pas en sortir tant que nous ne savons pas comment il s'enclenche.

Outre les entraves et les freins spécifiques rencontrés dans notre parcours personnel, nous aurons à nous libérer de conditionnements génériques liés tant à notre culture qu'à notre nature d'être humain. Il semble que, sous ces deux aspects, nous soyons également piégés à l'extérieur de nous-mêmes par des conditionnements si bien intégrés à nos habitudes qu'ils passent inaperçus. Nous ignorons donc la plupart du temps leur impact sur notre façon d'être.

Je propose en premier lieu d'observer la mécanique des pièges qui ont trait à notre culture. Nous naissons dans une

---

1. Voir Thomas d'Ansembourg, *Être heureux, ce n'est pas nécessairement confortable*, Montréal, Éditions de l'Homme, 2004, p. 24.

société ayant une certaine culture : une certaine façon de voir l'éducation, la famille, la religion et une philosophie de vie, qui, de multiples façons, nous tire hors de nous-mêmes. Nous en verrons quelques aspects particulièrement limitatifs :

– l'importance donnée à l'intelligence intellectuelle et rationnelle avec ses corollaires les plus immédiats : la déconnexion de soi (et donc de la vie en soi), la pensée binaire (plutôt que complémentaire ou globale), la juxtaposition ou le cloisonnement des aspects de la vie (plutôt que leur compréhension interactive et systémique) et la vision mécaniste de l'univers qui en résulte ;

– l'impression de séparation et d'isolement par rapport à la communauté humaine et à la nature ;

– la priorité accordée au « faire » plutôt qu'à l'être.

Je propose en second lieu d'évoquer des aspects qui ont trait à notre nature. Je veux dire notre nature d'être humain incarné, quelle que soit la culture dans laquelle nous vivons. Nous n'atterrissons pas sur cette terre sans laisser quelques plumes et nous sommes ainsi piégés, la plupart du temps sans même le savoir, dans :

– la contraction, la peur de manquer et de n'être pas reconnu ;

– la nostalgie de la plénitude ou du Paradis perdu ;

– la tension parfois insoutenable entre nos moyens finis et nos aspirations infinies.

Le fait que ces pièges ne soient pas connus me paraît être la source de profonds malaises individuels et sociaux. Leur accumulation crée des *bombes à retardement* (par le mécanisme de la cocotte-minute à explosion ou implosion retardée dont je parle dans *Cessez d'être gentil, soyez vrai !*) : tôt ou tard, c'est la dépression, l'agression ou l'émeute.

En dernier lieu, nous constaterons que nous avons souvent appris à compenser plutôt qu'à vivre.

# CHAPITRE 4

# Notre culture nous tire hors de nous

*Ce n'est pas ce que vous ne savez pas qui vous pose des problèmes, mais c'est ce que vous savez avec certitude et qui n'est pas vrai.*

Marc Twain

Notre culture de société (la civilisation) et notre culture d'éducation (la famille et le milieu dans lequel nous grandissons) nous tirent hors de nous-mêmes. Pour simplifier cet énoncé, voyons ces deux aspects l'un après l'autre, même si en pratique ils se recoupent bien souvent. Vous trouverez dans cette partie des citations de divers auteurs qui m'ont éclairé et ont nourri ma réflexion.

## Notre culture occidentale divise et cloisonne plutôt qu'elle unit et relie

Je n'ai ni les compétences ni la prétention de faire le tour de cette vaste question. Je vous propose seulement de reprendre conscience de quelques traits caractéristiques par lesquels les théories scientifiques les plus connues à ce jour ont façonné notre perception du monde et de la vie, en construisant nos systèmes de réflexion, d'interprétation et de croyances.

Certaines de ces théories remontent aux XVIIe et XVIIIe siècles, d'autres sont encore plus anciennes, mais elles continuent, des siècles plus tard, à imprégner nos esprits : nous sommes les enfants de la Modernité. Notre culture générale se trouve ainsi largement conditionnée par une vision matérielle plutôt désolante du monde, considéré comme une grande mécanique tournant sans perspective ni sens. C'est la métaphore, populaire au Siècle des lumières, de « *l'univers-horloge* » vu comme une machine construite et mise en mouvement initial par un dieu extérieur, composée de pièces distinctes et gouvernée par les lois de la physique que les scientifiques étaient chargés de découvrir. Cette vision du monde semble continuer de prévaloir dans la culture commune, alors même que d'autres découvertes scientifiques la contredisent depuis plusieurs décennies. Ces dernières nous ouvrent à une compréhension nouvelle du cosmos, qui se révèle désormais comme un tout interconnecté et inspiré. En effet, les découvertes en physique quantique prouvent aujourd'hui ce que les anciens mythes et traditions spirituelles ont annoncé de tout temps : il existe bien un champ mesurable qui relie toute chose ; tout est interrelié. Ce n'est pas une projection mystique ni un fantasme *new age*, c'est la structure même de l'univers. Cette perception de la globalité et de l'interconnexion, beaucoup de gens la ressentent intuitivement. Toutefois, la culture commune ignore encore largement cette appartenance à un *tout inspiré*, et maintient un modèle qui continue de favoriser une société d'individus parcellisés, souffrant largement de solitude et de dépression. Notre culture semble avoir globalement encore bien des résistances à la remise en question, même si des changements encourageants apparaissent. En me documentant sur ces questions, j'ai été intéressé de constater les résistances à la nouveauté et au changement, même dans certains milieux scientifiques où l'esprit de curiosité et la capacité de remise en question ne sont pas toujours au rendez-vous. Si des professionnels de la recherche rigoureuse sans préjugés peuvent s'installer dans des certitudes qu'ils prennent pour des vérités non négociables, et faire ainsi obstruction aux remises en question fondamentales qui accompagnent la recherche, nous pouvons mieux comprendre que le citoyen moyen, qui n'a pas choisi de privilégier l'esprit de curiosité critique, d'ouverture et de discernement systématique propre à la recherche scientifique, peut facilement s'anesthésier dans des croyances qu'il prend pour des vérités intangibles. Ainsi, notre intelligence s'arrête-t-elle souvent à ce que nous connaissons, pour reprendre la formule de Jean-Yves Leloup[2], citée au début de cette partie. Il faut reconnaître que nous venons de loin dans cette habitude d'être arrêtés par le visible, mesurable et quantifiable, en ignorant l'invisible, le subtil et l'impalpable.

En nous fixant sur la chose et en oubliant l'esprit qui relie ou génère toute chose, n'avons-nous pas construit une culture chosifiante ?

## Une culture chosifiante

Ainsi, pour le père de la physique moderne Isaac Newton, dans le concept de la grande horloge, tous les éléments composant l'univers sont séparés les uns des autres et cohabitent de façon entièrement indépendante.

Dans cette vision mécaniciste, tout est dissocié, séparé, divisé. Nous continuons aujourd'hui de traiter bien des enjeux de la vie l'un à côté de l'autre ou l'un après l'autre dans une vision binaire, linéaire ou en tout cas séquentielle, et non dans une vision systémique où tout interagit.

---

2. Jean-Yves Leloup, docteur en philosophie, en psychologie et en théologie, a été dominicain puis prêtre orthodoxe. Il est conférencier et auteur de nombreux ouvrages dont *L'Absurde et la grâce*, *Prendre soin de l'Être* et *Les évangiles de Thomas, Jean, Philippe et Marie de Magdala*. Ses livres, conférences et séminaires offrent un approfondissement des textes sacrés, ainsi qu'une réflexion d'une grande richesse sur la spiritualité au quotidien ancrée dans une formation pluridisciplinaire d'une rare complémentarité.

Il y aurait des millions d'exemples à citer pour illustrer ce propos. En voici quelques-uns, qui démontrent notre habitude de cloisonner les enjeux et d'analyser les choses comme si elles étaient séparées les unes des autres :

– *Notre habitude bien ancrée de mettre le travail d'un côté et la vie privée de l'autre, comme si les enjeux de la vie professionnelle n'avaient pas d'impact immédiat sur la vie privée, et vice-versa.* La personne démotivée ou stressée au travail aura du mal à être un conjoint ou un parent heureux et tendre, et la personne vivant des tensions familiales trouvera difficile d'être concentrée et motivée dans son travail. Tout se tient : nous ne pourrons transformer une telle situation qu'en la comprenant comme un tout.

– *Les émeutes dans les banlieues en France, en 2005. Des mesures de sécurité et de répression ont été prises d'emblée (renforcement de la police, des sanctions judiciaires et du budget de construction des prisons) sans qu'il soit fait mention d'aucune mesure de transformation du modèle de société dont ces émeutes sont – de l'avis de bien des spécialistes – des symptômes de dysfonctionnement évidents.* Cette attitude illustre notre fonctionnement logique et notre compréhension cloisonnée des phénomènes. On résout le problème sans porter attention à ses causes systémiques, qui sont sans doute moins apparentes que ses manifestations. Dans ce cas, l'attitude du gouvernement français a été de résoudre « un problème de violence et d'incivilité », et non de prendre en compte le fonctionnement de toute une société qui en arrive à générer ce genre de problèmes.

– *La médecine conventionnelle, qui prend soin de la partie malade du patient avec peu ou pas du tout de considération pour l'ensemble des systèmes dont celle-ci peut être un indice de dysfonctionnement (ces systèmes étant l'ensemble du corps, la personnalité, l'histoire et la vie familiale, l'hygiène de vie et de conscience, la vie émotionnelle, les enjeux professionnels, etc.).* Par exemple, un homme de 45 ans se voit prescrire un médicament à vie pour des douleurs de prostate mais refuse cette médication et décide de s'interroger plutôt sur la cause première de ses douleurs. Par différentes approches, notamment psychocorporelles, il réalise alors qu'il s'est coupé de sa créativité depuis bien longtemps, et donc de sa puissance créatrice. En s'ouvrant à celle-ci et en la laissant s'exprimer, il constate que les douleurs (situées dans la zone des organes de procréation) s'estompent puis disparaissent. Même scénario pour une femme de 40 ans qui se plaignait de douleurs au bas-ventre ne correspondant à aucun mal identifiable. La médecine traditionnelle lui prescrivait des médicaments antidouleur. Elle a décidé de travailler sur son intériorité et a ainsi découvert à quel point elle s'était coupée de sa créativité. Lorsqu'elle a retrouvé une activité qui l'a stimulée davantage, la douleur s'est estompée.

*– Un exemple personnel cette fois : mes études de droit m'ont apporté une formation technique de juriste sans que j'aie à suivre de cours sur les relations humaines, l'intelligence émotionnelle, la communication interpersonnelle ou la gestion des conflits, alors que la plupart des métiers de juristes sont des métiers de relations humaines impliquant la gestion de conflits et des confrontations émotionnelles.* Je travaille aujourd'hui constamment avec des personnes qui se retrouvent dans la même situation : des enseignants, des avocats, des médecins (du généraliste au chirurgien en passant par le directeur d'hôpital), des infirmiers, des ingénieurs, des chefs de chantier ou d'entreprise, qui ont fait de hautes études, savent très bien *faire* les actes et démarches requises par leurs fonctions et connaissent leurs compétences, mais n'ont cependant développé aucune compétence pour traiter des enjeux humains aussi fondamentaux que récurrents dans leurs fonctions. (Ainsi, dans un article sur le *burn-out* des médecins en France, qui relève le taux d'épuisement professionnel ressenti dans la profession, le docteur Isabelle Gautier[3] note :

---

3. D$^r$ Isabelle Gauthier, «*Burn-out* des médecins – de l'idéal à l'usure», *Bulletin de Conseil Départemental de l'Ordre des Médecins de la Ville de Paris*, n° 86, mars 2003.

« Les études de médecine ne l'ont pas préparé au tête-à-tête avec la souffrance, la maladie et la mort. »)

Nous avons la triste habitude de cloisonner et de compartimenter. Marc Halévy décrit ainsi cette vision de l'univers comme assemblage, en remontant à ses racines antiques :

> Clairement cautionné par l'autorité d'Aristote (350 av. J.-C.), l'atomisme[4] allait empoisonner deux mille ans de sciences. De lui vient cette funeste vision de l'univers comme assemblage d'éléments, éternels et immuables, venus d'on ne sait où pour on ne sait quel dessein. Le mécanicisme et sa puissance à nier l'essentiel de la vie et l'esprit étaient nés et pouvaient commencer leurs ravages[5].

Pour Descartes, père de la pensée rationnelle, le mental est distinct de la partie inerte de notre corps, qui n'est simplement qu'un autre genre de machine bien huilée. Suivant cette théorie, même nos corps sont, d'une manière ou d'une autre, séparés et différents de notre véritable moi, c'est-à-dire de la conscience qui observe :

---

4. Les atomistes considèrent que l'univers et la matière sont constitués uniquement d'atomes (du grec *atomos*, qui ne peut être divisé), particules indivisibles assemblées par hasard et de manière purement mécanique. Leur vision de la réalité est matérialiste et sans finalité. Elle se base sur la croyance que la matière ne peut être solide que si les particules qui la composent sont dures. Cela exclut notamment la vision « infiniste » selon laquelle la matière serait un emboîtement de particules et de sous-particules, à l'infini. Les découvertes quantiques d'aujourd'hui nous montrent que la matière est énergie et vibration.
5. Marc Halévy, *Sciences et sens. Qu'est-ce que la matière ? Qu'est-ce que la vie ? Qu'est-ce que l'esprit ?*, Éditions Marane, 2007. Marc Halévy est un polytechnicien et ingénieur nucléaire français. Il est docteur en sciences appliquées, philosophe, et élève du Prix Nobel Ilya Prigogine. Il a aussi étudié les religions et les traditions. Selon lui, le monde bascule radicalement d'une économie industrielle (fabrication et échange d'objets matériels) vers une économie de la connaissance (création et prolifération d'idées immatérielles). Il accompagne les dirigeants et les entreprises dans ce changement et anime des conférences et ateliers intitulés : « Vivre autrement : la révolution intérieure » et « L'Univers est un être vivant en devenir ».

> En quelques mouvements adroits, Newton et Descartes avaient extirpé Dieu du monde de la matière, tout comme ils nous avaient extirpés, nous et notre conscience, du centre de notre monde. Ils avaient dépouillé l'univers de son cœur et de son âme, laissant une série de morceaux sans vie s'emboîtant les uns dans les autres. [...] La vision de Newton nous avait chassés de la trame de l'univers[6].

J'ai trouvé cette réflexion de Lynne McTaggart saisissante ; en quelques mots, elle résume les causes du drame que pourrait bien connaître notre humanité si nous ne réapprenons pas l'essence de la Nature et de notre appartenance à la Nature. Marc Halévy nous rappelle ceci :

> Jusqu'à il y a cent ans environ, tout le monde croyait, en bon cartésien, que le monde n'était que le fruit de la juxtaposition de briques élémentaires immuables, cimentées par des lois universelles immuables. Descartes lui-même l'avait clairement spécifié : les parties expliquent totalement le Tout et le Tout est l'exacte somme de ses parties. Pour comprendre une horloge, il suffit de la démonter, d'examiner toutes ses pièces avec soin, d'en comprendre la fonction et de remonter le tout [...]. Analycisme et réductionnisme fondent la méthode dite scientifique que l'on s'est efforcé d'appliquer à tout, psychologie, sociologie, politique et économique compris... avec les échecs que l'on sait[7].

---

6. Lynne McTaggart, *L'univers informé. La quête de la science pour comprendre le champ de la cohérence universelle*, Montréal, Éditions Ariane, 2005. Cet ouvrage est consacré aux découvertes scientifiques de pointe sur la véritable nature de la vie. Lynne McTaggart, journaliste d'investigation américaine vivant au Royaume-Uni, a reçu de nombreux prix pour son œuvre. Éditrice et fondatrice réputée de nombreuses publications reliées au domaine de la santé au Royaume-Uni et aux États-Unis, dont, notamment, le magazine *WDDTY* (*What Doctors Don't Tell You*).
7. Marc Halévy, *op. cit.*

Dans cet assemblage, il n'y a pas de place pour l'invisible ni le subtil. Halévy poursuit son constat :

> [...] de Descartes à Monod (en passant par Pasteur), pour le matérialisme, le vivant est une simple machinerie matérielle, mécanique et démontable, c.-à-d. réductible à ses composants physicochimiques. Pour Descartes : l'homme est un animal – machine pourvue, en plus, d'une âme divine qui n'est pas un principe de vie, mais le principe divin de l'esprit qui pense. Cette thèse scientiste réduit la vie à la matière, et <u>fonde le gros des travaux de recherche actuels qui regardent la vie avec les lunettes de la chimie</u> exclusivement. Épistémologiquement, cela revient à réduire l'architecture à l'étude des briques et du ciment, et à fonder une médecine qui pense que restaurer une cathédrale revient à recimenter des moellons [...][8].

Cette réflexion d'un scientifique venait bien à point pour nourrir ma réflexion de praticien de l'accompagnement des personnes. Je me demandais depuis longtemps pourquoi les êtres humains souffrent à la fois de dispersion et de cloisonnement, pourquoi ils ont tant de mal à rassembler les différentes parties d'eux-mêmes pour construire leur vie comme une œuvre inspirée, inspirante pour les autres. Il me semblait, de par mes rencontres et de par mes lectures sur d'autres cultures, que cette dispersion n'était pas une fatalité ; que nous avions en nous la capacité de goûter l'unité. Il m'apparaissait de plus en plus clairement que le fait de comprendre le monde comme un tout – représentant bien plus que la somme de ses parties – nourrit la conscience d'unité et donc la paix intérieure. Inversement, la compréhension du monde comme une mécanique démontable d'éléments juxtaposés nourrit l'impression angoissante de solitude au sein d'un assemblage précaire voué tôt ou

---

8. *Ibid.* C'est moi qui souligne.

tard au démantèlement. Effectivement, la découverte de *la complexité* fait s'effondrer le paradigme de la physique classique, mécaniciste et analytique :

> Un système est complexe lorsque son tout est plus que la somme de ses parties. Et plus il est complexe, plus son tout dépasse de loin ses parties.

En évoquant la complexité, Halévy explique pourquoi la vie ne peut se réduire à la simple juxtaposition d'éléments démontables :

> La vie est une propriété émergente qui est donc propriété du tout sans être propriété d'aucun de ses composants. Le détail des schémas réactionnels supposés n'offre que des savoirs sur la vie sans jamais fournir une connaissance de la vie [...]. L'émergence de la Vie induit des propriétés nouvelles totalement incompatibles avec le mécanicisme, le déterminisme, l'analycisme, le logicisme classiques. <u>La vie ne peut pas se comprendre sans introduire, dans la physique qui la sous-tend, des notions hérétiques comme celle de téléologie (intention, finalité) ou d'holisme (le tout devient plus que la somme de ses parties)</u>[9].

Nous verrons plus loin comment ces nouveaux angles d'observation de la vie et de la matière vont transformer notre compréhension de la vie. Continuons toutefois de tenter de mieux comprendre *d'où nous venons,* selon le titre de cette partie, en rappelant un autre pilier de notre culture : Charles Darwin et sa théorie de l'évolution.

---

9. *Ibid.*

## Manger ou être mangé

Selon cette théorie, la vie est un processus aléatoire sans but où seul le plus fort survit. Voyons le commentaire de Lynne McTaggart à ce sujet :

> [Les travaux de Darwin] rendirent l'image que nous avons de nous-mêmes encore plus sinistre. Sous cet angle nous ne serions donc qu'un hasard de l'évolution, et l'immense héritage de nos ancêtres ne se réduirait qu'à une seule facette : manger ou être mangés, bref survivre à tout prix. En somme, l'essence de notre humanité est un terrorisme génétique qui se débarrasse de tout lien plus faible. La vie ne consiste pas à partager dans l'interdépendance, mais plutôt à gagner, à être le premier. Et si on arrive à survivre, on se retrouve tout seul au sommet de l'arbre de l'évolution[10].

Au fond, nous nous retrouvons pris au piège dès lors que nous ne développons pas d'autres canaux de perception, d'autres intelligences que l'intelligence rationnelle et intellectuelle. En effet, cette vision mécaniciste du monde et de l'être humain nous a sans doute permis d'acquérir plus de maîtrise sur l'univers d'un point de vue technologique, mais nous n'en savons guère plus sur nous-mêmes. Et nous devons constater que, sur le plan spirituel et métaphysique, cette vision nous a profondément isolés de tout. Elle ne nous a pas permis de comprendre comment nous pensons, comment la vie commence et s'arrête, pourquoi nous tombons malades, de quelle manière une seule cellule devient un être humain complètement formé, d'où nous vient la conscience et l'intuition, et ce qu'il advient de l'être humain après la mort.

---

10. Lynne McTaggart, *op. cit.*

> À contrecœur, nous défendons cette vision du monde même si elle ne correspond pas à notre expérience quotidienne. Beaucoup d'entre nous cherchent donc à échapper à cette réalité vide de sens. [La religion] offre un certain recours puisqu'elle propose un idéal d'unité et de communion avec les êtres ou donne un sens à la vie. Mais elle le fait en contradiction avec la vision scientifique. Quiconque désire une vie spirituelle est déchiré par ces visions opposées du monde et doit, en vain, fournir des efforts pour les réconcilier[11].

Pour moi, ce déchirement intime se vérifie pratiquement chez toute personne, qu'elle désire consciemment ou pas une vie spirituelle. Nous sommes souvent inconsciemment déchirés entre notre élan naturel de communion et d'appartenance, d'une part, et, d'autre part, notre impression culturelle d'émiettement et de ne pouvoir compter que sur nous-mêmes, sans solidarité. Ainsi, au constat fait par Lynne McTaggart, j'ajouterai que, si, grâce aux progrès scientifiques et techniques facilités par cette vision du monde, beaucoup d'êtres humains bénéficient de conditions de santé et d'un confort matériel inégalés dans l'histoire, la misère psychologique, affective et morale de nombre d'entre eux atteint apparemment des proportions également inégalées. La vision du monde reçue en héritage génère angoisse, solitude et perte de sens, non seulement sur le plan individuel, mais aussi sur le plan collectif et social. Si le monde n'est qu'une grande horloge, chaque élément un simple rouage, et le principe de vie « manger ou être mangé », et que Dieu (pour ceux qui le nomment ainsi) ne fait pas partie du jeu car il le laisse tourner tout seul, il semble bien que les individus ne puissent que se créer une société matérialiste, plutôt angoissante, de compétition, de consommation et d'apparences, où prévalent les rapports de pouvoir, l'avidité

---

11. *Ibid.*

et la dépression; à moins qu'ils ne trouvent sens et communion dans la pratique d'une religion, comme l'évoquait Lynne McTaggart. Mais, j'y reviendrai, souvent le Dieu des religions est à l'extérieur, comme le grand horloger, et la créature est distincte, séparée de son créateur. Ainsi, même le croyant est renvoyé à sa solitude ontologique, à sa séparation du Tout, à sa prétendue faute originelle, d'une manière qui, elle aussi, génère angoisse et impuissance.

Dans cette culture, non seulement l'homme n'est pas éveillé à participer à l'enchantement du monde dans la conscience que celui-ci est sacré, mais il se conduit en maître qui peut user et abuser pour son bon plaisir de cette matière inerte qui l'entoure. Il semble que depuis bien des générations nous soyons imprégnés de la croyance suivante: *Je ne suis qu'une créature séparée de son créateur, mais j'ai reçu tout pouvoir sur la création qui, elle, n'est qu'un grand mécano composé de pièces détachables et mis à mon service.*

> Pensée cartésienne et vision mécaniciste de l'univers ont ainsi posé les bases d'une culture où prévalent les impressions d'isolement, de déconnexion et de non-appartenance.

Les prémisses de la chosification de l'homme et de la nature ne datent pas d'hier et nous faisons aujourd'hui le constat des malaises sociaux et des risques planétaires auxquels ces croyances et conditionnements collectifs nous amènent.

### Chosification et catastrophes naturelles

Notre vision du monde a généré des risques de catastrophes planétaires qui sont aujourd'hui reconnus par la communauté scientifique. La vision à très court terme, soit chacun dans sa sphère de compétence cloisonnée et sans réflexion sur les conséquences systémiques et dynamiques de ses choix, aurait comporté peu de risques si nous n'étions que quelques milliers d'humains sur la planète, mais nous sommes plus de six milliards, et la catastrophe est proche. Un exemple pour illustrer le cloisonnement de nos modes de pensée : en instaurant l'agriculture de masse, il y a quelques dizaines d'années, avec l'arrachage systématique des haies et des bosquets, le curage des ruisseaux et l'usage des pesticides à large échelle, personne n'imaginait les inondations catastrophiques, l'appauvrissement des sols et la disparition de toute une biodiversité que cette pratique allait générer, sans parler des résidus de pesticides qui circulent dans notre sang et qui peuvent causer des cancers et des malformations, ni de la désolation des paysages ruraux.

Rappelons quelques points connus, parmi des milliers d'autres, de cet état des lieux de la planète. Cela n'est pas pour ressasser de mauvaises nouvelles, mais seulement pour nourrir notre réflexion sur les limites du niveau de culture et de conscience avec lequel nous avons jusqu'ici traité notre rapport à la matière, à la nature et à la vie. C'est une invitation à changer de niveau de conscience. Notre conscience, heureusement, évolue significativement et, comme nous le verrons dans la troisième partie, nous pourrons la nourrir alors de nouvelles qui sont bonnes[12].

---

12. La plupart des références citées ci-après sont extraites du symposium *Réveiller le rêveur, changer le rêve,* créé aux États-Unis par l'Alliance Pachamama (ce qui signifie Terre-Mère) et tenu pour la première fois en français à Bruxelles, à l'initiative de l'association sans but lucratif TETRA, le 7 octobre 2007. Cela explique pourquoi ces références sont surtout nord-américaines. (Voir les sites www.tetra-asbl.be, www.pachamama.org.) Ce symposium, qui est présenté aujourd'hui dans de nombreuses villes, nous propose de nous réveiller de notre hypnose collective, puisque nous sommes hypnotisés par la croissance matérielle à tout prix. D'autres modes de vie existent, et il est urgent de sortir de notre inconscience pour nourrir d'autres projets et changer de rêve.

– Pollution de l'air : à chaque inspiration nous aspirons 30 % de dioxyde de carbone de plus que ne le faisaient nos grands-parents.
– Couche d'ozone : 60 % de la protection assurée a été détruite entre 1950 et 2000.
– Réchauffement de la planète et catastrophes naturelles : les données sur les ères géologiques passées révèlent que jamais la Terre n'a connu un tel enchaînement de changements simultanés qu'à l'heure actuelle.
– Réfugiés écologiques : les experts nous mettent maintenant en garde : la montée du niveau des océans, la désertification et la diminution des sources d'eau potable provoqueront la migration de 50 millions de réfugiés écologiques d'ici à la fin de la décennie. Janos Bogardi, directeur de l'Institut pour l'Environnement et la Sécurité Humaine à l'Université des Nations Unies à Bonn, affirme que la détérioration rampante de l'environnement a déjà déplacé 10 millions de personnes par an et que la situation va empirer.
– Extinction de masse d'espèces vivantes : différents rapports établissent que les humains sont aujourd'hui responsables de la sixième extinction de masse dans l'histoire de la Terre et de la plus importante depuis la disparition des dinosaures, il y a 65 millions d'années. Le rythme des extinctions actuelles est de 100 à 1000 fois supérieur au rythme de l'extinction naturelle des espèces. Dans le scénario moyen d'évolution des climats, de 15 à 37 % des espèces disparaîtront d'ici à 2050, ce qui correspond à 1 million d'espèces[13].
– Situation de dépassement : les demandes dues à l'activité humaine dépassent déjà largement la capacité biologique de la Terre. Nous sommes en état de dette écologique. Les risques encourus sont l'effondrement. Par exemple, 80 % des écosystèmes marins sont aujourd'hui exploités de façon non viable.
– La production d'aliments est à la merci du pétrole : d'après les experts, il s'agit d'une des premières conséquences de la situation de dépassement évoquée juste avant. Certains parlent de véritable crise en vue, tant nos ressources alimentaires sont dépendantes du pétrole[14].
– Manque d'eau : deux milliards de personnes, soit près d'un être humain sur 3, sont confrontées au manque d'eau.
– Disparition des oiseaux : de 1982 à 2003, les populations d'oiseaux ont baissé de 28 % au sein des zones agricoles de l'Europe.

---

13. Voir le consensus des scientifiques du Musée américain d'histoire naturelle en 1998 et le rapport de CNN. (Voir sites, note précédente.)
14. Voir « Le pétrole que nous mangeons : en remontant la chaîne alimentaire jusqu'à l'Irak » et « En mangeant de l'énergie fossile (*Eating Oil*) ». (Voir sites, note 9.)

## Chosification et malaises sociaux

Notre vision du monde génère également tous les jours souffrances et misère humaine. En effet, dans un monde matérialiste qui ne prête pas attention aux blessures d'amour ni aux questions existentielles, les angoisses existentielles et les besoins de reconnaissance suscitent la peur maladive de manquer, ainsi que l'attrait du pouvoir et de l'avoir, qui peut aller jusqu'à l'accaparement des ressources et richesses collectives. Citons quelques malaises sociaux parmi tant d'autres, pour nourrir notre réflexion sur le niveau de conscience avec lequel nous avons créé les modes de vie qui prévalent dans la société d'aujourd'hui. (Bien sûr, nous n'avons pas voulu les catastrophes écologiques ni la misère croissante. Mais pourrions-nous, à l'avenir, anticiper davantage les conséquences de nos actes?)

> – Pauvreté : plus de 2 700 000 000 de personnes vivent avec moins de 2 $ US par jour, soit plus de la moitié de la population des pays en développement, selon un rapport de la Banque mondiale datant de 2004[15].
> – Inégalité des richesses : 2 % de la population mondiale détient 50 % de la richesse mondiale et 10 % de la population détient 80 % de la richesse. À l'inverse, 50 % de la population mondiale contrôle moins de 1 % de la richesse[16].
> – Solitude croissante : des études récentes aux États-Unis rapportent qu'un Américain sur quatre n'a personne avec qui discuter des questions importantes tandis qu'un Américain sur quatre n'a qu'une seule personne avec qui il peut avoir une conversation en confiance[17].

---

15. Voir le site www.worldbank.org.
16. Voir l'étude réalisée par l'Institut mondial pour la recherche sur le développement économique de l'Université des Nations Unies (UNU-WIDER, www.wider.unu.edu/research/2006-2007) et sur la disparité croissante des revenus. Voir aussi l'article de David Cay Johnston publié dans le *New York Times* du 5 juin 2005 : « Class Matters : Richest are Leaving Even the Rich Far Behind », ainsi que le rapport intitulé « State of Working America » qui indique : « [...] en 2005 un directeur général gagnait davantage en un seul jour de travail qu'un travailleur moyen en 52 semaines ». Voir aussi le site de l'Institut de politique économique (www.epinet.org).
17. Voir le rapport intitulé « Social Isolation in America » sur le site www.asanet.org.

— Niveau de bonheur inchangé : dans son livre *Happiness : Lessons from a New Science*, publié en 2005, l'économiste britannique Richard Layard affirme ceci : « Tandis que le revenu moyen a doublé aux USA, au Royaume-Uni et au Japon, en moyenne les gens n'y sont pas plus heureux qu'il y a cinquante ans [18] ».

— Suicides : le suicide reste la troisième cause de mortalité chez les jeunes[19]. « Bien avant les accidents de la route, le suicide constitue la première cause de décès chez les jeunes Québécois de 15 à 24 ans et chez les jeunes Français de 25 à 34 ans (c'est la seconde cause de mortalité chez les 15-24 ans en France). La majorité de ces suicidés sont des garçons[20]. »

— Consommation croissante d'antidépresseurs.

— Malaises au travail : les maladies professionnelles augmentent de 20 % depuis dix ans ; selon une enquête du ministère du Travail français, un salarié sur cinq souffrant d'un problème chronique ou d'un handicap l'attribue à son emploi ; le stress représente un facteur de risque pour la santé de plus d'un homme sur cinq et de près d'une femme sur trois[21].

— Alcoolisme : « Selon une étude dans la population générale sur les facteurs de l'alcoolisation, 70 % des patients expriment la difficulté des contacts sociaux, 40 % souffrent de perturbation psycho-affective et 40 % s'alcoolisent par habitude[22]. »

— Culture de la violence : l'enfant américain passe en moyenne 900 heures par an à l'école et 1023 heures devant la télévision. Avant 18 ans, il assiste à 200 000 actes de violence à la télévision et est témoin de 16 000 meurtres. Parmi les actes de violence accomplis par les jeunes, 10 % peuvent être attribués à la télévision[23].

---

18. Voir le site http://cep.lse.ac.uk/layard/annex.pdf.
19. Voir le site www.safeyouth.org.
20. Cité dans Michel Dorais, *Mort ou fif, la face cachée du suicide chez les garçons*, Montréal, VLB éditeur, 2001. (Le mot « fif » veut dire *gay* en argot québécois.)
21. Références citées par Patrick Viveret dans son livre *Pourquoi ça ne va pas plus mal ?*, Paris, Éditions Fayard, 2006.
22. D<sup>r</sup> Isabelle Gautier, *op. cit.*
23. Voir le site http://tvturnoff.org/images/facts&figs/factsheets/factsfigs.pdf.

## Un malaise plus général se répand : l'insatisfaction profonde de l'être

L'hyperspécialisation et le morcellement des tâches – s'ajoutant à l'habitude d'être valorisé pour le *faire* plus que pour l'*être* (comme nous le verrons plus loin) – étouffent les possibilités de se connaître et d'exploiter les facettes de son propre potentiel. Ils laissent peu de chance à l'homme d'avoir *la conscience d'être ensemble co-créateur d'un projet.* Christiane Singer l'exprime ainsi : « Dans un univers de travail morcelé, d'activités sans perspectives et sans responsabilités, l'identification fatale qui s'ensuit engendre des identités en lambeaux. » Ainsi installé dans un fonctionnement routinier, même sous des apparences extérieures rassurantes ou valorisantes (boulot, budget, bagnole...), l'être n'est pas nourri de l'intérieur : il est affamé et son attitude en témoigne.

Voici quelques symptômes d'insatisfaction profonde de l'être que je n'ai pas de mal à décrire puisque, avant de les observer chez de nombreuses personnes que j'ai accompagnées en travail individuel ou de groupe, je me suis retrouvé tour à tour prisonnier de presque toutes ces habitudes de fonctionnement. Je les évoque avec bienveillance et sans jugement, connaissant bien aujourd'hui le potentiel qui attend son heure derrière ces apparences.

---

**Quelques symptômes d'insatisfaction profonde**
– L'incapacité à se poser, à goûter le moment présent durablement, à se contenter (être content) pleinement de ce que l'on a, de ce que l'on fait et de la façon dont on vit, à partager la douceur et, *a fortiori*, la tendresse ;
– La tendance à se complaire dans le conflit et la plainte, à se poser en victime, à ressasser ce qui ne va pas. Ces attitudes nous donnent une impression d'intensité qui permet de conjurer celle du vide ;
– L'agitation et la surprogrammation de notre emploi du temps, même avec les meilleures intentions, par peur de l'ennui et du vide, ou pour tenter de se prouver qu'on existe, et les tentatives de contrôle (de soi,

> des autres, du programme, de la nourriture…) pour conjurer la difficulté d'avoir confiance en soi, aux autres et à la vie ;
> – Le laisser-aller dépressif et les phases d'apathie ;
> – Les fixations diverses sur des interprétations, des croyances, des idées arrêtées, des dogmes ou des principes fixes ;
> – Le cynisme, le doute systématique, l'humour noir ;
> – Le fonctionnement en pensée binaire divisante, et la résistance à la pensée complémentaire unifiante. La prétention à savoir, et particulièrement à savoir ce qui est bien ou mal, qui a tort ou raison ;
> – Les tendances dépressives (parfois en alternance avec des accès d'enthousiasme exalté) ;
> – La possessivité, les avidités diverses et les attitudes compulsives.
>
> Ces symptômes s'observent séparément ou groupés.

## Comment créer des modes de vie choisis : trouver un sens personnel et vivant à l'existence

Si les progrès scientifiques, favorisés par notre vision du monde, ont ajouté des jours à nos vies en améliorant la médecine et l'hygiène, il s'agit maintenant d'« ajouter de la vie à nos jours », comme le dit la boutade populaire. En effet, nous ne sommes guère plus avancés sur les questions suivantes qui sont la cause de tant de malaises individuels et sociaux. Ces questions sont liées les unes aux autres :

– Comment faire individuellement et collectivement des choix de vie qui nous comblent vraiment et « ont du sens » pour tout notre être et pas seulement pour la partie de nous qui a peur de manquer de ressources, de reconnaissance ou d'amour ?

– Comment accepter de traverser des périodes de solitude, de doute, de deuil et de dépression, en s'ouvrant au sens personnel de l'épreuve afin de demeurer un être autonome et solidaire, sans être agressif ou dépendant ?

– Comment, individuellement et collectivement, apprivoiser nos peurs et renforcer notre confiance en soi, en l'autre et en la vie, de façon à développer l'intelligence collective, qui permettra de prendre, ensemble, les décisions nécessaires à la vie commune sans écraser ni s'écraser, et de co-créer ainsi des modes de vie choisis ?

– Comment apprendre, dès l'enfance, à vivre notre élan personnel dans la conscience conviviale, l'équité sociale et le respect de la planète ?

Par expérience, je sais maintenant que des questions comme celles-là peuvent, la plupart du temps, trouver leur réponse dans la sagesse qui se trouve en chacun de nous et qui attend simplement d'être entendue. Ce n'est ni une théorie ni un vœu pieux, mais le constat fait après quinze ans de pratique de l'accompagnement. Toutefois, un obstacle de taille bloque l'accès à cette sagesse intérieure.

## Changer nos logiciels personnels = changer notre culture commune

L'obstacle principal au développement d'une intériorité qui transforme réellement est notre mental, et particulièrement notre intelligence rationnelle, qui ne voit que ce qu'elle veut voir, n'écoute que ce qu'elle veut entendre, ne tient pour vrai que ce qui se prouve matériellement, et intellectualise tout par peur de la transformation. Cet obstacle se conjugue à notre impression souvent constitutive de séparation et de dissociation.

En nous faisant croire que nous ne nous en sortirons que par nous-mêmes et que nous ne pouvons compter que sur nous et sur notre propre réflexion mentale, cette impression nous fait camper dans la raideur de nos positions protectrices. Si celles-ci sont intellectuellement sécurisantes, elles inhibent notre capacité d'abandon dans l'espace intérieur qui est le lieu de rencontre avec le vrai soi.

Aucune transformation personnelle ne peut intervenir tant que le mental tient tout sous son contrôle et sa volonté, que nous refusons de lâcher prise et que nous restons attachés à nos croyances et à nos représentations, c'est-à-dire à nos façons de voir le monde et la vie. C'est l'abandon de ces croyances qui permet la transformation.

J'ai déjà tenté de montrer comment notre vision divisante et limitée du monde résulte d'une compréhension divisante et cloisonnante de la matière et de la nature. Je vous propose maintenant de regarder de plus près, afin de découvrir comment nos habitudes de pensée et de fonctionnement compromettent l'accès à notre intériorité et donc à notre transformation.

Nous sommes, la plupart du temps, inconsciemment attachés à des habitudes de pensée et de fonctionnement, même si elles nous font souffrir, et particulièrement à celle qui consiste à ne compter que sur la volonté pour obtenir du changement.

Attachement et volonté créent un blocage qui empêche l'accès à notre être profond.

Karlfried Dürckheim évoque le blocage qui résulte de cet attachement et de cette volonté. Il relève que « ce *vouloir faire* fait obstacle à ce qui jaillit de l'Être authentique ». Il nous indique que le fait d'être solidement fixé à « un <u>cercle de représentations et d'images bien déterminé</u>[24] » est un des grands blocages sur le chemin de l'union avec l'Être. Ce n'est que si nous savons abandonner nos représentations habituelles que nous pourrons accepter ce qui est et nous confier sans retenue à ce que nous rencontrons.

---

[24]. Graf Karlfried von Dürckheim, *Pratique de la voie intérieure : le quotidien comme exercice*, Paris, Le Courrier du Livre, 1968. Karlfried Dürckheim (1896-1988), de nationalité allemande, a été professeur de psychologie à l'Université de Kiel, psychothérapeute et maître zen. Il fonda, dans les années 1950, en Forêt-Noire, le Centre de formation et de rencontre en psychologie essentielle. Il est l'auteur de nombreux ouvrages dans lesquels il propose une voie de transformation universelle vers l'Être : « Je ne transmets pas le zen bouddhique. Au contraire, ce que je cherche est quelque chose d'universellement humain, qui vient de nos origines et semble simplement faire davantage l'objet d'attentions dans les pratiques de l'Orient que dans celles de l'Occident. » La thérapie initiatique de Dürckheim traite de la rencontre entre le petit moi profane et mondain (l'ego) et le vrai Soi (l'être).
C'est moi qui souligne.

Il évoque cette capacité d'abandon, de détachement que l'on appelle le lâcher prise, expérience à laquelle rien ne nous prépare dans notre culture rationnelle et objectivante où tout doit être prouvé par A + B, et être sous contrôle...

> Que signifie : « lâcher prise » ? On peut le résumer par ces mots de Maître Eckhart : « le lâcher dont il s'agit est un se confier ». C'est un mouvement par lequel l'homme se dégage du nœud coulant dans lequel il s'était pris en s'identifiant à son « moi ». Le « lâcher prise » du « moi » signifie beaucoup plus que l'abandon d'un certain nombre de choses auxquelles il tient et auxquelles il se cramponne. « Lâcher prise », cela signifie « baisser les phares » de la conscience objectivante qui, dans son organisation statique, rend l'existence imperméable à un sens personnel, vivant ; celui-ci ne peut se réaliser que dans une conscience intérieure, dirigée par l'essentiel... Le « lâcher prise », c'est l'abandon de cette conscience qui transforme tout en « objet » ; c'est l'abandon d'une attitude qui fait que nous nous fions uniquement à ce que nous « avons », « savons » et « pouvons » ; son abandon afin d'acquérir une nouvelle conscience qui préservera le dynamisme créateur de la vie[25].

*Se dégager du nœud coulant dans lequel l'homme s'est pris en s'identifiant à son moi ; baisser les phares de la conscience objectivante et de son organisation statique et rendre l'existence perméable à un sens personnel et vivant ; préserver le dynamisme créateur de la vie ; développer une conscience intérieure dirigée par l'essentiel :* voilà cinq expériences que notre culture rend difficiles. Nous avons du mal à nous décompartimenter, à décloisonner nos intelligences, à ouvrir d'autres canaux de perception et à faire confiance au dynamisme créateur de la vie. C'est pourquoi nous sommes pauvrement outillés et faiblement instruits pour

---

25. *Ibid.*

nous émerveiller devant sa richesse subtile, et pour traverser ses difficultés et ses épreuves. En effet, lorsque celles-ci se présentent, nos habitudes culturelles nous font tomber dans les pièges suivants :

> **Quatre habitudes piégeantes face à la difficulté ou à l'épreuve**
> – Nous portons un jugement sur la chose, plutôt que de l'attention à la conscience de soi, de l'Être en soi ;
> – Nous ajoutons à la douleur la résistance à la douleur, plutôt que d'accepter ce qui est (ce qui ne veut pas dire que l'on soit passif ou indifférent, mais plutôt prêt à se laisser transformer) ;
> – Nous nous laissons envahir par une impression de solitude, d'isolement, de non-appartenance, plutôt que de prendre conscience que nous sommes vivants parmi toutes les choses vivantes ;
> – Nous nous laissons étouffer sous le poids de notre propre importance et de notre propre existence, plutôt qu'inspirer par la légèreté de l'abandon à la vie.

Les deux exemples qui suivent montrent deux personnes qui se sont retrouvées prisonnières de ces pièges, mais qui ont su s'en libérer.

### Souffrance et métamorphose
*Hélène*
Hélène se plaint de son mari en le jugeant égoïste. Tant qu'elle se plaint et juge, la situation ne se transforme pas *comme elle veut*. Au contraire, leur relation empire, Hélène s'épuise en reproches et s'enferme dans son impression d'isolement. Son obstination dessert son intelligence. Lorsqu'elle finit par lâcher un peu le *vouloir faire* et par *baisser les phares* du jugement, elle prend conscience qu'elle a du mal à exprimer ses besoins à son mari – besoin d'attention et de reconnaissance ainsi que d'un partage équitable des tâches – autrement que par des jugements et des reproches. Elle découvre qu'elle a pris l'habitude de rendre les autres responsables de ce qui lui arrive, attendant

beaucoup d'eux et oubliant qu'elle peut répondre elle-même à ses besoins. Graduellement, elle accepte de lâcher cette habitude, qui constitue pourtant une grande part de ce qu'*elle a*, de ce qu'*elle sait* et de ce qu'*elle peut* (selon la référence évoquée par Dürckheim).

À partir du moment où elle a cessé de juger, le « dynamisme créateur de la vie » s'est enclenché : elle a appris à se connaître, à se faire confiance et, ainsi, à s'affirmer avec clarté et bienveillance, sans écraser ni s'écraser.

En se « désidentifiant de son moi », elle a donné à son existence « un sens personnel et vivant ». Elle-même déclarera : « Je renais : je nais à l'Être en moi », retrouvant ainsi la conscience d'être vivante parmi toutes choses vivantes.

### Commentaires

1. Comme je l'évoque dans mon livre *Cessez d'être gentil, soyez vrai !*, dans notre culture, nous sommes plus à l'aise pour étiqueter, catégoriser et pour dire ses quatre vérités à quelqu'un que pour comprendre et exprimer la vérité de ce qui se passe en nous. Si nous n'avons pas d'action directe sur la culture, nous en avons sur notre propre fonctionnement.

2. Ceci est à mes yeux une constante : tant que nous restons identifiés, « scotchés » à notre petit moi, à notre personnage, nous mijotons dans nos difficultés. Dès que nous acceptons de nous détacher et de nous désidentifier du moi, le processus transformateur s'enclenche. Ainsi, le processus qui mène de la souffrance à la paix, de la dispersion à l'unité, de la division à la réconciliation et de l'enfermement à l'ouverture est exactement celui qui nous mène de l'ego à l'Être. À moins que vous n'ayez grandi dans un ashram (monastère de tradition orientale), il est probable que personne ne vous a expliqué cela lorsque vous étiez enfant. Il faudra, pour beaucoup d'entre nous, des années de parcours parfois douloureux pour le découvrir. C'est, à

mes yeux, un objectif citoyen que d'apprendre aux enseignants à le vivre et à l'enseigner dans les écoles.

3. J'apprécie les auteurs qui, comme Dürkheim, ont la capacité de décrire les mécanismes de la vie spirituelle d'une façon qui permet à chacun, croyant ou non, de se les approprier en les intégrant petit à petit à son expérience quotidienne. Chacun de nous est invité à ressentir de tout son être « le sens personnel et vivant de l'existence », ainsi que le « dynamisme créateur de la vie » qui dépasse nos existences individuelles. Et si ce n'est pas le cas, chacun de nous peut y travailler avec des outils qui respectent toutes les convictions sans être spécifiques à aucune confession. Je vois bien dans mon travail que ces approches-là rassemblent largement les êtres dans une conscience commune « dirigée vers l'essentiel ». En effet, bien des gens cherchent à ressentir le sens spirituel profond de l'existence. Ils tiennent à accéder à cet état à leur rythme et par l'expérience personnelle, c'est-à-dire qu'ils se méfient des parcours obligés et des concepts enseignés comme allant de soi.

## *Patrick*

Patrick, cadre de haut niveau, est licencié en pleine ascension professionnelle à l'occasion d'une restructuration de sa multinationale. Choyé par sa direction, il ne s'attendait à rien, mais le groupe a été racheté et la nouvelle direction place ses propres cadres. Pour Patrick, le monde s'écroule. Il s'en fait des ulcères et manifeste les premiers symptômes de dépression, mais il résiste tant qu'il peut à ce qui lui arrive, c'est-à-dire qu'à la douleur de la situation (impression de rejet, d'incompréhension, de non-reconnaissance) il ajoute la souffrance que lui apporte le fait de ressasser ce qu'il juge être une injustice, voire une trahison. Jusqu'au moment où la souffrance est telle que ses résistances s'atténuent : il accepte graduellement d'oublier ses objectifs de carrière, ses attentes de reconnaissance financière et sociale, ses références et ses comparaisons avec ses pairs. Jusque-là, son système de croyances l'enfermait dans la conviction que la vie consiste à courir de plus en plus vite pour faire de plus en plus de choses... Mais il finit par quitter son cadre de *croyances et de représentations*. Lui, pour qui l'essentiel de son identité se résume à la volonté, au contrôle de soi et à l'intelligence intellectuelle, cesse de résister et de s'accrocher au sentiment de sa propre importance. Il se laisse défaire et déprogrammer et accueille successivement ses colères, ses dépits et ses peurs, son cynisme puis son détachement. Sans jugement ni censure, il se met en état d'ouverture : il lâche prise et accepte de se laisser pétrir par l'événement, ce qui l'amène à retrouver un état intérieur de fluidité originelle – dégagé des raideurs et fixités de ses *croyances et représentations* – propice à l'éclosion d'une conscience nouvelle qui préserve le « dynamisme créateur de la vie ».

L'expérience révélera Patrick à lui-même ; il est aujourd'hui l'heureux patron de sa propre entreprise, à laquelle il a donné une dimension plus humaine.

## Commentaires
1. Lorsque survient la difficulté ou l'épreuve, nous consacrons beaucoup d'énergie à lutter contre ce qui nous arrive. Ce qui nous fait souffrir deux fois plus. Nous avons du mal à nous remettre en question et à nous laisser transformer par les événements.
2. Ce qui nous fait souffrir, ce n'est pas tant *ce qui* nous arrive que *comment* nous le vivons. Ce que Patrick voyait d'abord comme un effondrement s'est révélé être une occasion de renaissance. Comme l'évoque Richard Bach dans *Illusions* : « Ce que la chenille appelle la fin du monde, le maître l'appelle un papillon. »
3. Rien dans notre culture vouée à vénérer les *success stories* ne nous invite à accepter les crises comme une opportunité et les processus de décomposition comme une phase nécessaire à la reconstruction. Ces cycles et phases sont pourtant les saisons

de la vie et nous ferions l'économie de bien des tensions et conflits si nous l'apprenions dès l'enfance. En connaissant ces processus, le citoyen de demain sera plus confiant et donc plus joyeusement créateur. Voyons-en déjà la perspective.

## L'Univers est inspiré, tout interagit

De nouvelles découvertes ouvrent à une nouvelle culture et vice-versa. Imaginons comment sera le monde lorsque, durant toute leur scolarisation, les futurs citoyens auront baigné dans une culture où chacun saura que tout est interconnecté, que tout est relié et en interaction constante, et cela, de génération en génération. Cette culture se développe aujourd'hui – j'ose dire Dieu merci ! Avant d'y revenir plus longuement dans la troisième partie, évoquons ici, pour clôturer cette brève réflexion sur le conditionnement de notre conscience dans des structures vieilles de plusieurs siècles, la perspective qui s'ouvre de voir notre conscience nourrie par de nouvelles découvertes. Aujourd'hui, des recherches scientifiques de pointe – qui ont été, et sont encore pour certaines, rejetées comme des hérésies – révolutionnent la compréhension de l'univers, du corps et de l'esprit humain. Nous sommes en train de nous libérer de notre *enfer*-mement dans la compréhension réductionniste qui décrivait les êtres vivants comme séparés, isolés les uns des autres et coupés d'un Dieu distant, pour nous ouvrir à une compréhension organique dans une perspective d'Unité.

Ainsi Lynne McTaggart rappelle qu'en cherchant dans l'infiniment petit à comprendre la nature de la matière, les pionniers de la physique quantique ont été surpris de constater que les infinies particules de matière n'avaient plus rien à voir avec la matière telle qu'elle était connue :

> En fait ce n'était même plus *quelque chose*. Tantôt c'était une chose, tantôt une chose complètement différente. Plus étrangement encore, ces particules de matière pouvaient souvent être plusieurs choses à la fois. Mais le plus significatif tenait

> du fait <u>que ces particules subatomiques n'existaient pas en elles-mêmes mais seulement en relation</u> avec d'autres. Sur le plan le plus élémentaire, la matière ne pouvait se diviser en petites unités indépendantes. Elles étaient totalement indivisibles. Ainsi, de toute évidence, l'univers était un réseau dynamique d'interconnexion[26].

Ce constat que *les particules subatomiques n'existent pas en elles-mêmes mais seulement en relation* m'enchante, car il confirme mon intuition la plus profonde : tout est (en) relation. Les chercheurs ont découvert ce qu'ils appellent le champ du point zéro, c'est-à-dire l'océan de vibrations microscopiques qui occupent l'espace entre les choses ; ainsi, tout est connecté, comme s'il y avait une matière invisible. Ils ont découvert que nous étions tous faits du même matériau de base : tous les êtres vivants sont constitués de paquets d'énergie quantique qui échangent de l'information avec une inépuisable mer d'énergie. En outre, les êtres vivants émettent une faible radiation, ce qui est un des aspects les plus cruciaux des processus biologiques. Ainsi, il apparaît que les informations sur tous les aspects de la vie, de la communication cellulaire aux divers processus de contrôle de l'ADN, sont transmises par un échange d'informations au niveau quantique. Même notre mental, qui échappe prétendument aux lois de la matière, fonctionne selon des processus quantiques.

> En fait, la pensée, les sentiments ou tout processus cognitif supérieur correspondent à de l'information quantique pulsée simultanément à travers notre cerveau et notre corps. Et la perception résulte d'interactions entre les particules subatomiques de nos cerveaux et la mer d'énergie quantique. Littéralement, <u>nous résonnons avec notre monde</u>.

---

26. Lynne McTaggart, *Op. cit.* C'est moi qui souligne.

> [...] Ces chercheurs confirmaient que <u>c'est à partir des racines les plus profondes de notre être que nous nous connectons avec les autres et le monde.</u> Grâce à des expériences scientifiques, ils avaient démontré qu'une force de vie appelée « conscience collective » ou, en termes théologiques, « Esprit Saint », circulait dans l'univers. Ces chercheurs donnaient aussi une explication plausible à ce qui relevait jadis de la foi, des médecines alternatives ou même de la prière pour la vie après la mort. [...] Contrairement à la vision du monde de Newton et Darwin, celle que défendaient ces chercheurs embellissait la vie et nous permettait de nous réapproprier notre pouvoir. Selon cette vision, nous ne sommes pas de simples accidents de la nature. Notre monde, de même que la place que nous y occupons, a <u>un but et une unité</u>[27].

Marc Halévy relève que les découvertes de nombreux chercheurs scientifiques convergent :

> L'univers est Un, tout interagit avec tout, tout est cause et effet de tout, tout se déploie vers son complet accomplissement. On retrouve là la vision moniste et holistique propre à toutes les mystiques de l'histoire de l'Humanité.
> Les conséquences spirituelles, philosophiques et morales d'une telle vision sont immenses[28].

Dans son récent livre *Science et champ akashique*, Erwin Laszlo[29] traite également de ce champ unifié qui sous-tend toute manifestation de la vie. Ce champ ressemble à un vide plein

---

27. Ibid.
28. Marc Halévy, *op. cit.*
29. Erwin Laszlo, titulaire d'un doctorat d'État à la Sorbonne, est professeur de philosophie dans de grandes universités, responsable d'études sur le futur aux États-Unis et en Europe, et a fondé, en 1993, le Club de Budapest (ce club regroupe des experts et des savants du monde entier qui tentent de définir une nouvelle culture capable de rendre le monde plus compréhensible et plus vivable). Sa candidature a été proposée en 2004 pour le prix Nobel de la paix.

d'énergie et surtout d'informations, et assure la cohérence et l'interconnexion entre tous les éléments. Laszlo l'appelle le champ akashique, du sanscrit *akasha* qui désigne l'éther, substance ou espace subtil qui, dans les traditions hindoues, est à la source de toute création.

Clôturons cette section avec Hubert Reeves qui témoigne également de ce qu'on peut être un scientifique de haut niveau et connaître la matière, sans perdre l'esprit :

> L'observation cosmologique la plus significative me paraît être la croissance de la complexité de l'évolution du cosmos. Ma réaction devant ce phénomène serait plutôt de type « animiste » dans le sens le plus vague du terme. J'admettrais volontiers l'idée que cette poussée de l'organisation est mystérieusement incluse dans la nature. Que « quelque part » elle correspond à un projet. De qui, de quoi, pour qui, pourquoi ? Je n'en sais rien. Je m'arrêterai là, conscient du fait que peut-être déjà, en énonçant ces mots, je suis allé trop loin…[30]

Il y a donc un projet pour l'évolution du cosmos : nous n'y sommes pas apparus par un hasard de l'évolution, et l'évolution ne s'arrête pas à notre apparition. Interconnexions et projet commun : je suis intimement convaincu que cette nouvelle compréhension du monde va générer une nouvelle culture basée sur le sens (le projet d'évolution) et l'appartenance (l'interconnexion entre tout) ; et que de cette nouvelle culture naîtra progressivement une nouvelle société qui ne sera plus une juxtaposition d'individus plus ou moins en compétition et souffrant de solitude, mais une communauté d'êtres en collaboration.

---

30. Hubert Reeves, *L'espace prend la forme de mon regard,* Paris, Seuil, collection « Points », 2006. Hubert Reeves est astrophysicien et directeur de recherche au CNRS. Il enseigne la cosmologie à Montréal et à Paris, et est l'auteur de différents ouvrages dont *Patience dans l'azur* et *Poussières d'étoiles*.

## Nos systèmes éducatifs nous tirent hors de nous-mêmes

*Si la grande affaire de chaque personne est de réaliser en elle un être autonome, celle d'une société humaine est de mettre en place une organisation donnant à chacun les moyens nécessaires pour devenir celui qu'il choisit d'être. Mais l'homme est trop grand pour lui ; ses possibilités de développement sont telles qu'elles l'angoissent et qu'il n'ose les mesurer. Le système éducatif, au lieu d'être le domaine privilégié où chacun prend conscience de ses possibilités et apprend à les exercer, est organisé le plus souvent de façon à inciter chacun à couper ses propres ailes. Au lieu de favoriser le développement de personnalités contrastées, on s'efforce de produire en série des individus conformes aux normes.*

Albert Jacquard

Notre éducation familiale, scolaire et, le cas échéant, religieuse a la plupart du temps eu pour but de nous élever à plus de conscience, de responsabilité et de connaissances. Toutefois, malgré ces bonnes intentions, notre éducation a souvent comme résultat de nous couper de notre sensibilité, de notre intuition, de notre conscience individuelle et donc de notre capacité à être vraiment personnellement responsables. Même l'éducation religieuse a compromis et compromet régulièrement l'accès à une véritable intériorité qui transforme.

Tout notre système scolaire mériterait une sérieuse analyse dans la ligne du commentaire qu'en fait Albert Jacquard. Mais cela irait bien au-delà de mon propos, qui tente seulement de noter certains enfermements dans des habitudes de fonctionnement. Une remarque toutefois sur le système : mes deux filles les plus âgées, Camille et Anna, le jour où elles sont passées de la maternelle à l'école primaire, ont eu la même réaction en rentrant à la maison : « Papa, on ne joue plus et on est assises toute la journée. C'est pas possible de vivre comme ça tous les jours… » J'ai senti mon cœur se serrer et me suis dit : voilà des enfants nées pour courir et danser qui se retrouvent assises huit heures par jour dès l'âge de six ans. Elles sont faites pour jouer, s'amuser, découvrir, associer, jongler, s'interroger, deviner et créer, mais vont recevoir un enseignement tout préparé, du « prêt-à-apprendre », du « prêt-à-répéter », créé avec les meilleures intentions sans doute, mais constamment contraignant : *il faut* rester assis, *il faut* suivre le programme, *il faut* se taire et arrêter de gigoter... Ainsi, malgré les soins et la dévotion des enseignants, le système même fait violence à la nature de l'être et donc à l'intériorité. Je vois des enfants qui se mettent à douter de leur intuition, à perdre leur confiance en eux et même leur estime de soi par mimétisme, automatisme ou par peur du regard des autres, du maître, de la sanction ou à cause de la pression sociale. Il existe bien sûr et heureusement des écoles à pédagogie nouvelle, cependant elles sont encore rares et demeurent difficiles d'accès. Personnellement, je rêve que tous les enfants rencontrent un jour à l'école la disponibilité humaine, la patience, le matériel et les compétences qui leur permettent d'explorer concrètement toutes les parties d'eux-mêmes et pas seulement l'hémisphère gauche de leur cerveau. Tous les enfants auraient avantage à explorer la danse, le chant, le jeu théâtral, la peinture, la création poétique et bien sûr les sports, autant d'occasions de rencontrer leur élan vital et leur être profond. Je rêve qu'ils aient ainsi, le plus tôt possible, l'occasion de faire des expériences qui ouvrent la conscience et les mettent en contact avec l'intériorité transformante. J'aimerais qu'ils sortent de l'école non pas en se disant : « On doit se battre dans la vie pour trouver sa place, je n'ai que la partie gauche de mon cerveau pour cela et ma capacité à courir plus vite que les autres... », mais plutôt : « Je me connais, je connais mon intuition, ma sensibilité, mes forces et mes limites, j'ai confiance en ma créativité et en ma capacité d'intégration, et je sais que je vais trouver ou créer un projet qui aura du sens. » Il y aurait encore mille autres choses à dire, mais ce n'est pas le propos de cet ouvrage.

Je propose un rappel des habitudes et conditionnements de pensées qui me paraissent, dans notre culture d'éducation, les obstacles les plus flagrants et récurrents à l'accès à l'intériorité : les *il faut, tu dois...*, le double vaccin anti-bonheur, le piège du *faire plutôt que d'être*, la dualité ou pensée binaire, sans toutefois reprendre le détail de chacun de ces pièges que j'ai décrit plus complètement dans mes deux premiers livres.

Je pars donc de l'hypothèse – explorée dans *Être heureux, ce n'est pas nécessairement confortable* – que tout être humain, où qu'il se trouve sur la planète, quel que soit son niveau d'éducation et ses ressources et quelle que soit la pertinence ou l'impertinence des stratégies qu'il conçoit pour atteindre son objectif, cherche à trouver une profonde paix intérieure, un sentiment de plénitude intime dans sa relation avec lui-même (avec toutes les parties de lui-même), l'autre (avec toutes les parties de l'autre), la Vie, la Nature, l'Univers ou Dieu (et tous les enjeux que cette perspective comprend : accueil des saisons de la vie que sont les naissances et les renaissances, les contractions et les expansions, les souffrances et les joies, les deuils et la mort).

Ainsi, qu'il s'agisse de gagner sa croûte, de faire des enfants, de se soigner ou de soigner les autres, de ranger sa maison ou de faire sa vaisselle, d'être oisif ou trop occupé, de faire la fête, de traverser une longue épreuve ou même de faire face à des circonstances tragiques, je suis convaincu que le but ultime recherché par chacun, au-delà des circonstances, est de parvenir à ressentir intimement la jubilation ou du moins la paix d'*être*, d'appartenir à l'Être. Le témoignage des gens avec qui je travaille m'en fournit constamment la preuve. On me dit : « J'ai besoin d'apprendre à faire le deuil de mon enfant et de retrouver un sentiment de paix », « J'ai besoin d'apprendre à avoir confiance qu'au-delà des circonstances de faillite ou de divorce, même si tout change autour de moi, je retrouverai la joie de vivre », « Je n'aime pas mon travail, mais pour être bien avec moi-même et mes enfants, j'ai besoin de la sécurité matérielle qu'il m'apporte », etc.

Chacun cherche à maintenir ou à retrouver un sentiment aussi proche que possible de la paix intérieure. Voyons comment nos habitudes d'éducation compromettent l'accès à cette intériorité, quand elles ne l'interdisent ou ne l'excluent pas, tout simplement.

### Les « il faut... tu dois... »

Voilà bien un aspect de l'éducation qui, dès l'enfance, limite l'accès de l'être humain à son intériorité en l'éloignant de sa vraie nature. Il y a de multiples variations de ces expressions : *il faut, tu dois, tu n'as pas le choix, c'est comme ça, un bon fils/une bonne fille devrait...* dont la violence subtile n'apparaît pas toujours sous l'apparence vertueuse de dignité et de bonne morale.

Rares sont les personnes qui sont conscientes qu'en fonctionnant selon ce mode de pensée elles instaurent un rapport de force (entre un dominant et un dominé, entre celui qui sait et celui qui *ne sait pas*) et créent ainsi de la division entre les êtres plutôt que de la synergie. Encore plus rares sont celles qui perçoivent qu'elles témoignent ainsi, par leur propre façon d'être, d'un modèle du monde où, en cas de divergence de vue, l'on ne dialogue pas pour trouver la voie respectueuse de chacun, mais où on écrase ou on s'écrase.

Dans le cadre de l'éducation, cela revient à donner l'exemple qu'un adulte résout ses différends par la guerre, ou du moins par la force. Les dégâts psychiques sont graves : cette façon de faire crée des êtres soumis et angoissés ou des rebelles en colère, et non pas des êtres responsables en paix avec eux-mêmes.

Des êtres soumis et angoissés et des rebelles en colère ne font pas toujours des citoyens créatifs et engagés...

Voici quelques exemples fréquemment observés de cette pensée contraignante[31] :

---

31. Cet aperçu est sommaire, car je ne veux pas répéter ce que j'ai déjà développé sur ce thème dans mes autres livres : la CNV (Communication NonViolente) propose des alternatives efficaces pour faire des demandes claires, apprendre à comprendre le besoin de l'autre, apprendre à dire non avec bienveillance, donner de la structure et respecter les limites autrement que par un langage contraignant.

– La projection ou le transfert : « Tu seras l'universitaire, le musicien, le champion que j'ai toujours rêvé d'être… » ;
– Les croyances limitantes et idées toutes faites : « Tu feras des hautes études, sinon tu ne gagneras jamais assez ta vie… Tu feras des études sérieuses parce que ce n'est pas en étant danseuse ou comédienne que tu nourriras ta famille… » ;
– Les codes et tabous familiaux : « C'est ton devoir de reprendre l'entreprise familiale après tous les efforts que nous avons faits… Tu ne vas quand même pas faire des études commerciales alors que nous sommes tous médecins dans la famille, de père en fils… » ou encore : « Ton grand-père a fait faillite en se lançant dans le commerce, toi tu seras fonctionnaire » ;
– La performance : « Si tu n'as pas une moyenne de 85 %, tes sorties seront suspendues. Il faut être le meilleur en tout dans la vie, sinon on est foutu. »

Dans la section « Priorité à l'Être… », au chapitre 2, j'ai abordé l'enjeu de fond de nos habitudes de langage. Elles ne sont pas anodines, je ne joue donc pas avec les mots : j'attire plutôt l'attention sur le fait que le langage est l'expression de la conscience. Derrière le choix des mots, il y a ce choix de conscience-ci : « Suis-je un être libre qui veut témoigner à l'autre d'une façon de faire usage de la liberté, en l'éclairant sur les conséquences de ses choix, ou suis-je un être sous contrainte qui veut apprendre à l'autre comment se plier à la contrainte ? »

Rappelons-nous que notre monde est régulièrement mis à feu et à sang par des humains qui ont appris à se plier aux « il faut » et aux « c'est ton devoir » sans discernement, et qui obéissent sans conscience. Expliquer le sens de nos demandes et surtout écouter et comprendre les raisons des refus éventuels de l'autre pour chercher ensemble une solution satisfaisante pour chacun prend bien sûr plus de temps qu'imposer, mais n'est-ce pas l'apprentissage quotidien du débat démocratique ? Celui-ci ne s'invente pas au parlement. Il s'affine chaque jour dans le cœur de chacun.

## Le double vaccin anti-bonheur

Nous sommes pris en cisaille entre deux injonctions contradictoires, diffusées sous plusieurs formes dans l'éducation. D'une part, on nous fait comprendre « qu'on n'est pas là pour rigoler », de façon brutale ou subliminale, selon les lieux et les milieux, rendant ainsi suspect, voire interdisant l'accès au bien-être personnel et, *a fortiori*, au bonheur. D'autre part, l'injonction inverse : « oui mais il faut être heureux avec ce qu'on a », assénée de façon litanique et sans recul, impose le renoncement à toute perspective de transformation personnelle.

Comment pouvons-nous entrer dans une démarche d'intériorité transformante si nous sommes tiraillés entre ces deux injonctions, dont la combinaison constitue un véritable vaccin anti-bonheur ? Voyez comment s'enclenche le piège (ou comment s'active l'immunité anti-bonheur) : dès que nous vivons un moment de difficulté ou de souffrance, la première injonction (« on n'est pas là pour rigoler ») nous garantira de toute écoute intérieure de notre ressenti profond et des enseignements que nous aurions pu tirer de cette traversée difficile. Nous aurons tendance à serrer les dents et à poursuivre dans l'action (dans le *faire*), sans recul, pour ne pas trop ressentir. Dans les exemples de la première partie, c'est notamment le cas de Johan, ce jeune chef d'entreprise atteint d'un cancer, qui ressentait depuis quelques années qu'il n'était plus nourri par ses choix de vie, mais s'en défendait dans ses moments de dépit ou d'abattement en se disant : « On n'a rien sans rien, il faut ce qu'il faut, tout se mérite… » Et Johan a continué à pédaler de plus en plus vite pour tenter d'oublier la voix qui lui assurait qu'il s'égarait.

La seconde injonction : « oui mais il faut être heureux avec ce qu'on a » vient parachever l'anesthésie ou la sidération dans la fuite, en nous sommant de nous réjouir de ce qu'on a, sans nous questionner sur ce que nous sommes. Ainsi, Johan se retrouve bien verrouillé dans son piège : puisque sa vie épuisante et décentrée lui apporte des gratifications matérielles et sociales importantes, qu'il prend pour du bonheur – faute de savoir que l'état qu'il cherche à goûter est intime, intérieur, tranquille et est de l'ordre de l'*être* et non du *faire* –, Johan se ment à lui-même en se répétant : « Je suis heureux avec ce que j'ai. » Ainsi, il s'éloigne de son élan et de son être profond, d'une façon qui, socialement, a tous les aspects du courage et de la dignité. Pris entre ces deux injonctions comme entre deux électrodes, Johan tourne de plus en plus vite, comme une dynamo affolée, jusqu'à ce que sa maladie vienne tirer l'alarme en lui faisant comprendre qu'il est en train de « se carboniser ».

Marianne (ce médecin dans la cinquantaine) se retrouve devant une ambiguïté semblable et paie sa course au prix d'un *burn-out*. Cette expression connue en anglais est traduite en français par *état de carbonisation psychologique*…

## Ressourcement ou métamorphose ?

Johan pourrait avoir, grâce à la religion qu'il pratique, reçu des pistes vers l'intériorité transformante. Toutefois, le niveau de conscience dans lequel il pratique sa foi l'enferme dans la croyance (le cercle de représentations dont parlait Dürckheim) qu'*il fait bien tout ce qu'il faut* pour assurer son devoir de père et d'époux. L'éducation religieuse qu'il a reçue au collège lui a appris à faire son devoir, à choisir la vertu et à imiter Jésus qui endure la souffrance en demeurant bienveillant et en faisant preuve de compassion (et Johan est certainement bienveillant et plein de compassion). Il n'a pas appris, par contre, que le sens de la vie consiste à trouver sa façon de ressentir, dans son cœur, la paix intérieure dans la communion avec la Plénitude, l'Être ou Dieu, et que travailler, se marier et prendre soin de quelqu'un ou de quelque chose n'ont de sens que pour autant que cela favorise notre paix intérieure. Personne ne lui a dit que la difficulté et la souffrance sont des indicateurs annonçant une phase de transformation, des signaux indiquant qu'il s'agit de se métamorphoser, d'ouvrir son cœur, et de quitter le vieil homme pour l'homme nouveau. On ne lui a pas précisé qu'il n'y a aucune récompense à espérer pour avoir enduré la difficulté ou la souffrance indéfiniment, comme une bête de somme inconsciente, sans processus d'éveil.

En prenant l'écoute de soi pour de l'apitoiement narcissique (« il faut être heureux avec ce qu'on a ») et le silence contemplatif pour du temps perdu (« on n'est pas là pour rigoler »), Johan n'a pas appris à se mettre dans un état d'intériorité transformante. Il témoigne ainsi de son éducation : « J'avais gardé l'habitude de la prière pour me ressourcer, pour remercier ou demander. Mais je ne savais pas me rendre vraiment disponible, par le silence et l'écoute intérieure, à la compréhension intime de mon être, au-delà de ses émotions, ni à la guidance de l'Être ou de Dieu au-delà des circonstances. J'ai appris à pratiquer ma religion, mais pas à la vivre comme un processus de transformation spirituelle. » Johan ne sait tout simplement pas rester, ne serait-ce qu'un moment, dans l'assise silencieuse qui semble, pour la plupart des traditions spirituelles, une clé de la transformation sur le chemin de l'éveil. Il vit en périphérie de lui-même et non au centre de son être et de son élan et, de ce fait, il court tout le temps.

### Nos besoins s'emboîtent comme des poupées russes : toutes sont creuses, sauf l'ultime

Nos besoins indiquent des niveaux de conscience différents, qui vont du physiologique et matériel (nourriture et abri) au spirituel (la paix, la quête de sens, la joie, le sacré, la communion, etc.), en passant par le personnel (l'estime et l'expression de soi, l'autonomie et la liberté, etc.) et le communautaire (la reconnaissance, l'appartenance, le respect, l'amour, le don, la contribution, l'aide, etc.). Ils s'emboîtent les uns dans les autres comme des poupées russes. Toutes les poupées sont creuses sauf celle du centre, la plus intime. Chacune se comble de la suivante jusqu'à cette dernière, la seule qui soit pleine, l'ultime, qui habite au centre de toutes les autres et qui vient apporter à l'ensemble « sa complétude ». Lorsqu'en cheminant dans la conscience, nous touchons au seul besoin d'être et d'appartenir à l'Être, nous sommes proches d'être comblés, proches d'*entrer en plénitude*. Ce mot peut surprendre. Je ne parle pas de l'extase du mystique ni de la lévitation du sage hors du monde, mais plutôt d'un état de paix intérieure durable permettant d'accomplir ses tâches (s'occuper de ses enfants, de son travail, de sa maison, traverser les difficultés quotidiennes) en étant *branché sur l'essentiel*. Dans cette conscience, nous agissons avec bien plus de légèreté, de plaisir et d'efficacité, et, comme l'écrit Dürckheim, « le quotidien lui-même est le champ de notre exercice intérieur ». L'état de paix intérieure a d'ailleurs tendance à se consolider et à se manifester de plus en plus concrètement dans la vie quotidienne par des signes extérieurs récurrents. Nous y reviendrons. Pour reprendre l'image de la poupée russe, Johan est bloqué au niveau des poupées creuses, celles qui attendent d'être remplies par la poupée suivante. Il est à mi-chemin de lui-même : en créant sa vie de couple, sa vie de famille et son entreprise, il a comblé ses besoins d'amour, d'appartenance, de reconnaissance familiale et sociale ainsi que son besoin de sécurité. Il s'est même occupé de son confort matériel et de son implication responsable dans la société.

Dans une certaine mesure, il a aussi pris soin de ses besoins de liberté (il est indépendant), de créativité (il a monté son projet) et de relations humaines (il dirige une équipe). Mais quelque chose reste *creux,* dont il n'a pas conscience. Une partie de lui demeure non seulement affamée, mais insatiable : quoi qu'il fasse, elle n'est jamais apaisée, parce qu'elle n'est pas nourrie de l'intérieur.

Sa vie commence à s'apaiser lorsqu'il prend conscience que, *derrière et au-delà* de ses besoins, il y a l'élan de se sentir être et en appartenance avec l'Être. Là, son action dans le *faire* s'ajuste. Il ne s'agit pas pour Johan d'entrer dans une vie monastique, mais sans doute d'inscrire dans son quotidien de conjoint, de père, de professionnel et d'homme une qualité de présence à l'Être comme celle que la vie monastique est censée favoriser. Rappelons-nous cet extrait de *Citadelle* de Saint-Exupéry : « Je ne dis pas que les hommes des déserts et les moines des monastères connaissent forcément plus de joie que les hommes des villes, mais je dis que, dans leur dépouillement, il leur est offert moins de risques de se tromper sur la nature de leur joie. » Johan est d'abord bien trop encombré pour savoir que ce qu'il cherche est la joie. C'est le choc de la maladie qui le dépouille et l'amène, *en le branchant sur l'essentiel*, à ne plus se tromper sur ce qui crée la joie.

Pour moi, l'exemple de Johan n'illustre pas qu'un enjeu de développement personnel relevant de la thérapie individuelle et donc de la sphère privée. Il illustre aussi ceci : entre l'interdit et le devoir moral, entre la confusion de genres que constitue l'expression *droit au bonheur*, d'un côté, et, de l'autre, la subversive *obligation d'être heureux*, c'est notre rapport collectif au bonheur intime qui est plus qu'ambigu : quasi schizophrénique.

Pour certains, la tension est tout simplement insoutenable. J'y vois une cause de suicide. Au cours de l'année 2007, plusieurs suicides en entreprises ont fait la une des journaux français. Que ressent un homme qui se jette d'une passerelle au milieu du hall principal de son entreprise ? Sans doute, quelque chose comme : « Je suis censé me réjouir d'avoir un gagne-pain, ce qui n'est plus donné à tout le monde aujourd'hui. Je dois trouver le bonheur dans mon travail (puisqu'*il faut être heureux*). Mais je vis des pressions d'échéances, de production, de rythmes, voire de harcèlement, auxquelles j'ai tenté au maximum de m'adapter (puisqu'*on n'est pas là pour rigoler*), et je n'en peux plus. Je ne vois aucune perspective de changement. Je n'ai pas de mots pour dire ma souffrance et mon impuissance, et il n'y a personne pour m'écouter et me comprendre, donc je quitte cet enfer. »

La plupart des gens, si la tension n'est pas insoutenable, peuvent conjurer l'inconfort par différents mécanismes de compensation qui souvent se conjuguent. Ces mécanismes finissent par constituer le mode de vie de la société tout entière :

- la course et l'hyperactivité ;
- l'avidité : la consommation, l'argent, le pouvoir, la reconnaissance sociale ;
- le prétendu droit au bonheur ;
- la prétendue obligation d'être heureux ;
- le prétendu droit à la sécurité totale ;
- la fascination pour l'horreur ;
- le perfectionnisme : tenter d'exceller en tout.

Nous reviendrons sur ce sujet au dernier chapitre de cette deuxième partie.

### Le piège du « faire en oubliant d'être »

Comme Johan, n'avez-vous pas inconsciemment l'impression qu'on vous aime pour ce que vous faites et non pour ce que vous êtes ? Et ce regard prêté aux autres n'est-il pas devenu le regard que vous posez sur vous-même : « Je ne m'aime que méritant, performant, ayant beaucoup couru et accompli beaucoup de choses… » ? Ce conditionnement piège beaucoup d'entre nous : c'est celui de l'amour vécu comme conditionnel[32]. En intégrant la phrase : « Je t'aime si tu es sage, si tu ranges ta chambre et fais bien tes devoirs » lorsque nous étions enfant, nous avons inconsciemment acquis la croyance que l'amour est conditionnel, c'est-à-dire que nous sommes aimés pour ce que nous faisons et non pour ce que nous sommes, ce qui crée une insécurité affective que beaucoup tentent de conjurer par l'hyperactivité, le perfectionnisme et la polyvalence absolue, en se lançant dans la *course à tout bien faire*.

---

32. Voir Thomas d'Ansembourg, *Cessez d'être gentil, soyez vrai !*, à la p. 168, et *Être heureux, ce n'est pas nécessairement confortable*, à la p. 71.

Tant que nous entretiendrons cet amour conditionnel («je m'aime si je performe, si j'assure…, si je fournis…, si je rentabilise…, si je m'occupe de…, si je prends soin de…»; «je ne m'aime pas si je m'arrête, me repose, délègue ou demande, prends du temps d'écoute, de méditation ou du temps pour ne rien faire»), nous demeurerons prisonniers du *faire* et aurons du mal à ouvrir l'accès à l'intériorité qui transforme. L'exemple suivant peut nous éclairer sur l'incidence sociale – dans ce cas-ci l'impact scolaire et l'impact dans la vie publique – d'un travail d'intériorité entrepris, au départ, pour le seul bénéfice personnel et familial.

### Thérèse et Jonathan : qui est hyperactif dans cette famille ?

Je me souviens de Thérèse, une mère de 43 ans qui m'appelle un jour, affolée, et me dit : « Mon fils de 12 ans est hyperactif et violent à l'école. Il ne tient pas en place et, même s'il est adorable, je n'en peux plus de vivre dans cette tension. On m'a dit que vous pourriez m'aider. Je voudrais un rendez-vous de toute urgence. »

Je m'arrange pour la recevoir rapidement, en lui recommandant de participer à la séance et, si possible, d'y amener le père de l'enfant, dont elle est séparée. Elle arrive au rendez-vous avec dix minutes de retard, monte en trombe l'escalier qui mène à mon bureau, entre et, effleurant d'un baiser la tête de son garçon, me dit d'une voix précipitée : « Bon, voici Jonathan, je vous le laisse, je n'ai pas le temps de rester, je suis mal stationnée devant votre porte, je n'ai pas pu remettre mes rendez-vous, je repasse le prendre plus tard. Il n'a qu'à m'attendre dans votre salle d'attente. » Puis, elle dévale l'escalier en sens inverse et passe la porte d'entrée avant même que j'aie le temps de réagir…

« Qui est l'hyperactif dans cette famille ? » est évidemment la question qui m'est aussitôt venue à l'esprit… Plus précisément :

« Qui a besoin d'apprendre à se poser, à être présent, à être là, à goûter l'arrêt, le recul, la mise en disponibilité *sans rien faire d'autre qu'être présent*? » J'ai commencé par préciser à Thérèse que je voulais au moins quelques séances avec elle afin de nous permettre, ensemble, de comprendre son propre fonctionnement et ses besoins à elle.

Ainsi, en l'invitant à s'asseoir vraiment dans son fauteuil, et non sur le bord du siège comme si elle était prête à partir, et en la guidant d'abord dans un temps de relaxation pour l'aider à détendre son corps (ses épaules, sa nuque, sa mâchoire, sa respiration…), j'ai exploré avec elle son désir de *faire* et ses variantes : interrompre, gronder, conseiller, se lamenter, chercher des solutions sans s'écouter… Je l'ai vue progressivement s'ouvrir, s'apaiser et entrer en relation d'écoute avec elle-même puis avec son enfant. Je dis *progressivement,* car il n'a pas été facile pour elle d'accepter de prendre d'abord conscience de son propre état de crispation. Elle n'avait pas l'impression d'être tendue puisque l'état de tension lui était habituel. (C'est une variante d' « on n'est pas là pour rigoler », « on n'est pas là pour être détendu ». C'est aussi une habitude inconsciente de prendre l'agitation et la crispation pour de l'intensité, faute d'avoir pris conscience que ce que nous cherchons est l'intensité dans le bien-être, la douceur et la légèreté.). Enfin, il lui a fallu du temps pour comprendre que se connaître, ce n'est pas juste se côtoyer, même avec tendresse, c'est s'écouter, même avec friction. Nous en étions venus à alterner les séances individuelles et les séances à trois avec Jonathan. Thérèse s'ouvrait graduellement au processus de l'écoute intérieure en acceptant que celle-ci passe par des prises de conscience inconfortables.

Un jour, très ébranlée par l'émotion mais lucide, elle me dit, lentement et posément : « Je me retrouve dans un schéma qui doit être bien classique. J'ai toujours cru que je ne pourrais espérer l'attention de mon père que si j'étais gentille, jolie et bonne élève. J'ai terriblement souffert de son manque de tendresse et ma vie est télécommandée par ce manque. Je cours tout le temps pour prouver à tout le monde – et sans doute d'abord à moi-même – que j'existe et que je vaux quelque chose. Au fond, j'achète la reconnaissance des gens et par là le sentiment d'exister, comme si je leur disais : "Aimez-moi, voyez tout ce que je fais, aimez-moi…" Bien sûr, je ne suis jamais satisfaite et je veux être parfaite en tout. C'est épuisant pour moi et mon entourage, et surtout, c'est insécurisant pour Jonathan. »

> « Aimez-moi, voyez tout ce que je fais, aimez-moi… »

En effet, en écoutant Jonathan, il m'est apparu qu'il souffrait de l'éloignement de son père et des absences régulières de sa mère, que sa profession obligeait souvent à rentrer tard les soirs et les week-ends. Il avait trouvé une compensation à cette solitude en devenant le caïd de sa classe, un mini-chef de bande qui terrorisait ses professeurs. Cette triste stratégie comblait ses besoins fondamentaux d'avoir sa place, d'être reconnu, et son besoin d'appartenance (rappelons-nous ce que j'évoquais à la page 14 : *Si je ne peux pas faire des bons coups, je fais des mauvais coups.*) En travaillant avec lui, il devint manifeste que sa façon de passer d'une chose à l'autre avec une certaine insatiabilité – rien ne paraissant l'occuper durablement – traduisait une angoisse qui l'empêchait de s'abandonner à quelque chose. Ses parents lui témoignaient leur tendresse, mais faute de ressentir pratiquement et physiquement un climat tranquille et rassurant autour de lui, il avait peur d'oser plonger dans un jeu, un livre, une rêverie et restait sur le qui-vive – ce qui pouvait l'amener à l'impulsivité et à la violence avec ses camarades de classe – un qui-vive que l'on pourrait traduire par : *Qui m'aime ? Qui m'aime vraiment pour ce que je suis et me le fait sentir pas sa disponibilité, la priorité qui m'est réservée dans ses choix et par la cohérence entre ses paroles, ses actes et son langage non verbal (ton de voix, position du corps, présence dans les gestes, etc.) ?*

Avoir papa au bout du portable et maman entre deux portes ne remplace pas « *l'être ensemble* » sécurisant et fondateur des soirées familiales régulières.

**Commentaires**
1. Cet exemple met l'accent sur un aspect, parmi bien d'autres, de ce qu'on appelle l'hyperactivité. Je le cite parce qu'il me paraît clarifier le piège du *faire plutôt qu'être*, sans prétendre ramener à ces seuls enjeux un phénomène aussi complexe.
2. Tant que Thérèse court d'une chose à faire à l'autre, elle ne fait aucune prise de conscience transformante. À ce moment, le problème, c'est son fils qu'elle *dépose* à mon bureau en me demandant pratiquement de tout régler. Au fond, les gratifications superficielles que lui apporte son attitude (*la course à tout bien faire* lui permet d'obtenir de la reconnaissance, de l'admiration parfois, de se réaliser professionnellement et lui donne l'illusion d'être indispensable) lui voilent le profond malaise qu'elle ressent à courir à côté d'elle-même.

    Principe d'analyse systémique : quand on fait ce qu'on a toujours fait, on obtient ce qu'on a toujours obtenu.
3. Les médecins que Thérèse a l'un après l'autre consultés confirmaient, en se basant sur les symptômes observés, le diagnostic : « Cet enfant est hyperactif », et la nécessité de lui faire prendre des médicaments. Tout en reconnaissant et en respectant les progrès de la médecine, nous pouvons observer que les médecins de formation traditionnelle sont généralement formés pour *faire* (soigner, résoudre, soulager, opérer, prescrire...) avec des moyens tangibles et quantifiables, et non pour *être* à l'écoute d'enjeux moins palpables qui impliquent davantage ce qui est invisible que ce qui est visible.
4. Les éducateurs sportifs du lycée que Thérèse a rencontrés ont proposé d'engager Jonathan dans l'équipe de sport. Cela

lui a d'emblée fait beaucoup de bien sans cependant résoudre son malaise. Les éducateurs, aussi généreux et compréhensifs qu'ils soient, ont davantage été formés pour *faire* du sport que pour *être* à l'écoute d'un gamin qui souffre.

5. Dès que Thérèse accepte de relâcher ses raideurs et ses automatismes habituels pour entrer petit à petit dans l'écoute intérieure, la conscience des vrais enjeux commence à se préciser par étapes et paliers pour aboutir à la prise de conscience clarifiante. La sécurité affective – et plus particulièrement la stabilité et l'enracinement qu'elle offre – lui apparaît comme une clé de compréhension de son malaise et de celui de son fils.

6. Thérèse a ralenti son rythme, accepté de prendre le risque de déplaire, entrepris une pratique d'intériorité régulière qui l'a amenée à goûter plus d'intensité intérieure et par conséquent à être moins grisée par l'extérieur, ce qui a apaisé Jonathan. Il a lui aussi découvert le plaisir de *rester dans* ce qu'il entreprend, de s'y plonger et de s'y abandonner. Cette attitude à son tour lui procure plus de satisfaction intime, ce qui réduit considérablement son impulsivité.

Que se serait-il passé si Thérèse n'avait pas accepté de se remettre en question ? N'y a-t-il pas un fort risque que Thérèse et Jonathan se soient retrouvés un jour, l'un sous calmants, l'autre sous antidépresseurs, soit, dans les deux cas, en route vers une dépendance sans issue ?

Si nous la regardons sous l'angle de l'impact social (les conséquences sur la vie professionnelle de Thérèse et la vie scolaire de Jonathan), la démarche d'intériorité n'est-elle pas pertinente et responsable ?

7. Si l'on ajoute, *in fine*, que Thérèse exerçait alors une fonction politique et que son attitude de combativité parfois extrême lui valait de créer – par confusion entre ses vrais besoins (être reconnue et, en conséquence, se sentir exister) et ses désirs (avoir raison) – de récurrentes et houleuses

polémiques, on peut sans doute particulièrement apprécier la dimension citoyenne de son processus de pacification intérieure.

Ceci peut nous éclairer sur la notion d'*action ou de geste justes* déjà évoqués : si nous ne sommes pas centrés, notre action se révèle souvent décentrée, voire excentrique. En nous ajustant par l'intériorité, nous apprenons le geste juste.

8. Finalement, l'hyperactivité supposée de Jonathan ne se révèle-t-elle pas être une opportunité de transformation et de croissance pour la mère comme pour le fils ? L'attitude de Jonathan n'a-t-elle pas son sens, dans le système familial, comme indicateur d'un dysfonctionnement et comme invitation à s'ajuster ? Alors, est-ce une crise ou une opportunité ? Était-ce un bien ou un mal, un fait heureux ou malheureux ? Nous voyons bien ici les limites de la pensée binaire, que nous aborderons bientôt.

9. Je suis impressionné de constater qu'aujourd'hui, à notre époque dite d'information et de communication, il y a tant de personnes vivant dans des situations semblables à celle de Thérèse et Jonathan, qui sont livrées à elles-mêmes dans la plus totale impuissance, ou aidées seulement par la prise de médicaments – ceux-ci peuvent bien sûr se révéler nécessaires dans différents cas –, sans compréhension humaine et systémique des enjeux. J'ai du mal à ne pas ressentir de la colère quand je pense à tous les Jonathan perdus dans les écoles et lycées de ce monde, qui recherchent inconsciemment la sécurité affective et la paix intérieure, et à toutes les Thérèse qui se retrouvent à la tête d'institutions, de services publics, de classes, de services médicaux et d'œuvres humanitaires, ou simplement de leur famille, et qui propagent autour d'elles, malgré leurs bonnes intentions et leur dynamisme, leurs tensions et querelles intestines inconscientes. J'ai cité ici le cas d'une mère, mais bien des pères se retrouvent aussi dans la même situation.

10. Pour moi, le travail fait par Thérèse et Jonathan pour se défaire de leurs entraves et se réaligner sur leur être profond n'est évidemment pas que du développement personnel relevant de la seule sphère privée. Il ne s'agit pas seulement, d'un point de vue pratique, d'un travail d'alphabétisation émotionnelle qui ajoute au niveau d'instruction collectif, ou d'un soin d'hygiène individuelle qui ajoute à la santé mentale de la société. C'est surtout une condition nécessaire pour relever le défi de la transformation de la société : le travail sur soi est la clé de la transformation sociale.

> En ne favorisant pas l'accès à *l'intériorité transformante*, nos familles, nos écoles, nos institutions, nos entreprises, nos églises et nos États ne seraient-ils pas en situation de non-assistance à personne en danger ?

## La peur du vide et la surprogrammation

Bien sûr, ralentir, changer de rythme, apprendre à privilégier l'être, cela n'est pas facile quand tout s'agite autour de nous. Nous avons du mal à nous l'autoriser, nous nous disons : « Vais-je encore exister si je ralentis, moi qui, comme une bicyclette, ne tient debout que lorsque je roule ? » Nous ressentirons la pression sociale de ceux qui nous veulent du bien et nous disent : « Ne reste pas là à ne rien faire, fais quelque chose ! Tu travailles moins, ne te laisses pas aller, ne t'endors pas sur tes lauriers. » Notre culture a peur du vide, car elle ignore – ou veut ignorer – que la plénitude y tient son audience. Notre culture comble tout ce qu'elle croit vide. Elle comble les espaces entre deux rendez-vous, les heures creuses et les moments libres par des bouche-trous et des coupe-faim qui ne rassaient personne mais font illusion un temps. L'individu hébété se trouve à ce point vidé de toute intériorité qu'il risque de devenir un robot consommateur télécommandé par la pub.

Voici d'ailleurs une citation, saisissante de cynisme, du PDG de la chaîne de télévision française TF1 :

> Il y a beaucoup de façons de parler de la télévision. Mais dans une perspective « business », soyons réalistes : à la base, le métier de TF1, c'est d'aider Coca-Cola, par exemple, à vendre son produit. Or, pour qu'un message publicitaire soit perçu, il faut que le cerveau du téléspectateur soit disponible. Nos émissions ont pour vocation de le rendre disponible : c'est-à-dire de le divertir, de le détendre pour le préparer entre deux messages. Ce que nous vendons à Coca-Cola, c'est du temps de cerveau humain disponible[33].

Même les programmes pour enfants sont planifiés, organisés pour ne laisser aucun espace de vacuité, de silence et d'oisiveté féconde[34].

Or, ces moments mêmes d'ennui sont l'occasion de ressourcement et d'inventivité, de travail de l'imaginaire et de connexion à soi. C'est dans cet état de vacuité que les savants, chercheurs et créateurs reçoivent souvent l'intuition nouvelle.

> **Trop faire empêche d'être.**

---

33. *Les dirigeants face au changement*, Paris, éditions du Huitième Jour, 2004.
34. Un récent projet venu des États-Unis nous promet une télévision pour bébés. Est-ce pour divertir ces chers petits à peine débarqués sur terre, pour donner bonne conscience aux parents hyperactifs, ou pour programmer au plus tôt des cerveaux humains afin de les rendre disponibles aux publicités de Coca-Cola ? Un tel projet ne constitue-t-il pas un rapt de l'imaginaire, un viol de l'intériorité, une menace à la capacité d'être là, un risque de dépendance à vie à des facteurs extérieurs (l'enfant s'attache à celui qui s'occupe de lui ou à ce qui s'occupe de lui), un risque d'étouffer dans l'œuf les capacités de création et d'exploration de l'être (bouger, sentir, appréhender, tomber…) avec ce que celles-ci impliquent pour l'appropriation de soi-même (apprendre à exister séparément de la mère) et la proprioception (apprendre « à se ressentir » dans l'espace), pour la confiance en soi et l'intégration dans la réalité, pour le sentiment d'appartenance à un monde vivant ? Ce projet fait heureusement l'objet d'un mouvement de contestation : l'intériorité citoyenne fait agir et réagir.

Lorsque je m'occupais de jeunes de la rue, j'avais des contacts réguliers avec des toxicomanes et les institutions qui les accueillent. Certains jeunes pris par la drogue avaient certainement souffert d'avoir été livrés à eux-mêmes, sans cadre affectif ni matériel, c'est-à-dire sans attention, ni programme ni horaires, sans assez de *choses à faire*. Faute de limites (de périmètre), ils avaient du mal à trouver leur centre ; et faute d'avoir expérimenté la contrainte, ils avaient du mal à faire bon usage de leur liberté. D'autres, au contraire, souffraient de l'excès inverse. Ils avaient été conditionnés pendant leurs études à passer des classes au sport, du sport aux langues puis des langues aux activités sociales, à un rythme contraignant. Une fois lâchés hors du giron familial, comme ils n'avaient jamais expérimenté l'absence (de programme ou de personnes), fréquenté le silence, la présence à soi et la rêverie créatrice, ils retrouvaient dans la prise de drogues la cadence d'une contrainte régulière, tragiquement sécurisante, face à l'angoisse d'une liberté et d'une vacuité dont ils n'avaient pas appris à faire usage.

Pour ouvrir l'accès à l'intériorité, pratiquement toutes les traditions recommandent de s'accorder des temps d'arrêt, d'immobilité, de ne rien faire d'autre que de prendre des respirations posées et conscientes, et toutes préconisent le silence. C'est dans cet état de disponibilité aussi ouvert que possible que nous pouvons poser un peu notre personnage, souvent essoufflé et harassé, comme on pose un costume de scène encombrant, et commencer à écouter notre vraie personne, notre être profond. Le personnage est tout encombré de sa propre histoire, de sa propre importance, de ses rôles et répliques qu'il croit essentiels. Ce n'est que lorsque ce personnage créé, construit, adapté, bien ou mal éduqué, heureux ou malheureux se pose et s'efface un moment que peut apparaître en nous l'*être incréé*, innocent de toute adaptation à des systèmes d'éducation, de références et de repères extérieurs, vierge de toute offense comme de toute gratification, ayant pour boussole intérieure l'appartenance à l'Être et pour état la paix teintée de jubilation intime.

Voici comment Dürckheim décrit ce processus. La citation peut paraître longue : je la reprends parce qu'elle en propose une compréhension que je trouve particulièrement éclairante et que j'ai vécue bien avant d'avoir découvert Dürckheim. S'il vous pèse de la lire tout entière, ne lisez que les phrases que j'ai soulignées et que je commente juste après.

> La condition de tout exercice favorisant l'évolution intérieure est le pressentiment et aussi l'expérience de son propre Être. Sans contact avec lui, tout exercice dévie ou aboutit à une impasse, c'est-à-dire à une discipline imposée qui supprime, au profit d'une conception extérieure de santé et de vertu, la Vérité de l'Être authentique. L'homme qui reste insensible au rythme de son Être ne comprend la souffrance qu'extérieurement. […] Toute tentative en vue de la réalisation d'une personnalité idéalisée, sans une « décantation » de l'inconscient et sans un contact avec l'Être essentiel, est condamnée à l'échec. Car c'est seulement à ce contact que l'homme apprend à sentir et à discerner ce qui est authentique et constitue les prémisses d'une réalisation personnelle essentiellement vraie. <u>En faisant l'expérience de son Être, et pas autrement, l'homme se sentira « bougé » par l'Être et ouvert au développement de la « forme » correspondant à son Être essentiel qui le libère de toute forme d'adaptation.</u>
>
> L'homme ne pourrait porter témoignage de l'Être authentique sans les « rencontres », sans que les expériences privilégiées ou la plénitude de la force, du sens profond et de l'amour éclatent de façon si complète. De telles expériences, par cette plénitude et par l'exigence d'une responsabilité nouvelle qu'elles engendrent, se distinguent tellement de l'expérience naturelle du monde, que l'homme ne peut pas ne pas y voir la manifestation de « quelque chose » de supra-existentiel. Ces expériences ne peuvent se produire que si la « coquille »

existentielle est devenue perméable, ou bien si elle subit, tout à coup, un « percement ». [...] <u>C'est pourquoi le premier exercice capital du quotidien consiste à se rendre compte de l'importance du contenu de ces instants au cours desquels ce qui ne peut être conçu nous touche</u>[35].

## Nous sentir « bougés de l'intérieur »

*Nous sentir bougés par l'Être et ouverts au développement de la forme correspondant à notre Être essentiel qui nous libère de toute forme d'adaptation :* voilà bien une expérience à laquelle notre éducation ne nous prépare pas, quand elle ne la compromet pas définitivement, en dépit de ses bonnes intentions. C'est toutefois exactement ce que j'ai commencé à ressentir lorsque j'ai accepté de m'intérioriser. Dès que j'ai décidé d'arrêter de *bouger* dans tous les sens, je me suis senti *bougé* de l'intérieur. C'est la rigueur de la discipline de la psychothérapie que j'avais choisie qui m'a permis de prendre régulièrement rendez-vous avec l'intime de moi-même. Un vrai rendez-vous, systématique, sans l'échappatoire des *choses à faire* toujours plus urgentes, sans la pirouette du « aujourd'hui tout va bien ! », sans la folle fuite dans l'enchevêtrement des raisonnements bien sages et des pensées stériles. J'ai pu constater combien le thérapeute sert de garde-fou dans cette fuite. Sa présence et ses interventions consistent essentiellement à dire : « Stop, arrête-toi là et ressens ce que tu vis : que cherches-tu, que fuis-tu, qui es-tu ? Cesse de chercher à retrouver tout de suite un (ré) confort, accepte de te laisser frictionner par l'inconfort et par les vraies questions. » Voici une proposition de vraie question : lorsque nous avons tendance à nous identifier avec de la souffrance, demandons-nous qui est en train de souffrir. Est-ce l'être profond ou le petit moi, le vieil homme pris dans ses attachements ou l'homme nouveau ancré dans l'Être ?

---

35. Karlfried Dürckheim, *op. cit.*

Je ne dis évidemment pas que la psychothérapie est la seule approche de l'intériorité. D'ailleurs bien des approches psychothérapeutiques explorent la mécanique psychologique sans proposer de travail d'intériorité. Je veux seulement témoigner – et je l'ai observé maintes fois chez d'autres personnes – qu'à partir du moment où j'ai accepté de me colleter sérieusement à moi-même, sans essayer de fuir ou de me divertir, sans complaisance et, j'ose dire, avec l'humilité de me mettre vraiment à nu devant un frère humain, j'ai dès les premiers mois perçu que le robinet de la vie se débloquait en moi et que s'ouvraient successivement des passages et des pièces inconnus dans mon espace intérieur. En acceptant de passer de la plainte (je souffre) à la question (qui souffre?), de *j'en ai marre de courir* à *qui court?*, et de me poser les vraies questions, j'ai commencé à entendre les vraies réponses.

Au fur et à mesure que je parvenais à remonter le gréement de mon voilier, c'est une brise fine et constante qui me poussait, m'incitant à larguer les amarres du *gentil poliment déprimé* pour aller de plus en plus vers l'être. J'ai senti s'enclencher *le dynamisme créateur de la vie* évoqué par Dürckheim.

Depuis que ce processus de raccord à la vie intérieure s'est enclenché et que j'ai accepté de me laisser guider par le souffle qui pousse la voile plutôt que de m'accrocher à mes amarres d'habitudes en me demandant quand viendrait le bon vent, je n'ai pas cessé d'aller de merveille en merveille. Cela ne veut pas dire qu'il n'y a plus d'épreuves à traverser ni de souffrances à vivre, ni évidemment que je sois arrivé…

> «Un jour. Un jour, bientôt peut-être. Un jour, j'arracherai l'ancre qui tient mon navire loin des mers.
> Avec la sorte de courage qu'il faut pour être rien et rien que rien, je lâcherai ce qui paraissait m'être indissolublement proche.»
>
> Henri Michaux

## L'Être en nous sait

Voici quelque chose dont je ne doute plus : l'Être en nous sait, mais nous ne savons pas qu'il sait. Alors nous l'ignorons. Ce que je peux constater, après avoir assisté et accompagné bien des transformations personnelles ou de couples, c'est que toutes ces expériences témoignent d'un processus comparable. Si nous nous donnons l'occasion de fréquenter régulièrement notre Être, en acceptant de visiter toutes les parties de nous, notamment celles que nous n'aimons pas, mais aussi celles que nous sentons admirables mais que nous n'osons pas approcher, et d'ouvrir humblement notre cœur à la compassion, notre Être essentiel se révèle et nous guide. Ainsi, dès que nous entamons une démarche sincère de rencontre avec nous-mêmes, nous sommes portés par la vie qui semble heureuse de retrouver son cours, que nos peurs avaient entravé.

Au fond, c'est évident : la fleur et l'oiseau se contentent d'être authentiquement eux-mêmes, sans soucis, sans attente, sans comparaisons, sans peur d'exister ou de manquer de place, et jubilent dans la grâce. Jésus disait d'eux : « Ils ne sèment ni ne moissonnent, ne tissent ni ne filent, et cependant même Salomon dans toute sa gloire n'était point vêtu comme eux. » Si nous avons tant de mal à jubiler et à goûter la grâce, si nous croulons sous les soucis, ne serait-ce pas parce que nous avons inconsciemment pris un rôle de composition qui nous encode de nos seules blessures et nous empêtre dans le passé et les peurs ?

« Un unique passé propose un unique avenir », constatait Gide dans *Les nourritures terrestres*. Une unique lecture du passé condamne à une unique perspective d'avenir. Pour trouver la façon de relire autrement le passé, pour s'ouvrir au défi de se laisser *bouger* de l'intérieur, pour accepter de plonger nos mains nues dans l'eau vaseuse et de dénouer nos vieilles amarres gluantes, pour retrouver notre gréement et hisser la voile qui captera l'élan de vie, des temps de recul seront nécessaires, des temps où il s'agira de ne rien faire du tout. Si la régularité de cette présence à soi peut paraître rebutante au départ, je constate que toute personne devenue familière avec la vie intérieure ne peut plus s'en passer, tant la présence à l'Être est savoureuse et nourrissante.

À nouveau, de quoi ou de qui parlons-nous, est-ce de Dieu, de l'Esprit, de la Vie, de la Conscience, de l'Être, de la Présence ?

### Se laisser toucher par « ce qui ne peut être conçu »

Revenons à cette proposition de Dürckheim : *Se rendre compte du contenu de ces instants au cours desquels ce qui ne peut être conçu nous touche.* La plupart d'entre nous connaissons des instants de grâce où *quelqu'un en nous* tressaille devant l'infini de la beauté, de l'harmonie, de la bonté et de la vérité, au-delà de ce que les mots peuvent décrire. Ce peut être dans la nature, la musique, une rencontre, un regard ou un silence : quelque chose d'ineffable qui n'entre pas dans nos concepts et ne se laisse pas finir par nos définitions touche l'être en nous. Ces moments sont fugaces et parfois imperceptibles. C'est pourquoi, comme Dürckheim nous y invite, il s'agit d'y être attentifs, de veiller à les découvrir, car ils nous ouvrent à l'Être.

Il s'agit à nouveau d'une expérience que rendent difficile non pas notre nature, mais nos conditionnements, notre culture. Les enfants restent durant les premières années très proches de cet état de perception de *ce qui ne peut être conçu* et se nourrissent de cette fréquentation. Observez-les quand ils s'arrêtent dans leurs jeux et s'immobilisent : leur regard se perd un moment dans l'infini, ils ne vous répondent pas, ils ne vous entendent pas. Vous pensez : « Ils sont ailleurs, ils rêvent… » Non, ils sont là : ils captent. Plus présents que jamais à la Présence. Ils nourrissent leur être de la fréquentation spontanée de l'Être. Mais après quelques années de conditionnement culturel *à faire, à plaire, à réussir et à s'intégrer à tout prix,* ils apprendront vite à se couper de cet accès à l'intensité de l'Être et, faute d'intensité dans leur vie, entreront docilement dans les mécanismes de compensation et les *ersatz de bien-être intérieur* identifiés plus haut.

Rappelons-nous Michel, ce garçon de 17 ans qui avait trouvé si beaux les poèmes récités près du feu dans le désert, et qui voulait devenir un homme merveilleux. Ne s'est-il pas laissé *bouger* de l'intérieur, pendant un instant où *ce qui ne peut être conçu* l'a touché ?

Le récent film français à succès *Les Choristes* témoigne également de ce phénomène. Dans l'austère établissement où le directeur tente de maîtriser la situation difficile par une discipline cinglante, le surveillant-chef de chœur, admirablement joué par Gérard Junot, parvient à faire chanter ensemble tous ces gamins rebelles. Chacun touche alors à la grâce d'être ensemble dans un état qui le dépasse, et pour quelque temps, on voit toute la vie brutale de ce pensionnat qui s'ajuste et s'humanise. Si ce film a eu un tel succès et entraîné un tel engouement pour le chant choral (en quelques mois les chœurs et cours de chant ont vu leur affluence augmenter un peu partout), est-ce seulement parce que les chants du film et les voix des enfants sont magnifiques ? Ne serait-ce pas aussi parce qu'en le voyant un immense public s'est senti *rassemblé dans un état qui le dépasse* et touché par *ce qui ne peut être conçu* ?

Ce dont il s'agit ici est au-delà de ce qui est communément appelé la sensibilité ou les émotions. C'est notre être qui tressaille – en langage religieux on parlerait de l'âme –, parce qu'il se retrouve en lien avec ce dont il vit : l'Être. Cela se passe au-delà du corps émotionnel, à n'importe quel moment, seul ou en compagnie, dans la rue ou dans le métro. Le lieu ou la circonstance importe peu : quelqu'un en nous capte quelque chose et s'en trouve émerveillé et nourri.

Qu'en dire d'autre sans risquer de *finir* l'Infini ?

Habituellement, dans nos éducations, seul l'aspect émotionnel de ces moments est considéré. Leurs aspects nourrissants et transformants ne sont guère perçus. Or, si ces expériences de tressaillement intérieur sont accueillies en conscience, elles deviennent l'occasion de fréquenter l'être en nous et notre appartenance à l'Être, de lui faire de la place, d'en connaître la saveur et d'apprendre ainsi à nous laisser guider de l'intérieur. « La voie de l'Être n'est pas seulement une sagesse, elle est aussi une saveur[36] » et c'est bien ce qui donne à sa fréquentation le goût du « revenez-y ».

Au-delà de ces instants privilégiés, si nous voulons apprendre à sortir du piège du *faire*, nous avons besoin de nous assurer des moments de présence régulière, et cela ne veut pas dire des heures ! J'ai déjà proposé la formule « trois minutes trois fois par jour », dans la pleine conscience que trois minutes de vraie présence à soi et d'écoute intérieure (soit sans pensées, sans ruminations mentales, sans culpabilité ni autre jugement sur soi, et surtout sans tenter de chercher des solutions, c'est-à-dire sans chercher à résoudre des problèmes), et ce, à différents moments de la journée, peuvent être extrêmement interpellantes. Pour beaucoup, c'est déjà même trop ; le silence et l'immobilité, faute de pratique, font peur. Ils demandent un peu d'apprentissage et d'encouragements.

> **Nous avons peur de l'inconnu et l'inconnu, c'est nous.**

Qu'est-ce qui fait peur ? C'est surprenant, mais ce qui fait peur dans la présence à soi, c'est l'inconnu. Nous avons peur de l'inconnu ; or l'inconnu, c'est nous !

Je suis toujours impressionné de constater combien de personnes doutent profondément de la beauté de leur être. Je ne pourrais compter le nombre de fois où, dans l'accompagnement de personnes, j'ai pu avoir l'échange suivant :

« J'ai du mal à rester à ne rien faire et juste à m'écouter, comme tu le suggères.

– Te sens-tu mal à l'aise parce que tu aimerais être rassuré(e) qu'en entrant à l'écoute de toi-même, c'est une belle personne que tu vas rencontrer ?

---

36. Faouzi Skali, D^r en anthropologie, auteur de plusieurs ouvrages sur le soufisme.

– Oui, j'ai trop peur d'être déçu(e), alors je trouve toujours d'autres choses à faire prétendument plus importantes.
– Aimerais-tu pouvoir avoir la confiance que ton être profond est magnifique, généreux et rayonnant ?
– J'ai encore de la peine à l'imaginer comme cela, mais j'aimerais avoir confiance qu'en m'approchant de moi je vais aimer l'être que je vais rencontrer. »

J'ai moi-même longtemps entretenu ces doutes, et j'ai ensuite pris part à tant d'échanges de ce type que cette phase de *la peur de l'inconnu en soi* me paraît une étape inévitable dans le cheminement de chacun. Ce qui m'impressionne, c'est que notre culture produit des êtres qui doutent à ce point d'eux-mêmes, ou en tout cas méconnaissent autant leur potentiel. Comme l'évoque Albert Jacquard dans la citation au début de cette section, l'homme a peur de sa puissance, de son potentiel personnel, et l'éducation, au lieu de l'encourager à connaître et à bien utiliser tout ce potentiel pour voler de ses propres ailes, l'amène à se les couper. Pour retrouver ce potentiel, parmi différentes pistes auxquelles nous reviendrons, nous aurons un apprentissage inattendu à faire : celui d'apprendre à ne rien faire.

> **Ne rien faire, cela s'apprend.**

### La dualité et la pensée binaire
La dualité, ou la pensée binaire, est à mes yeux le mécanisme le plus subtil de la violence ordinaire : cette violence qui résulte de l'habitude qu'a notre esprit de cloisonner et de diviser au lieu de rassembler et d'unifier. La pensée complémentaire, elle, laisse cohabiter les propositions apparemment contradictoires pour qu'elles aient la possibilité de s'ajuster en créant une troisième voie. Cette démarche, bien que pas nécessairement confortable, est souvent l'occasion d'une éclosion de créativité.

Rappelons-nous le cas de Charlotte, 20 ans, évoqué au chapitre 1.

Tant que Charlotte est déchirée entre les parties d'elle-même qu'elle considère comme étant opposées, elle est divisée, profondément malheureuse, au point de vouloir échapper à cette division par le suicide. Quand Charlotte rassemble dans sa conscience les propositions qu'elle regardait séparément, l'unité se refait et, petit à petit, apparaît la troisième voie, qui permet de garder vivantes toutes les parties d'elle-même et non pas l'une au détriment de l'autre ou des autres.

## De « soit..., soit... » à « et..., et... »

Notre intelligence cartésienne fonctionne beaucoup par tiroirs qui s'excluent mutuellement : c'est *soit ceci, soit cela* ! Il faut donc un peu de vigilance pour penser conjointement : *et ceci, et cela* ! Mais cet effort est très vite récompensé, d'abord par le bien-être qui se dégage immédiatement de cette conscience où les choses ne sont plus mises en opposition mais en cohabitation, et ensuite par le plaisir qu'il y a à voir apparaître des solutions parfois bien inattendues dues à la combinaison, l'alternance ou la synergie entre les propositions qui peu avant s'opposaient.

Dans pratiquement tous les cas décrits dans la première partie, à la suite de celui de Charlotte, il apparaît que la pensée binaire divisante, avec les croyances qu'elle façonne, prenait une bonne part dans l'inconfort ou la souffrance des personnes. En voici différentes interprétations, parmi d'autres possibles, avec la porte de sortie qu'est la troisième voie ouverte par la pensée complémentaire :

– Marianne : « Pour être reconnue, appréciée et être un bon médecin, je dois me dévouer à deux cents pour cent. » Croyance entretenue par la pensée binaire : « Si je ne donne que cent pour cent de moi-même, je ne suis pas un bon médecin et je ne serai pas aimée. » Réconciliation par la pensée complémentaire : « je peux et travailler à un rythme qui me respecte davantage et faire mon métier avec professionnalisme et être appréciée. » Solution : elle reste médecin mais décide d'un nouvel emploi du temps.

– Johan : « Pour gagner ma vie, je dois renoncer à mon goût pour les relations humaines. » Croyance entretenue par la pensée binaire : « Si je prenais soin de mes relations comme je le voudrais, je ne serais pas assez rentable. » Réconciliation par la pensée complémentaire : « J'ai l'élan de contribuer à la qualité des relations humaines, et j'ai confiance que je trouverai bien comment assurer ma sécurité matérielle. » Solution : il devient formateur en relations humaines pour l'entreprise.

– Solange : « Pour me sentir exister, je dois reproduire des schémas connus. » Croyance entretenue par la pensée binaire : « Si je sors des schémas connus, je n'existe plus. » Réconciliation par la pensée complémentaire : « Je peux sortir des schémas et bien vivre. » Solution : elle quitte l'enseignement et prend une fonction administrative dans le domaine social.

– Kristoff : « Soit je fais des voyages dignes d'*Ushuaïa* au bout du monde et je serai heureux, soit je reste sur les pavés de Bruxelles et je serai malheureux. » Réconciliation par la pensée complémentaire : « Je vais trouver mon bonheur en créant des activités qui offrent l'excitation des voyages, même près des pavés familiers de Bruxelles. » Solution : il s'organise et crée sa propre association d'aide aux jeunes.

– Michel : « Soit je me rebelle et alors j'existe, soit je m'intègre et je cesse d'exister. » Réconciliation par la pensée complémentaire : « Je trouve une façon personnelle d'exister, tout en m'intégrant. » Solution : son humour retrouvé et sa joie de vivre lui apportent tout cela.

Tant qu'ils se maintiennent dans la dualité, il semble que rien ne change dans leurs vies. Hormis l'agitation quotidienne, ils sont immobilisés comme un train sur une voie, bloqués par un invisible butoir contre lequel ils s'arc-boutent. Leur arrêt, forcé pour la plupart, les amène à cesser de résister et à accepter l'immobilisation, c'est-à-dire : à accepter de ne rien faire pour *se laisser bouger* de l'intérieur. Alors peut s'opérer ce mouvement que l'on observe dans les gares de triage ou sur les fins de voie dans les ports : le segment final de la voie sur lequel le train est immobilisé repose sur une large plaque tournante qui, en pivotant sur son axe, permet au train de changer de direction. Le train peut alors emprunter une troisième voie, en quittant la fonction binaire (soit en avant, soit en arrière) dans laquelle il se trouvait contenu. Ce changement net de direction est impossible à faire lorsque le train est en marche. Seul l'arrêt le permet, mais encore faut-il ne pas s'agripper au butoir ni se contenter d'une ronde panoramique avec retour à la case départ…

Si nous arrivons contre notre gré à cette immobilisation face au butoir, ce n'est pas parce que les occasions d'aiguillage, ou les plaques tournantes en cours de parcours, ont manqué. Ce qui a manqué, c'est une disponibilité intérieure qui permette de remettre en question la direction prise, la vitesse adoptée, la pertinence de la charge emportée, et l'inertie de l'ensemble.

La dualité nous accroche aux vieux schémas de la pensée binaire qui vont du plus basique (c'est bien ou mal, juste ou injuste, blanc ou noir…), assez facilement repérable, au plus complexe, par exemple : « Soit tu approuves ce que je fais et je continue, soit tu émets une critique et alors je ne fais plus rien… », « Soit je reste dans mes vieilles habitudes et je survis, soit je change et je meurs (donc, souvent je m'encroûte…) », « Soit j'ai raison et je me sens fort, soit j'ai tort et je me sens vulnérable (donc, souvent je tiens à avoir raison, quitte à être agressif…) », « Soit j'ai des vêtements à la mode et un *look* branché et alors j'existe, soit j'ai pas les moyens et alors je me sens nul (donc je m'endette ou je vole pour m'habiller…) ».

Plus le schéma est complexe, moins il est facile à démasquer et plus il est nécessaire de prendre du recul pour l'identifier.

> « Soit t'es *in*, soit t'es *out*. »

Une illustration tragique de ce schéma est le *racket* à l'école : « Soit t'es *in*, soit t'es *out*. » En effet, dans la tête des enfants, l'enjeu se présente comme ceci : « Si j'ai pas les vêtements exigés par la mode ou la tendance de mon groupe, je suis rejeté. Donc je harcèle mes parents pour qu'ils me paient ce que je veux, faute de quoi, je rackette mes copains de classe. » J'ai accompagné vers l'estime de soi des gamins racketteurs divisés entre des besoins qui leur apparaissaient contradictoires (respect de soi et respect de l'autre ; intégrité et intégration ; autonomie et appartenance...) et j'ai pu ainsi explorer différentes approches pour chercher, derrière cette division, l'unité de l'être. C'est l'occasion de partager ce que j'appelle le travail par *la conscience en spirale concentrique*.

### Le travail de la conscience en spirale concentrique

En partant des besoins réels, évidents mais périphériques, nous cherchons par cercles concentriques à nous rapprocher de l'Être, en suivant l'emboîtement des besoins évoqué par l'image des poupées russes. Les prises de conscience successives permettent d'accéder à des paliers de conscience plus élevés.

Le cas de Grégory, 14 ans, illustre cette articulation des besoins et le fonctionnement du processus de conscience concentrique. Les étapes se révèlent souvent semblables. Si je résume à l'extrême ce que me dit Grégory, pour ne garder que l'articulation de ses prises de conscience, voici la teneur de son propos :

« Je rackette mes copains pour leurs fringues parce que :
1. « Je suis jaloux, j'ai pas de sous, mais je veux être comme eux » (besoin d'identification et de reconnaissance).

2. « En plus, avec mes fringues minables, j'ai la honte (*sic*) et je reste tout seul » (besoin d'accueil et d'appartenance au groupe).
3. « Mais j'aime bien mes copains et je suis pas trop fier de leur piquer leurs trucs. J'en ai juste marre d'être rejeté » (besoin d'amitié, de respect et de compréhension).
4. « J'aimerais bien qu'ils m'acceptent comme je suis, même si je n'ai pas les moyens » (besoin d'être accepté comme on est). C'est une phase décisive mais pas encore définitive, Grégory sort de la pensée binaire : il est passé de *pour être accepté, il faut avoir les moyens (ou, au moins, en avoir l'air)* à *je voudrais être accepté comme je suis même si j'ai pas les moyens*. Nous sommes déjà à un palier de conscience plus large et plus fin qu'à l'étape 2. Notons que les premiers besoins perçus par Grégory sont bien des besoins fondamentaux réels et légitimes, mais tant qu'il reste accroché à ces besoins-là, en les faisant dépendre d'une cause extérieure (avoir de l'argent ou au moins avoir l'air d'en avoir), Grégory plafonne. Il est coincé par le butoir en fin de voie. Il ne peut en sortir qu'en se mettant hors la voie ou hors-la-loi en volant ses camarades. Il commence donc à ouvrir sa conscience au véritable enjeu, qui n'apparaît que derrière les besoins plus évidents : *être accepté comme je suis, même sans moyens*. À ce niveau de conscience, Grégory commence à ne plus faire dépendre son bien-être des circonstances. Son être sait que la paix intérieure est indépendante des circonstances.

Il rapatrie son pouvoir à l'intérieur : « Je veux être aimé, que je sois bien habillé ou non, que je sois riche ou pauvre. » Rappelons-nous que, depuis le premier niveau jusqu'à la conscience de l'Être, les besoins sont en *creux*, en attente d'être comblés par quelque chose. Grégory pourrait dire, en reprenant le fil de ses besoins : « En m'identifiant à l'autre, je serai reconnu. En étant reconnu, je trouverai mon appartenance au groupe, et quand je serai intégré au groupe, je serai aimé. Alors seulement, quand je me sentirai aimé, je me sentirai exister. »

C'est un peu comme dans la fable *Perrette et le pot au lait* de La Fontaine, où tout le projet de goûter enfin à la sensation d'exister est suspendu à l'échafaudage des suppositions successives, lui-même fondé sur la croyance et la pensée binaire *sans look, je suis nul*. À la différence toutefois de la fable de Perrette, quand il y a de nombreux Grégory dans de nombreuses écoles, cela fait beaucoup de pots cassés… Pour Grégory, comme pour chacun de nous, la prise de conscience que *j'ai besoin d'être accepté comme je suis même sans moyens* est à la fois bouleversante et apaisante parce qu'elle libère. Elle libère de l'étau ou de la déchirure de la pensée binaire et ramène un sentiment d'unité dans le cœur. En nommant ce besoin, Grégory identifie l'endroit qui lui fait mal et, surtout, ce qu'il veut vraiment. La clarté sur ces deux points s'accompagne systématiquement d'apaisement, et c'est logique : lorsque ces deux points sont plus clairs, nous commençons à comprendre qu'il est possible de mettre des choses en place et de commencer un processus de changement. Nous retrouvons *le dynamisme créateur de la vie*.

Toutefois, Grégory peut se retrouver tout aussi coincé à ce niveau de conscience qu'au précédent. En effet, qu'arrivera-t-il si Grégory n'est toujours pas accepté tel qu'il est ? Ne lui restera-t-il que la révolte, le repli ou la rancœur ?

Le niveau décisif où bascule la conscience est encore un petit palier plus loin, et Grégory a, du haut de ses 14 ans, l'intelligence intuitive assez déliée pour accepter de le franchir.

5. Il se dit : « J'ai besoin d'apprendre à m'accepter moi-même comme je suis. » (Il répond ainsi à son besoin d'acceptation et d'estime de soi.) Grégory achève de rapatrier ses billes : il se centre sur ce sur quoi il a du pouvoir. Il réalise et enfin

accepte – malgré l'inconfort que cela lui procure – qu'il n'a pas le pouvoir de forcer les autres à l'aimer. Mais il comprend aussi qu'en apprenant à s'aimer davantage, il se rendrait plus aimable, car son manque d'estime de soi le rend revanchard, agressif et jaloux, ce qui ne lui attire guère d'amitiés.

**Commentaires**
1. En temps réel, les échanges avec Grégory ont demandé plusieurs séances d'une heure. L'être en nous ne dévoile pas tout d'un coup ses secrets ; nous avons besoin de l'apprivoiser. Une des conditions absolument nécessaires à son émergence est l'accueil inconditionnel de ce qui vient, sans jugement, sans censure et sans attentes. Il s'agit d'écouter au-delà de la personne, d'être à être.
2. Il reste toujours, pour Grégory comme pour chacun de nous, du chemin à faire vers d'autres paliers de conscience. En touchant le besoin d'acceptation et l'estime de soi, Grégory s'est rapproché du simple besoin d'être, d'appartenir à l'Être. Ce qui est clair, en tout cas, c'est qu'après quelques semaines de travail sur l'estime de soi il a commencé à goûter le plaisir d'être simplement en paix avec lui-même. De rebelle qu'il était, plusieurs fois menacé de renvoi par son collège, il est devenu un bon camarade. Il a découvert que sa finesse d'esprit et sa capacité de recul par rapport aux choses lui valaient l'estime de ceux qu'il enviait auparavant.
3. Les parents et les professeurs de Grégory avaient tenté de le raisonner, de lui faire la morale et de le menacer, avec les meilleures intentions – et tous les *il faut, tu dois, t'as pas le droit* du monde. Conseils et recommandations, plaintes et menaces, rien n'y fit ; ces pauvres moyens extérieurs habituels n'avaient pas de prise sur Grégory. Autant tenter de retenir un cheval impatient avec une cordelette de papier. Grégory bouillonnait de vie et d'envies, et c'est

l'écoute de celles-ci qui lui a permis d'affiner la conscience de ce qu'il attendait de celle-là. Grégory n'avait que faire de la morale enseignée par l'extérieur : il était bien assez aimant et intelligent pour savoir pertinemment que son attitude causait du tort à ses congénères et enfreignait les règles élémentaires du respect de l'autre, sans compter la loi. Grégory ne pouvait changer de comportement qu'en se laissant *bouger* de l'intérieur à l'occasion de ses prises de conscience transformantes.

4. La pratique de la conscience en spirale concentrique, vous l'aurez compris, consiste à ne pas se contenter des premiers niveaux de prise de conscience – où nos besoins nous maintiennent souvent bien dépendants des circonstances – et à chercher, par paliers, à se rapprocher de l'Être.

Quand saurons-nous que nous nous rapprochons de l'Être ? Lorsque nous constaterons que nous commençons à lâcher prise sur nos attentes et nos peurs quant à ce qui se passe à l'extérieur, que nous cesserons de donner à cet extérieur tant de pouvoir sur nous et que nous accepterons de nous ouvrir à notre propre potentiel et à la bienveillance. Il ne s'agit évidemment pas de toute-puissance, mais de force intérieure, d'autonomie et d'ouverture à l'être.

Bref, dans la pensée binaire, nos énergies se perdent soit dans la course aveugle ou les allers-retours sur la voie unique, soit dans la poussée désespérée contre les butoirs de fin de voie. Quand nous lâchons la dualité, *la conscience arrive* : nous laissons à l'Être en nous l'occasion de nous *bouger* de l'intérieur pour nous ancrer dans notre axe et nous laisser pivoter dans la direction juste.

Christiane Singer décrit ainsi ce mouvement :

> Diverses factions en présence dans mon corps se disputaient l'hégémonie. L'intellect guerroyait avec l'instinct, le savoir acquis croisait le fer avec la mémoire ancestrale, l'esprit

d'analyse défiait le « cœur », la conscience politique, le goût du bonheur immédiat, la combativité, une irrésistible envie de reddition.

Tantôt, j'optais pour l'un des partis en présence, et sa victoire, un moment, m'accordait une trêve. Tantôt, l'un des vaincus faisait un retour en force, et c'en était fait de mon équilibre. L'unique puissance capable d'engager des pourparlers de paix entre les belligérants était celle à laquelle je n'avais pas recours et qu'à contre-courant de nos idiomes contemporains, je me risquerai aujourd'hui à nommer l'âme[37].

## Le Bien et le Mal : l'archétype de la pensée binaire

*Il n'existe qu'un seul mal : la désunion.*
Pierre Teilhard de Chardin

Il me paraît difficile, dans ce chapitre sur les enfer-mements dus à nos habitudes d'éducation et particulièrement à la pensée binaire, de ne pas aborder le piège que constitue la prétention très répandue de savoir ce qui est bien et ce qui est mal. Cette prétention est cause de divisions et de guerres.

Si le président des États-Unis prétend qu'il est autorisé à définir « l'axe du mal » et qu'il sait ce qui est bien, il s'arc-boute contre les forces adverses qui, de leur côté, prétendent que l'Occident et les États-Unis sont sataniques et qu'*il faut* rétablir le bien. Mais le président n'est pas seul en cause : il est le représentant d'une conscience collective encore articulée sur cette dichotomie, cette vision divisée et divisante de la réalité.

Nous savons pourtant que ce qui est considéré comme bien par l'un peut être considéré comme mal par l'autre. (Comme avocat, j'ai vite perçu l'absurdité d'une attitude qui consiste à défendre une position contre une autre ; nous aurions défendu

---

37. Christiane Singer, *Les âges de la vie*, Paris, Albin Michel, 1998.

celle-ci avec la même ardeur que si nous avions été consultés pour celle-là.) Les exemples foisonnent : une femme tibétaine peut avoir plusieurs maris et un homme musulman plusieurs femmes, chez nous l'une et l'autre de ces pratiques sont interdites ; dans certaines tribus, l'initiation sexuelle des adolescents s'est faite de tout temps par les parents (chez nous, on hurlerait à l'inceste) ; plus près de nous : je rencontre encore des parents qui trouvent normal d'user de la claque ou de la fessée *pour le bien* de l'enfant, quand heureusement bien d'autres – dont je suis, faut-il le dire – s'indignent de cette façon de cautionner le fait qu'un désaccord entre humains puisse se régler par des coups et un rapport de force.

L'habitude de juger en bien ou en mal résulte de notre déconnexion de nous-mêmes. Si nous avons bien sûr le besoin de nous situer par rapport aux événements, il existe d'autres façons de le faire qui ne risquent pas d'entraîner divisions, abus et violence. Ces autres façons demandent du recul et de l'intériorité : la pratique de la CNV[38] est en ce sens une approche très efficace.

De nombreuses sources indiquent que la souffrance et la misère du monde naissent de cette prétention, chacun voulant imposer à l'autre sa vision de ce qui est bien. « Théologiquement, le péché originel est pour l'homme de s'octroyer le droit, en tant que créature, de décréter ce que sont le bien et le mal, privilège réservé à Dieu seul[39]. » En relisant cela, je me prends à rêver d'un monde où religions et fidèles rendraient respectueusement « à Dieu ce qui est à Dieu » et se garderaient

---

38. Communication NonViolente.
39. Arnaud Desjardins, *En relisant les Évangiles,* Paris, Éditions de la Table Ronde, 1990. Arnaud Desjardins (né en 1925), enseignant spirituel et auteur français reconnu, a publié de nombreux ouvrages, dont notamment *Les chemins de la sagesse* et *Au-delà du Moi.* Son enseignement s'enracine dans plus de quarante années de rencontres avec les religions non chrétiennes. Il montre notamment les Évangiles comme des manuels de vie intérieure proposant une voie de transformation personnelle. Le christianisme qu'il présente n'est pas un dogme ni une morale, mais une méthode pour arriver à la vie surabondante promise à ceux qui découvrent en eux le Royaume des Cieux comme leur propre réalité essentielle.

donc de prétendre juger du bien et du mal. « Ne jugez pas, sinon vous ne connaîtrez jamais la réalité »[40], nous dit le *Tao* de Rajneesh[40].

Évidemment, certaines religions diront qu'il y a l'intervention du diable. Ce n'est pas mon propos de discuter ici de l'existence du diable. Je relève simplement que bien des personnes pratiquant une religion, avec qui j'ai échangé sur ces sujets, et qui considèrent l'existence du diable comme un article de foi, ignorent la plupart du temps l'importance et le jeu de la part d'ombre qui existe en tout être. Cette ombre, faute d'être connue et apprivoisée, peut les submerger. Ces mêmes personnes ont aussitôt fait d'attribuer au diable – et à lui uniquement – la part ombrageuse de cette humanité qu'ils ont bien trop peur de reconnaître en eux. Il est plus facile de dire d'Hitler qu'il était un malade mental diabolique que de reconnaître la puissance destructrice qui peut s'accumuler lorsqu'un être humain se laisse submerger par son ombre, ses blessures affectives, ses angoisses existentielles, son complexe d'infériorité, son désir insatiable de toute-puissance et par l'ego hypertrophié qui en découle inévitablement. Toutes ces facettes de notre humanité, chacun de nous les porte en soi. Chacun porte ainsi la responsabilité de les connaître et de les apprivoiser en travaillant son intériorité pour quitter la division et retrouver l'unité.

*Diabolein,* en grec, veut dire diviser, désunir, jeter (*bolein*) en travers (*dia*)… Ce que certains qualifient de diabolique (un génocide, par exemple), ne serait-ce pas notamment l'extériorisation (après accumulation, intensification et finalement cristallisation et *précipitation*) de la division intime qui est en chacun de nous ? Cette vision nous rend plus responsables de notre Unité intime et de notre re-connexion avec l'Un, et moins

---

40. Dans *Cessez d'être gentil, soyez vrai !*, à la p. 75, je cite une histoire extraite de ce *Tao*, qui illustre combien l'habitude de juger en bien et en mal nous fait manquer la rencontre avec le réel.

victime à nouveau d'une circonstance ou d'un *agent* extérieur. Je rappelle ici simplement que *l'on crée ce que l'on craint*. Il me semble qu'en nous dépossédant de notre pouvoir (au sens de capacité, d'aptitude mais aussi de force) de travailler à l'unité, nous créons, ou du moins nous ajoutons sérieusement au pouvoir prêté au Diviseur.

En résumé, je constate tous les jours dans ma pratique que les personnes qui abandonnent la pensée dualiste et leurs prétentions de savoir ce qui est bien et mal retrouvent leur unité profonde et deviennent des agents pacificateurs. Elles avancent non seulement vers plus d'éveil de conscience, mais contribuent en outre, généreusement, à plus d'éveil autour d'elles.

## Nos références et pratiques religieuses ne garantissent pas l'intériorité

La religion chrétienne, et particulièrement catholique, a longtemps été quasiment la seule référence officielle de la démarche spirituelle en Occident. Ce fait a toujours, à l'heure qu'il est, une grande influence sur le regard que les personnes et les sociétés portent sur la spiritualité en général et par conséquent sur l'intériorité. Depuis que je me consacre à l'accompagnement de personnes en souffrance et en changement de vie, il m'inspire régulièrement certaines réflexions. Évidemment, je ne peux que parler de mon expérience : qu'ils soient croyants ou non, pratiquants ou non, athées ou agnostiques, les hommes et les femmes que je rencontre ont principalement vécu dans la culture judéo-chrétienne. Ma réflexion concerne donc ici principalement la religion catholique, même si je conçois qu'elle puisse s'étendre à d'autres religions.

Je constate, comme je l'ai déjà évoqué plus haut, que bien des gens aujourd'hui ressentent une grande aspiration spirituelle et que soit ils n'ont jamais trouvé, soit ils ne trouvent plus dans la pratique religieuse telle qu'elle leur a été proposée le soutien et la nourriture dont ils ont besoin pour vivre ce qu'ils ont à vivre et transformer ce qu'ils veulent transformer. En dépit de leur « bonne éducation » générale, si j'ose employer ce cliché, même sur le plan religieux, bien des personnes réalisent qu'elles ne sont pas outillées pour traverser des périodes de crise, de changement ou de réorientation profonde. Elles cherchent alors les clés des processus de réconciliation intérieure et d'émancipation de l'ego vers l'être, sans les trouver dans ce que leur propose la religion.

C'est un constat que je tiens à évoquer dans ce livre consacré à l'intériorité. Il ne remet pas en cause la générosité indéniable et les intentions sincères de bien des initiatives religieuses, ni le bénéfice que certaines personnes en retirent et le sens fondamental d'une vie spirituelle communautaire.

Je respecte d'autant plus le fait que beaucoup de gens trouvent soutien et nourriture dans la pratique religieuse que celle-ci a longtemps constitué pour moi l'occasion d'un ressourcement essentiel. Je lui suis d'ailleurs toujours reconnaissant de m'avoir donné, en son temps, l'occasion d'approfondir mon goût du recueillement, du silence inspiré et inspirant, ainsi que l'élan de tendre vers ce qui est au-delà de nous.

Toutefois, pour avoir moi-même réalisé que je nourrissais bien d'autres attentes que celles auxquelles répondait ma pratique religieuse, et pour avoir, sans renier ses valeurs essentielles, cherché à nourrir cette partie de moi autrement, je comprends que bien des personnes aujourd'hui se désintéressent, se méfient ou même rejettent la religion. Elle leur donne souvent l'impression de les *tirer hors d'elles* : d'abord en les invitant à rejoindre Dieu d'une façon qui laisse entendre qu'il serait à l'extérieur d'elles-mêmes et en leur proposant ensuite des valeurs ou des notions comme des principes auxquels adhérer, intellectuellement ou même émotionnellement, sans spécifier qu'*il s'agit d'un processus d'expériences à vivre de tout son être*, et sans assurer l'accompagnement individuel qui permet cette expérimentation.

Ainsi, bien des gens se sont vu proposer un idéal sans mode d'emploi compréhensible, une théorie belle mais difficile, et pour beaucoup impossible à intégrer dans la vie quotidienne.

L'invitation à l'amour et au recueillement ne suffit pas toujours pour apprendre à faire des choix qui engagent tout l'être, cicatriser les blessures du cœur, traverser les deuils et retrouver l'élan, rendre la colère transformatrice et non accusatrice, nourrir l'estime de soi, déployer généreusement ses talents, se maintenir dans la compassion et s'abandonner dans la confiance...

Or, les valeurs du christianisme sont véritablement un itinéraire de transformation personnelle et spirituelle, dont bien des éléments sont partagés par d'autres traditions millénaires. Cet aspect de processus d'éveil et de métamorphose est peu perceptible, parce qu'il est rarement présenté de cette façon.

Je me suis moi-même détaché de la pratique religieuse, à laquelle j'ai longtemps et sincèrement tenu, au fur et à mesure que la pratique de l'intériorité a commencé à m'apporter une compréhension nouvelle et émerveillée de ce que la religion appelle Dieu, l'Esprit, la grâce. Petit à petit, j'ai découvert ce que veut véritablement dire l'expression : *une foi à transporter des montagnes* ; et des transformations significatives que je n'aurais jamais espérées dans ma vie ont suivi.

Ce processus de transformation, que j'ai retrouvé par la suite comme une constante dans mon travail d'accompagnement, passe presque toujours par les mêmes étapes : l'identification et le démantèlement des croyances négatives inconscientes, l'identification et la réconciliation des parties divisées par les mécanismes de pensée binaire, l'apprivoisement de multiples peurs, le retrait des projections sur les autres, la dissolution de la culpabilité et l'éveil à la responsabilité véritable et personnelle, la compréhension des vrais besoins fondamentaux masqués par les désirs changeants, le travail des deuils refoulés et l'accueil concomitant de l'élan de vie, ainsi que des talents personnels et, à travers tout cela, la perception grandissante que nous sommes guidés par une bienveillance invisible à laquelle nous apprenons à nous abandonner de plus en plus.

En quelques années, ce processus m'a progressivement permis de ressentir la paix intérieure et la confiance nécessaires pour renoncer à des choix qui ne me nourrissaient plus et pour transformer complètement ma vie affective et professionnelle.

Sur ces deux enjeux essentiels, la pratique religieuse (soit l'assistance régulière à la messe, les lectures et la prière quotidienne) m'a certainement soutenu, mais pas transformé. Elle ne m'a pas procuré le mode d'emploi des apprentissages que j'avais à faire : apprendre à cesser de patauger bruyamment dans la mer des sentiments et des jugements négatifs comme la culpabilité, pour me laisser secourir par la nageoire *du dauphin rieur,* suivant la métaphore évoquée au début de ce livre ; apprendre à m'arrêter dans l'assise intérieure, sans attente, sans pensée, pour pouvoir me sentir *bougé de l'intérieur,* selon l'expression de Dürckheim et à laisser, sans être tétanisé par la peur, pivoter en moi *la plaque tournante* vers une nouvelle voie, selon la métaphore du train proposée plus haut.

Bien sûr, ce qui vaut pour moi ne vaut pas nécessairement pour les autres, mais j'ai pu, au cours des années, constater que, en dépit de nos apparentes différences, nos processus de transformation personnelle semblent emprunter des voies rapprochées, sinon similaires pour chacun de nous, suivant une sorte d'alchimie qui nous mène du plomb de la souffrance à l'or de la Présence.

J'ai ainsi eu l'occasion de retrouver, en les expérimentant cette fois de l'intérieur comme une voie initiatique, quelques aspects de notions chrétiennes fondamentales, et d'en vérifier le fonctionnement plusieurs fois par la suite. Ce sujet mériterait d'être développé plus longuement, car il recèle bien d'autres perspectives.

Au risque de paraître sommaire, je résume ici au minimum quelques exemples pour illustrer que les valeurs et vérités ne deviennent transformantes ici et maintenant que si elles font l'objet d'un processus d'appropriation, c'est-à-dire d'intégration à notre propre processus de vie :

– L'amour inconditionnel : « Tant que je suis en guerre contre une partie de moi, et surtout si je n'en suis pas conscient, toute mon énergie est absorbée par ce combat. Je tente de compenser de toutes sortes de façons, mais rien ne se transforme. S'il s'agit d'aimer son prochain *comme soi-même*, la première des réconciliations est bien avec soi, ce qui n'est pas facile à faire quand des années d'éducation nous ont appris exactement l'inverse, nous donnant l'habitude des reproches, de la honte et des jugements négatifs comme la culpabilité. Mais dès que je me rapproche de l'amour inconditionnel, la transformation commence. »

– Tendre la joue gauche : « Tant que je crois que l'attitude des autres est *contre* moi, je me complais dans mon statut de victime et dans ma plainte, et rien ne change, mais lorsque je commence à m'aimer davantage, j'apprends à tendre l'oreille du cœur pour comprendre les autres quand je me sens offensé, et tout change. Je peux ainsi commencer à laisser derrière moi mes vieilles casseroles et mes projections inhibantes ; à dépasser mes blessures d'enfance et à me sentir adulte. »

– La résurrection : « Tant que je l'espère dans l'au-delà, sans rien susciter (ni « ré-susciter »…) dans ma vie, j'attends dans la peine et je survis, mais lorsque je réalise que je peux apprendre à observer systématiquement le vieil homme en moi (mon personnage, l'ego) pour le laisser aller et ainsi me permettre d'accueillir l'homme nouveau (l'être), je revis. »

– La virginité de la Vierge : « Tant que je me contente d'adorer de l'extérieur un idéal de pureté et de maternité, par nature hors d'atteinte, je risque de me perdre dans une dévotion complaisante qui, au mieux, ne transforme rien et, au pire, culpabilise. La proposition qui suit n'empêche pas la dévotion, mais lui donne une tout autre puissance : dès que je perçois que chacun est invité à retrouver la virginité de son essence au-delà de l'incarnation, la pureté de l'être incréé à l'intime de soi, vierge de toute atteinte comme de toute attente, j'accède à la capacité de *mettre au monde* l'amour inconditionnel, l'amour capable de me voir et de voir l'autre dans la pureté de l'être, quelle que soit l'attitude. »

Nous le verrons dans la troisième partie : parmi celles et ceux qui cherchent aujourd'hui un sens spirituel profond, beaucoup perçoivent qu'espérer la résurrection dans l'au-delà, en se gardant bien de vivre ici le processus de mort du petit moi (l'ego) et de naissance du Soi (l'être) que toutes les traditions enseignent, c'est attendre un train sur un mauvais quai, c'est risquer de manquer le voyage.

Pour eux, considérer le Christ comme l'image du modèle à suivre, par nature extérieure et séparée, sans travailler à intégrer par l'intérieur la conscience d'Amour et d'Unité, c'est maintenir de la division là où Il enseigne l'unité et l'appartenance.

Au fond, je m'interroge sur la façon dont est transmis au plus grand nombre le message d'amour et de métamorphose révolutionnaire du Christ, et particulièrement sur la façon dont sont remises aux fidèles les clés de *l'intériorité transformante*.

Et, sans prosélytisme, je médite sur cette réflexion de Gandhi : « Si les chrétiens vivaient vraiment en cohérence avec les valeurs du Christ, en quelques jours toute la planète se convertirait au christianisme. »

En bref, à la suite des autres causes déjà explorées, la façon dont la religion s'est présentée dans l'Histoire et dans l'histoire de chacun peut apporter aussi une explication au fait qu'en Occident, depuis le Moyen Âge et la quête du Graal, la vie humaine n'a plus guère été perçue comme étant une aventure intérieure, un processus d'ouverture de conscience au service de l'amour, et que l'intériorité n'a pas été comprise comme une ressource riche de transformation personnelle et sociale sur cette voie.

# CHAPITRE 5

# Notre nature d'être incarné nous éloigne de notre être

> *Est-ce qu'il y a une différence entre le bonheur et la paix intérieure ?*
> *Oui. Le bonheur dépend de conditions perçues*
> *comme positives, la paix intérieure ne dépend*
> *d'aucune condition.*
>
> ECKHART TOLLE[41]

Dans ce chapitre, je vous présente ma conception de notre incarnation, soit le fait qu'un être vivant vienne s'incarner dans un ventre maternel. Sans doute n'est-ce qu'une proposition parmi toutes celles qui cherchent également à trouver le sens de ce mystère. Si personnellement je la

---

41. Eckhart Tolle (né en 1948) est un écrivain canadien-anglais d'origine allemande. Il prône la valeur spirituelle de l'attention et est l'auteur, notamment, de l'ouvrage *Le Pouvoir du moment présent*, traduit en 33 langues. À l'âge de 29 ans, une profonde expérience spirituelle transforme sa vie, et l'amène à enseigner essentiellement comment dépasser le niveau de conscience habituel basé sur l'ego, pour s'ouvrir à des relations d'être à être.

tiens pour vraie ou en tout cas vraisemblable, au-delà du fait qu'elle corresponde à mon intuition profonde et constante depuis l'enfance, aussi loin que remonte ma mémoire, c'est que je me sens nourri et guidé par une double expérience.

La première, que je vis depuis quinze ans dans l'accompagnement des personnes, est que cette compréhension de l'incarnation est fondamentalement transformante : elle apporte la paix intérieure, ce qui concrètement veut dire la réconciliation avec soi, la bienveillance et la sollicitude envers l'autre, la gratitude pour la vie et l'appartenance à l'Être. Cela n'est pas un vœu mais un constat que des témoignages me confirment pratiquement tous les jours. La seconde expérience est qu'au fur et à mesure de mes lectures et rencontres, je constate également que de nombreuses traditions spirituelles évoquent d'une manière ou d'une autre un processus semblable, avec le même résultat tangible : la paix intérieure, c'est-à-dire la réconciliation avec soi, la bienveillance envers l'autre, la gratitude pour la vie et l'appartenance à l'Être. Ainsi, je reconnais l'arbre à ses fruits : si les fruits sont bons, c'est que l'arbre est bon.

À l'image du saint dont je porte le prénom, j'ai du mal à accepter comme allant de soi ce dont je n'ai pas expérimenté la pertinence. Mes années de pratique comme juriste ont nourri mon goût pour la transformation concrète des situations en même temps que ma méfiance pour les idées toutes faites, si généreuses soient-elles, et les concepts qui n'apportent aucun secours pratique. Voici donc quelques propositions de compréhension que j'ai éprouvées d'année en année. Elles se révèlent éclairantes et favorisent considérablement la transformation (personnelle et sociale).

### « Je suis un être infini coincé dans un corps "fini" »

Rappelez-vous le cas de Charlotte déjà évoqué. À 20 ans, elle se retrouve en phase suicidaire, écrasée sous une pression insoutenable qu'elle décrit ainsi : « Je suis un trop petit passage pour la puissance de vie qui coule en moi. »

Ne vous arrive-t-il pas de ressentir une impression semblable : « Je suis un être infini coincé dans un corps " fini " » ? N'avons-nous pas des désirs infinis de justice, de paix, de partage, d'harmonie et d'amour, des désirs infinis d'être tout à fait compris et de tout comprendre, d'être totalement aimés et d'aimer totalement, des désirs infinis de sécurité, de confiance, de lâcher prise ? N'avons-nous pas parfois le désir d'être dégagés des contraintes de base de notre incarnation que sont l'espace et le temps, pour être libres d'aller où nous voulons quand nous voulons ? Et, devant la difficulté de faire des choix, n'y a-t-il pas une partie de nous qui rêve que toutes les options restent possibles, sans finitude ? Alors, puisque cette finitude fait intrinsèquement partie de notre existence, nous ménageons-nous des moments pour l'accepter consciemment et l'intégrer paisiblement dans nos choix et modes de vie ?

Voyons seulement la notion du temps : dans aucune de nos démarches nous n'en ferons l'économie. Prenons-nous régulièrement soin d'être en paix avec le temps, de l'apprivoiser en lui parlant comme on parle à un amoureux pour nourrir le lien : « Tu es mon compagnon de vie, je sais que je ne ferai rien sans toi, que tu es l'ingrédient de base de tous mes projets et donc, Cher Temps, je t'accueille, te consulte, te respecte et te chéris en toutes circonstances et m'assure que tu soutiens mes élans, mes choix et mes entreprises » ? Ou traitons-nous le temps comme un ennemi : « Tu es manquant, insuffisant, trop court ou trop rapide, tu m'empêches de vivre et de faire ce que je veux, tu me ronges, tu m'uses, tu m'étouffes. »

Est-il nécessaire de fournir des témoignages pour attester que ceux qui, dans leurs moments de recul et d'intériorité, renouent régulièrement leur amitié avec le temps sont des citoyens non seulement plus paisibles et plus inspirés, mais des êtres dont la présence est pacifiante et inspirante ?

Comment voyons-nous notre rapport à l'Espace, à la fois situation et distance, qui est également une des conditions de base de notre existence ? Avons-nous accepté pleinement que notre corps est ici et que, pour nous rendre physiquement là-bas, l'ingrédient du temps est incontournable ? Dans notre façon de nous déplacer – particulièrement en voiture –, avons-nous paisiblement accepté cette condition ? Il suffit de constater le nombre d'accidents de la route causés par des excès de vitesse pour mesurer que nous rêvons encore d'être *tout de suite là-bas* ou, en tout cas, *plus vite ailleurs*, que *présents ici et maintenant*.

> **Plus vite ailleurs ou présents ici ?**

Même dans nos déplacements les plus familiers d'une pièce à l'autre ou de la maison au travail, vivons-nous le déplacement comme une occasion de plus d'être présents à nous-mêmes et à la vie alentour, ou comme une perte de temps à éliminer le plus vite possible ?

Lorsque j'étais encore complètement pris dans la *course à tout bien faire*, je me suis longtemps dépêché et surtout déplacé vite, à pied comme en voiture, et je reconnais que cela m'arrive encore, par habitude et distraction. C'est par distraction qu'à ces moments-là une partie de moi croit que la minute à vivre ailleurs et plus tard pourrait être plus remplie de vie que la minute à vivre ici et maintenant. Cette partie de moi est ma personnalité construite (l'ego et non l'Être en moi) qui pense, juge et classe les situations en bien ou en mal, utile ou pas utile, efficace ou inefficace, et s'agite sans cesse à la merci des émotions.

Un jour, il n'y a pas si longtemps, je me suis retrouvé coincé en voiture dans un embouteillage. En m'observant m'agiter dans mon petit bocal, j'ai réalisé à quel point je continue à prêter au temps futur le bénéfice d'être *a priori* plus gratifiant que le temps présent. Cette prise de conscience m'a fait rire et m'a apaisé.

> **Sur le plan de l'Être, il n'y a aucune raison pour que la minute suivante soit plus vivante que la minute présente.**

Formulé autrement : si nous ne sommes pas présents au moment présent, comment pourrions-nous prétendre être présents au moment espéré lorsqu'il sera lui-même présent ? La présence ne s'improvise pas, elle s'affine au fil des jours.

Toutefois, je désire faire deux précisions. D'une part, cela ne veut pas dire que nous ne pouvons pas nous réjouir de la perspective d'un moment à venir qui nous fait d'avance plaisir : une naissance, des retrouvailles, une guérison, une libération ; cela veut dire que, si nous dépendons de ce moment futur pour nous sentir vivants, nous sommes dépendants de *circonstances perçues comme positives*, en attente de la bonne heure, et donc «mal-heureux».

D'autre part, cela ne veut pas dire non plus que nous sommes toujours heureux de vivre le moment tel qu'il se présente. Nous pouvons traverser des jours douloureux. Être présents à *ce qui est* ne veut pas dire être confortables et heureux à chaque instant, mais conscients[42]. Cet état de présence, sans attente ni résistance, se révèle particulièrement nourrissant et, de ce fait, apaisant. Plus nous le vivons, moins nous sommes agités et pressés *entre deux choses à faire*. Notre rapport au temps et à l'espace s'imprègne d'une confiante sérénité, et il en est de même de notre rapport à l'argent :

> «En réalité, la monnaie fascine parce qu'elle est une promesse de vie future, et souvent de vie intense, susceptible d'aider à faire face au sentiment dépressif. Mais le paradoxe le plus fréquent, c'est que cette lutte pour une promesse d'avenir se paie du sacrifice du temps présent.»
> Patrick Viveret

---

42. «Si nous ne sommes pas heureux de ce qui nous arrive, cela ne veut pas dire que ce qui nous arrive n'est pas heureux.» Voir *Être heureux, ce n'est pas nécessairement confortable, op. cit.*

Revenons à l'embouteillage et à notre habitude d'attendre plus du futur que du présent. J'ai été longtemps déconnecté de moi-même, attendant toujours que quelque chose d'extérieur vienne combler mon impression de vide. Ainsi, je pouvais rouler à toute vitesse de la ville jusqu'à la campagne pour pouvoir me retrouver immobile à méditer sur une souche en forêt, et goûter le plaisir de l'assise silencieuse et la présence à l'univers... J'avais alors conduit comme si le temps de trajet était du temps perdu, pris sur l'essentiel. Je n'étais en rien conscient de l'incohérence de mon attitude. Et ce rythme fut longtemps celui de tous mes déplacements : j'étais systématiquement entre deux moments, attribuant *a priori* plus de pouvoir au moment futur qu'au moment présent (ce mécanisme de projection se vérifiait d'ailleurs pour mes relations amoureuses : je donnais à la relation à venir le pouvoir d'être forcément plus intense, plus complète ou plus tendre que celle que je vivais alors...). C'est la recette parfaite du malheur assuré.

J'ai ensuite accompagné bien des personnes fatiguées de vivre dans cet entre-deux désolant. À force de n'être finalement nourries par rien, leur projet suivant étant systématiquement auréolé d'une promesse plus tentante que le moment présent, elles se retrouvaient comme en anémie psychique : leur corps était nourri, mais leur cœur affamé.

En accompagnant ces personnes – tout comme en m'accompagnant moi-même – vers la paix intérieure et la présence à soi, il m'est apparu clairement que les pièges de notre culture et de notre éducation, évoqués dans le chapitre précédent, se révèlent une explication nécessaire mais pas suffisante de la difficulté d'*être là*, d'être en paix. Dans tous les cas où nous avons pu approfondir la perspective de *l'être infini coincé dans un corps fini,* j'ai systématiquement perçu des signes immédiats et tangibles d'apaisement : une détente évidente de l'être, exprimée par une longue inspiration suivie d'un profond soupir, qui traduit le soulagement intime, accompagnée par un changement d'assise de la personne indiquant qu'elle se repositionne intérieurement et se recentre sur son axe et, enfin, souvent, un changement de la tonalité et du rythme de la voix : la voix se pose et le rythme ralentit. Le cas de Martin, 45 ans, peut nous éclairer.

### *Martin*

« Une part de moi est infinie, mais je suis limité par un corps fini. » Martin répète lentement et plusieurs fois ces mots, comme pour vérifier leur résonance intérieure. Le thème de l'atelier que nous explorons est : « Élan et deuils, comment accueillir ceux-ci pour permettre celui-là ?[43] » Martin nous explique combien il est déchiré entre tout ce qu'il veut faire et ce qu'il parvient à réaliser. Après plusieurs échanges empathiques avec lui, je lui fais très doucement la proposition suivante, pour vérifier si je le comprends bien :

« Au fond, est-ce que tu aurais besoin d'accepter qu'une part de toi est infinie et cependant limitée par un corps fini ? »

Les larmes qui lui montent aux yeux montrent combien il est touché par cette prise de conscience. La conscience de nos limites est libératrice et Martin le ressent avec une lucidité qui me frappe : « Jusqu'ici, je me battais avec mes désirs infinis. Je suis psychologue et psychothérapeute et gère une maison d'accueil pour jeunes. Même en ayant pas mal travaillé toutes ces questions en thérapie, je trouvais toujours que je n'en faisais pas assez, au point d'avoir vécu une succession de périodes d'incapacité de travail pour cause d'hypertension. C'est ce qui m'a amené à suivre ton stage. Avant, je n'en n'avais que pour les autres. Maintenant, je comprends mieux cette tension parfois douloureuse de compassion pour la souffrance. J'ai en moi

---

43. Le sens de cet atelier est de comprendre que nous ne pourrons pas nous ouvrir à notre élan de vie sans faire certains deuils, accepter certains renoncements et tourner certaines pages. Inversement, nous aurons du mal à entrer dans ces deuils sans sentir la vitalité et donc le soutien de l'élan. Plus nous nous approchons de notre être, moins il est question de deuil, jusqu'au point où il peut se faire que cette notion même se révèle sans objet.

un désir infini d'amour et de sollicitude. Je me reconnais dans ta formule : *une part de moi est infinie.* Alors, parfois, la puissance est trop forte et ça fait péter les plombs... Ça, ça m'éclaire – enfin, si j'ose dire. »

Martin, réalise que, s'il veut continuer à vivre, il s'agit d'accepter la seconde partie de la formule : nous sommes limités par un corps qui n'est pas infini, des moyens financiers et de temps qui ne sont pas infinis, une énergie qui n'est pas illimitée. Au fond, ce n'est pas contradictoire, et ce n'est ni de l'égoïsme ni de la paresse. C'est l'acceptation de nos limites. En constatant cela, Martin se met à rire : « C'est drôle, c'est comme si j'avais besoin d'accepter quelque chose comme le Règlement Général de la Vie sur Terre, article 1 : tu respecteras tes limites ! Je ris parce que c'est exactement ce que je demande à mes jeunes dans mon institution : accepter le règlement de la vie commune et se donner des limites qui permettent de mieux vivre... Bel effet miroir ! »

## Commentaires

1. En prenant conscience de cette dimension infinie, la plupart des personnes témoignent, comme Martin, de leur soulagement. Elles comprennent mieux ce qui les habite, ce sur quoi elles sont branchées et pourquoi elles se sentent parfois dans une telle attente. Certaines y retrouvent des repères religieux familiers. D'autres l'accueillent parce qu'ils la ressentent impérieusement et qu'elle leur est présentée sans connotation confessionnelle, comme une possibilité et une ouverture.

2. J'aime rappeler ici que, en ce qui concerne la pratique de la conscience non violente[44], dans la démarche empathique vers l'autre, les besoins de ce dernier sont suggérés par un

---

44. Mes deux premiers livres illustrent la pratique du processus de la Communication NonViolente comme outil de résolution des conflits intérieurs et extérieurs et comme processus d'ouverture de conscience et de cœur.

questionnement : *est-ce que tu aurais besoin de… ?* et jamais imposés par une affirmation. Cette attitude de respect et d'ouverture démontre à l'autre que l'on est en train de chercher ensemble ce qu'il ressent, sans le savoir à sa place. Cela permet à l'autre de se définir en écoutant d'abord sa propre intériorité, puis en accueillant, nuançant ou écartant, à son rythme, la proposition reçue. La proposition empathique par questionnement permet à l'autre de se sentir sinon rejoint, du moins approché, sans risquer de se retrouver enfermé dans un concept qui le tirerait hors de lui en l'amenant à adhérer à des représentations qu'il ne ressentirait pas profondément. Elle est l'occasion pour la personne écoutée d'entrer dans son puits et ainsi de découvrir qu'elle dispose d'une ressource riche. Elle ne reçoit pas un verre d'eau ; elle apprend à puiser.

3. Le cas de Martin illustre un ressenti que je rencontre dans la plupart des ateliers d'ouverture et d'approfondissement de conscience que j'anime dans différents pays francophones. Je n'ai pas le souvenir de personnes, croyantes ou incroyantes, qui n'aient éprouvé de résonance à cette dimension-là. Je suis plutôt impressionné de mesurer l'intérêt des gens que je rencontre pour une compréhension de la vie qui ait du sens et aide concrètement *à transformer ce qu'on veut transformer, accepter ce qu'on ne peut transformer et avoir la sagesse de distinguer l'un de l'autre,* comme le proposait l'empereur stoïcien Marc-Aurèle.

Même les personnes se présentant comme athées me semblent souvent plus allergiques à nommer l'Infini qu'à le ressentir. Et je les comprends : pas plus qu'on ne conserve le souffle du vent dans une boîte on ne peut définir l'Infini. On ne peut que le suggérer, le ressentir, le capter dans sa voile pour naviguer avec lui. Ceux qui s'arrêtent aux mots ne connaîtront pas le large.

> « Il faut m'interroger pour ce que je suis, pas plus :
> un écrivain capable de brosser des thèmes spirituels ;
> un athée devenu chrétien qui n'est qu'au début d'un chemin
> qu'une mystérieuse prescience me fait voir comme guidé
> par une infinie bienveillance. »
>
> Eric-Emmanuel Schmitt

4. Martin est soulagé de mieux comprendre qu'il est branché sur une ressource à haute intensité et qu'il s'agit d'apprivoiser cette ressource pour rester en vie. Pour d'autres, à l'inverse, il est encourageant de réaliser que, malgré leurs limites humaines, ils peuvent apprendre à rejoindre et à puiser dans cette ressource pour entrer dans la vie.

5. L'institution que dirige Martin, l'équipe de travail et les jeunes qui y vivent bénéficient tous les jours du fait que Martin sait mieux, aujourd'hui, accueillir son élan de vie et faire en même temps les deuils et renoncements nécessaires pour bien vivre. Sans ce travail d'intériorité et d'ouverture de conscience, je crois que Martin, en tentant de vivre son idéal sans plus de recul, serait tombé malade et se serait finalement trouvé en complète incapacité de travail.

6. Les conseils bienveillants de ses superviseurs et des médecins étaient pragmatiques : *Fais-en moins, ne t'implique pas autant, garde une distance thérapeutique avec tes résidents...* Martin rongeait son frein sans comprendre son impérieuse impatience à consoler le monde entier. Si, par moments, il a pu se blinder pour se protéger, c'était bien à contrecœur et il culpabilisait. Martin ne veut pas se blinder ni vivre à contrecœur. Il veut apprendre à rester présent et actif de tout son cœur, en acceptant ses limites à temps, l'un n'empêchant pas l'autre. Il veut trouver le geste juste.

7. Je frémis en pensant au nombre de personnes généreuses et compatissantes qui, comme Martin, rongent leur frein et

s'usent, en risquant la carbonisation psychologique faute d'avoir appris le recul et l'intériorité.

## La nostalgie de la plénitude ou du Paradis perdu : l'individuel pleure l'universel

Pour moi, le fait que nous ressentions cette tension vers l'infini témoigne de notre nostalgie de la plénitude. Cette notion est à mes yeux une clé de compréhension de l'insatisfaction compulsive et d'une certaine tristesse récurrente de beaucoup d'entre nous, que j'ai moi-même longtemps ressenties. Dans l'hypothèse proposée ici, notre être ou notre âme quitte l'état de plénitude pour s'incarner dans un individu. Celui-ci peut ressentir sa vie durant la nostalgie consciente ou inconsciente de l'appartenance à cette plénitude aimante et harmonieuse. L'individu en nous pleure le berceau universel. L'être infini, à l'étroit dans son incarnation, regrette la fluidité première.

En effet, en fonction de l'épreuve de séparation que comporte notre incarnation[45], nous avons des raisons d'entretenir la croyance que nous sommes coupés et séparés du Tout, de l'Absolu, de l'Être, de la Plénitude ou de Dieu. Et nous pouvons imaginer qu'en se contractant ainsi dans une individualité, notre être ait connu la plus grande frousse : celle de perdre le lien, de se retrouver seul et séparé ! Nous savons que nos croyances et interprétations se nourrissent essentiellement de nos peurs, et je trouve très stimulant de nous demander si, sur le plan de l'Être, cette séparation n'est pas qu'une illusion, une interprétation ou une croyance, qui a sa part de réalité, mais que nous devons à chaque instant démystifier.

J'en prendrais volontiers pour preuve le constat constant de la paix profonde qui s'instaure dans le cœur des hommes qui dépouillent leur vie (ou que la vie a dépouillés) de l'accessoire

---

45. Je propose une piste de compréhension de ces circonstances d'incarnation dans mon livre *Être heureux, ce n'est pas nécessairement confortable*, p. 180, ainsi que dans la section « La contraction, la peur de manquer et le besoin de reconnaissance » du présent chapitre.

et s'attache à l'essentiel : la conscience de l'appartenance à la plénitude, au Tout inspiré, quel que soit son nom. « Le Royaume est en vous » (ou *parmi vous*, selon les traductions), rappelait Jésus et il ajoutait : « Cherchez d'abord le Royaume des Cieux, et tout vous sera donné par surcroît… »

Autrement dit : « Cherche d'abord l'essentiel, ton appartenance à l'Être ou au Tout, et tu ne manqueras de rien. »

### Abdallah, chamelier, licencié en droit

Il y a quelques années, au cours d'un atelier itinérant que j'animais dans le désert, en Tunisie, j'ai remarqué qu'Abdallah, un des jeunes chameliers qui nous accompagnaient, parlait un français impeccable, pratiquement sans accent. Tandis qu'il nous préparait le pain traditionnel dans le sable, j'en ai profité pour bavarder avec lui.

« Le français ? Ben, je l'ai appris à l'école dans le village où j'habite au bord du désert, mais je l'ai beaucoup amélioré à l'université.

– Tu as été à l'université ?

– Cinq ans, oui, à Sfax. »

(Je n'en revenais pas : cinq ans d'université et il conduit des chameaux dans le désert…)

« Et tu as étudié quoi ?

– Le droit, je suis licencié en droit.

– Ah bon ! (Un juriste comme moi, et retourné aux choses de la terre, je n'en croyais pas mes oreilles !) Et tu aimais tes études ?

– Oh oui, beaucoup ! J'ai aimé ouvrir mon esprit, structurer ma pensée, rencontrer les gens et d'autres enjeux du monde.

– Et après ?

– Ben j'ai travaillé quelques années comme juriste pour une institution.

– Et… ?

– Et j'ai vite compris que je ne voulais pas cette vie-là : avoir tes journées coincées dans les heures, ta tête coincée dans le programme, tes pieds coincés dans les chaussures, et ton cœur coincé dans la poitrine... Tu comprends ? Ça fait beaucoup de choses qui coincent ! En plus tu cours tout le temps et tu te bats avec ton voisin ! Non, non, je préfère la vie ici. »

Je sens mon réflexe d'Occidental s'enclencher malgré moi. « Tout de même, cela te fait des conditions de vie bien différentes ?

– Et alors ? Regarde : tout est là. Mes collègues de travail sont mes amis d'enfance, ainsi que les chameaux de mon père que j'ai vu grandir. Le but du travail : partager avec des groupes comme le tien la beauté du désert. La journée est douce : on se promène à pas lents dans l'infini et on s'endort en Dieu sous les étoiles. (Il fait un geste pour désigner le ciel immense.) Et tu voudrais que je regrette quoi ?

– Évidemment, mais... (L'Occidental en moi a la peau dure, et plutôt que de *rester avec* la beauté du partage, je me vois, dans mes conditionnements rationnels, matériels et performants, ne pouvant m'empêcher de lui demander...) Tu ne voudrais pas au moins être guide et diriger la randonnée, ou avoir ta propre agence de méharées ?

– Et pourquoi ? Pour avoir tous les soucis d'organisation, les papiers, les contacts, les paiements... J'ai tout ce dont j'ai vraiment besoin. Mes études, je les ai faites principalement pour honorer mes parents qui y tenaient : ils sont paysans au bord du désert et rêvaient de me voir en cravate dans un bureau. Je l'ai fait et j'ai compris. »

Abdallah, à 27 ans, a compris qu'on court derrière ce qu'on n'est pas. Dès qu'on naît à ce qu'on est, on ne court plus. On est en paix.

La sagesse poétique d'Abdallah me rappelait les réflexions que Lawrence d'Arabie partageait, en 1919, dans sa fameuse œuvre *Les Sept Piliers de la Sagesse* : « Le Bédouin ne saurait chercher Dieu à l'intérieur de lui-même, il est bien trop sûr d'être à l'intérieur de Dieu » et « Les Arabes ont un sens aigu de cette pureté qui naît de la raréfaction ». Abdallah percevait bien que ce que l'homme cherche vraiment est de l'ordre du subtil et que le subtil est plus perceptible dans un univers de silence où tout est rare que dans un univers d'agitation où tout surabonde.

### Nicolas Hulot et les Indiens Zo'é : sans un certain niveau de conscience, tout le système se dérègle

Goût de la sobriété et conscience de l'appartenance au Tout semblent constituer l'essence du bien-être intime d'Abdallah. Sa boussole intérieure l'a rapatrié. « Décoincé » de ses horaires comme de ses chaussures, il a retrouvé sa patrie d'amitié et d'infini. Relié à l'essentiel, il ne manque de rien.

Tout récemment, j'ai lu l'article que Nicolas Hulot a consacré à la tribu des Indiens Zo'é[46] qui vivent dans la forêt amazonienne. Ceux-ci semblent avoir trouvé, depuis le fond des âges, la clé pour conjurer l'angoisse d'exister : se relier à tout, arbres, animaux, âmes des défunts, esprits de la forêt et de la rivière, en ne s'encombrant de rien. Ils vivent nus et sans ego, dans l'*être-ensemble*.

> « Depuis plus de trente ans que je fouille tous les horizons du monde, je crois avoir croisé ou côtoyé une belle palette de l'humanité. Même si je suis loin d'être blasé, la vue du premier indigène venu ne me tourne plus la tête. Mais ma rencontre avec les Indiens Zo'é a été une vraie tempête mentale. Jamais certaines vérités ne me sont apparues de manière aussi évidente. [...] J'ai l'impression de découvrir le royaume de l'harmonie [...]. À me demander si cette origine de l'humanité n'en est pas une forme d'aboutissement. Le mot merci n'existe pas dans la langue Zo'é, car le partage est ici spontané. La convoitise est étrangère. L'est également son mal associé, la jalousie. On ne demande pas, on obtient ; la solidarité est une seconde nature. On ne manque de rien, car tout est là, gracieusement, à portée de main. Il y a un équilibre rare

---

46. Article publié dans le magazine *Paris Match*, le 10 janvier 2008.

et précieux entre besoin et satisfaction [...]. Pas de cris, pas de coups, pas de précipitation, tout semble douceur, calme et mesure [...]. Il émane d'eux une autre vérité, une part essentielle et authentique d'humanité, comme s'ils en étaient l'unité de mesure, la référence. [...] Dans cet univers de nudité, nous mesurons combien chez nous tout est fait pour la dissimuler. Le je et l'ego n'ont pas de place ici, chacun apparaît tel qu'il est [...]. Qu'ils coupent un arbre ou capturent un pécari, les Zo'é s'excusent presque de leur geste en effectuant des rituels de conciliation. [...] [Ils] ignorent le gâchis. Ils ont conscience que leur vie est entre les mains de la nature qu'ils célèbrent et n'y prélèvent que ce qui est nécessaire. Quel contraste avec notre histoire que l'on s'obstine à voir comme une libération progressive des contraintes de la nature. Un affranchissement proportionnel au bonheur [...]. <u>Les Zo'é ont la beauté de ceux qui vivent sans angoisse</u> [...]. Il y a des tâches, mais pas de travail ni d'obligation. Les uns chassent ou pêchent, d'autres cuisinent, vannent, tissent, soignent et entretiennent le foyer pendant que certains se lavent ou aiguisent les flèches. Mais ils jouent aussi, chantent, dansent, câlinent, regardent, se parent, apprennent, enseignent et souvent ne font rien, sans pour autant s'ennuyer. L'esprit divague, le visage est épanoui. Ils savent vivre le moment présent. Le temps, comme l'Amazone, se dilate dans l'infini.

Et nous réalisons <u>combien de liens nous avons sacrifiés à la notion de possession</u> [...]. On prend conscience de l'absurdité de notre quotidien régi par la satisfaction de nos désirs matériels, confondant plaisir et bonheur [...]. <u>Et nous traînons souvent derrière nous un mal-être indéfinissable, le désarroi tragique de ceux que rien ne relie à rien dans un monde parfois vide de sens.</u> [...]

Dans un monde où le virtuel et l'artificiel occultent le réel, les Zo'é forcent le regard vers la réalité. Cette tribu inespérée, où l'être prime sur l'avoir, nous ouvre un chemin. Notre société matérialiste sans limites n'a pas d'issue dans un monde clos. Il y a une voie nouvelle et supérieure pour une civilisation fondée sur <u>deux règles d'or : la modération et le partage</u>[47].

Nicolas Hulot

---

47. C'est moi qui souligne.

Permettez-moi cette réflexion qui n'engage que moi (je n'ai pas vérifié si elle agrée à l'auteur). Nicolas Hulot n'est ni un philosophe, ni un religieux, ni un professeur de morale. Sa conscience s'est nourrie d'une trentaine d'années d'expérience comme observateur-explorateur de multiples facettes de la vie sur la planète, et de son engagement à faire connaître l'impact humain sur le dérèglement de systèmes qui, sans cela, s'autorégulent[48]. En nous faisant connaître le fonctionnement de la tribu Zo'é, où *l'être prime sur l'avoir*, ce citoyen du monde ne nous donne pas un cours de religion, ni de morale, ni de métaphysique, pas plus un cours d'écologie, mais un enseignement de Conscience. En nous invitant à la modération et au partage, il ne parle pas de vertus religieuses ni de valeurs humanistes – si louables soient-elles –, mais de **l'essence même du niveau de conscience humaine sans lequel le système se dérègle.**

La conscience écologique, telle qu'elle est promue habituellement, consiste à situer l'homme dans le contexte du système terrestre plus large auquel il appartient et à l'inviter à se réharmoniser avec ce contexte. La Conscience, elle, consiste à situer la conscience humaine dans le contexte du système cosmique plus large auquel elle appartient, et à l'inviter à se réharmoniser avec ce contexte. On passe d'une conscience à deux dimensions, l'homme et la terre, à une conscience à trois dimensions : l'homme et la terre dans l'univers inspiré (qu'on appellerait sans doute Dieu en langage religieux). Il nous faut atteindre cette dimension-là pour nous sentir *reliés*.

Nicolas Hulot rappelle le malaise indéfinissable, le désarroi tragique *de ceux que rien ne relie à rien dans un monde vide de sens*. Ce mal-être n'est-il pas un mal du pays, une nostalgie, nous indiquant à quel point nous sommes en exil de l'Être ; à

---

48. Son initiative, au cours de l'année 2007, de faire signer un pacte écologique par la plupart des candidats avant les élections françaises est une première étape sans précédent dans la reconnaissance officielle par les gouvernants de l'urgence de la cause. Elle est un exemple de la puissance d'action de l'intériorité citoyenne.

quel point nous avons perdu le lien avec le Tout inspiré et à quel point nous sommes sortis du système plus large dont nous faisons partie ?

> « L'Éternité est là et moi je l'espérais. Ce n'est plus d'être heureux que je souhaite maintenant, seulement d'être conscient. »
> CAMUS, *L'ENVERS ET L'ENDROIT*

Ces dernières années, je rencontre de plus en plus de personnes qui développent leur capacité à se relier en conscience au système plus large auquel elles appartiennent. Elles ne sont ni dans la nostalgie ni dans l'espérance. Elles sont conscientes. Elles ne sont ni dans le regret ni dans l'attente – ce qui ne veut pas dire qu'elles n'ont pas des actions, des engagements et des projets. Elles sont *là*. Elles se savent à la bonne place, à la bonne heure et l'appartenance à l'Être ne fait pour elles aucun doute (ce qui ne veut pas dire qu'elles lui soient toujours présentes). On peut les rencontrer un peu partout et les reconnaître à certains signes de paix intérieure.

Ces signes, je les observe chez les uns et les autres depuis des années. L'intégration dans la durée me paraît probante. En voici une liste – qui provient en partie du souvenir qu'il me reste d'une note anonyme, écrite en anglais, que j'ai lue il y a des années – et que j'ai complétée au fil du temps. Je ne prétends évidemment pas en être moi-même un témoin pour l'extérieur. Toutefois il m'arrive, de l'intérieur, de ressentir entre mes zones d'ombre que j'ai pu intégrer un peu plus l'un ou l'autre de ces aspects. Dans ces moments-là, je mesure combien cet état permet de vivre l'instant dans sa densité et sa richesse (même une dispute peut être vécue, avec un cœur en paix, comme une opportunité d'affiner l'être-ensemble). Et je comprends mieux encore ce qui me manquait lorsque j'avalais ma bière avec avidité, ma journée de travail terminée, et courais insatiablement de chose à faire en chose à faire, de moment à venir en moment à venir, sans parvenir à me séparer de cette vieille tristesse qui me collait au cœur.

> **Quelques signes extérieurs de paix intérieure**
> – Tendance à dédramatiser les circonstances, faire confiance et, particulièrement, ne plus considérer les événements comme étant *contre nous*.
> – Perte de l'habitude de trouver dans le conflit l'occasion de se sentir plus animé et de croire que l'on peut décider qui a tort ou raison. Capacité de se sentir intensément vivant en toutes circonstances (même paisibles!).
> – Développement de l'écoute et de la compassion, et profond respect pour toute chose vivante.
> – Capacité croissante de goûter le moment présent et de partager ce bien-être avec ceux qui nous entourent.
> – Capacité de se remettre en question et de rire de soi; sens croissant de l'entraide et de la responsabilité.
> – Perte d'intérêt dans les rapports de force, de séduction ou de manipulation, et recherche systématique de rapports de franchise, d'équité et de synergie; confiance accrue dans l'intelligence collective.
> – Meilleures dispositions à la clarté et à la rigueur du discernement.
> – Abandon successif de diverses formes de compensation et d'avidité: l'argent, le pouvoir, la consommation, la reconnaissance sociale, les choses à faire, l'agitation de toute sorte, pour tendre vers la sobriété joyeuse et les rythmes paisibles.
> – Tendance récurrente à la joie contagieuse nourrie de gratitude et d'émerveillement, et fréquentation régulière de la Beauté et du silence.

En rencontrant souvent des personnes qui adoptent une hygiène de vie familiale et sociale dans cet esprit, je me réjouis des signes d'une nouvelle citoyenneté nourrie de conscience et d'intériorité.

### Rentrer d'exil

De multiples pratiques, certaines remontant aux débuts de l'humanité, comme le chamanisme, relient la conscience au système plus large dont elle fait partie, à son appartenance à l'univers vivant et interrelié.

Personnellement, j'entretiens depuis l'enfance le goût de la contemplation, qui me vient de façon très spontanée. Très jeune, j'ai pu ainsi m'absorber dans l'instant, attentif à la seule présence de ce qui est là, où que je sois, me laissant émerveiller par la nature, particulièrement inspirante dans la région forestière où j'ai grandi. Je devenais souche avec la souche, ruisseau avec le ruisseau, retrouvant un peu de moi dans tous les éléments, feu, brume, labours et vents ; et je n'ai jamais douté qu'un métissage millénaire nous fasse tous cousins. Je ressentais confusément mais fortement l'au-delà de l'apparence. Sous la forme multiple, l'Un veillait : j'en avais l'assurance intime. Adolescent, bien avant de découvrir les soufis et les sages, j'avais trouvé des compagnons qui savent le lien d'amour infini qui relie toutes choses. Rappelez-vous Baudelaire et ses *Correspondances* :

> La Nature est un temple où de vivants piliers
> Laissent parfois sortir de confuses paroles
> L'homme y passe à travers des forêts de symboles
> Qui l'observent avec des regards familiers.
>
> Comme de longs échos qui de loin se confondent
> Dans une ténébreuse et profonde unité,
> Vaste comme la nuit et comme la clarté,
> Les parfums, les couleurs et les sons se répondent.

Et Rimbaud, dans *Sensations* :

> Par les soirs bleus d'été, j'irai dans les sentiers,
> Picoté par les blés, fouler l'herbe menue :
> Rêveur, j'en sentirai la fraîcheur à mes pieds.
> Je laisserai le vent baigner ma tête nue.

> Je ne parlerai pas, je ne penserai rien :
> Mais l'amour infini me montera dans l'âme,
> Et j'irai loin, bien loin, comme un bohémien,
> Par la Nature, – heureux comme avec une femme.

Ou Khalil Gibran :

> C'est ici que je m'assieds entre mon frère le mont et ma sœur la mer.
> Nous trois, nous sommes un dans notre solitude, et l'amour qui nous attache ensemble est profond, puissant et étrange.

J'ai longtemps connu ces états de *reliance* spontanément et de façon intuitive, en les vivant plutôt comme un ressourcement ou un repos, sans plus, entre mille autres choses à faire. Plus tard, tandis que je renouais petit à petit avec tous les aspects de la vie *en moi*, au cours de mes années de thérapie et de formation, je sentais bien que s'ouvraient de nouveaux canaux de perception de la vie *autour de moi*. Comme si, émergeant de longues années de surdité, je reprenais conscience de l'ouïe, puis de l'écoute, et des multiples relations que celles-ci permettent. Comme si, sortant d'une longue cécité, je retrouvais la vue puis la vision et toutes les occasions d'émerveillement que celles-ci permettent. Le sentiment d'appartenance au Tout inspiré devenait un état inspirant : du simple temps de repos qui me permettait de me ressourcer, je passais à la conscience de la Source même. Je savais maintenant où aller : je pouvais enfin entamer mon retour d'exil.

Au cours des années, j'ai adopté une pratique plus consciente et régulière de ces états de communion contemplative et de présence à l'instant, et j'ai pu expérimenter leur puissant pouvoir de transformation, qui va bien au-delà du seul repos et du ressourcement. Très concrètement, tandis que mon cœur s'ouvrait, j'ai senti s'évaporer ce fond de tristesse qui l'avait longtemps occupé comme un léger mais récurrent mal de mer.

Et cette nostalgie m'a quitté lorsque j'ai fait régulièrement l'expérience suivante :

> L'Être en nous n'a jamais cessé d'être relié à la Plénitude, en appartenance à l'Être. C'est nous qui nous coupons de l'Être en nous.

Sentir en soi cette dimension d'éternité, l'être incréé relié à l'Être, c'est bien d'une expérience – et non de foi – qu'il s'agit ; et elle est aussi évidente qu'un lever de soleil : il n'y a rien à croire. C'est.

Ce texte tamoul du XIXe siècle illustre joliment cette *reliance* à l'être :

> Si tu te poses la question : « Dans le monde, les choses paraissent différentes ; comment puis-je alors considérer le tout comme étant Un ? Y a-t-il un moyen d'atteindre à cette connaissance ? »
>
> La réponse est celle-ci : « Dans un même arbre nous voyons des feuilles, des fleurs, des fruits et des branches, différents les uns des autres et qui pourtant ne font qu'un, étant tous compris dans le mot "arbre". Leur racine est une, leur sève est une. De même, toutes les choses, tous les corps, tous les organismes proviennent d'une même source et sont activés par un seul et même principe vital : tout est Un[49]. »

Bref, je serais resté un gentil avocat qui s'ennuie et un célibataire coincé dans son célibat défensif – déchiré d'un côté comme de l'autre entre mes aspirations profondes (l'être incréé en moi) et les conditionnements « contractants » (le personnage incarné, ma personnalité construite) – si je n'avais

---

49. *Tout est Un. Enseignement de l'Advaïta-Vedânta,* Pondichery, Éditions Nataraj, 2007.

régulièrement pris soin d'élargir ainsi *ma caisse de résonance intérieure,* et d'ouvrir par d'autres canaux que les intelligences mentales et émotionnelles ma capacité à capter ce qui circule dans le subtil et l'invisible. Dans un langage religieux, on parlerait d'écouter Dieu ou l'Esprit saint. En affinant ainsi, petit à petit, l'acuité de conscience, dans un espace intérieur plus dégagé, j'ai tranquillement appris à discerner l'invitation qui m'était faite de m'aligner sur mon être et de me défaire de mon personnage.

Alors, qui invite ? De quel appel, signal, voix ou vibration s'agit-il ? Les sages, les poètes, les philosophes et les religieux l'appellent, chacun selon ses codes de langage, la Vie, l'Univers, l'Être, l'Hôte, Dieu, le Christ, l'Esprit saint, Allah. Toutes ces appellations évoquent les mille facettes de ce que les mystiques et les sages se limitent, prudemment et avec grand respect, à désigner par l'Ineffable.

## La contraction, la peur de manquer et le besoin de reconnaissance

Quoi qu'il en soit, de la fluidité au sein de la plénitude solidaire à son conditionnement dans l'enveloppe humaine solitaire, notre conscience peut bien se croire perdue, abandonnée et livrée à elle-même. Venue de l'universel, elle se contracte et, étourdie, s'identifie à la forme qu'elle prend. Elle s'imprègne alors de son émotion première, la peur (et non la confiance) ainsi que de son réflexe de survie, la contraction protectrice (plutôt que l'expansion créatrice). L'ego naît de cette identification à la forme. Il ne cessera d'ailleurs, par la suite, de s'attacher à des formes forcément précaires et fera ainsi systématiquement son malheur.

Voilà qui peut sans doute nous aider à mieux comprendre pourquoi nous avons si peu d'ouverture et de discernement, pourquoi nous avons si peur de nous remettre en question, de nous abandonner à l'intériorité et à la confiance dans la vie, alors que c'est par là même que peut s'enclencher notre processus de libération. Voilà qui peut nous aider à comprendre pourquoi notre attachement à des formes (structures, dogmes, habitudes...) est si important, pourquoi nous avons tant de raideurs et de fixités (croyances limitantes, idées fixes, dépendances et codépendances, désirs de possession...). Nous pourrons également comprendre pourquoi nous sommes si souvent en friction ou à contre-courant : les scientifiques s'accordent à dire que l'univers (*dont nous sommes et non où nous sommes*) est en expansion constante depuis le Big Bang, et nous nous contractons au lieu de suivre intérieurement le mouvement d'expansion. Forcément, ça frictionne ! Nos attitudes sont des crispations : nous sommes comme celui qui, les yeux bandés, croit glisser dans le vide sur une paroi glacée, convaincu qu'il dévale vers sa perte, et qui tente de s'accrocher à tout, et rien n'y fait. Au contraire, plus il s'agite, plus il glisse, plus il tente de s'agripper... S'il retire le bandeau qui lui voile la vue, il comprend qu'il est sur un chemin, sans doute glissant par endroits, mais balisé de signes déchiffrables. Il se rend compte qu'il vient de quelque part et se rend quelque part : il est relié. S'il est seul dans ses chaussures, il n'est pas seul sur le chemin. Il est guidé, en toutes saisons, même si toutes ne sont pas favorables à la marche ni au déchiffrement des signes.

Quand la vision est voilée, il y a illusion de chute. Quand la vision est rendue, il y a conscience du chemin.

Essayons d'imaginer un instant, en lui prêtant la parole, ce que ressent notre conscience lorsqu'elle s'incarne. Ne serait-ce pas quelque chose comme ceci : « Je quitte la sérénité de la plénitude universelle et glisse dans l'incarnation individuelle. Je passe du grand tout rassurant à l'impression de séparation et de morcellement. Forcément, je crois que je ne peux plus compter que sur moi-même, que je dois assurer ma survie en me faisant reconnaître par n'importe quel moyen, de la séduction à la manipulation. Je devrai chercher tout au long de ma vie la sensation d'exister par la fusion ou l'opposition, la soumission ou la domination, par l'avidité, le pouvoir et la possession... »

C'est une belle histoire ? C'est surtout une hypothèse qui se révèle à la fois éclairante et transformante. D'abord, elle explique le mécanisme de la perte de conscience originelle et collective que certaines religions nomment la Chute ou la Faute. Notre conscience s'est voilée en se contractant dans l'enfant que nous étions dans le ventre maternel. Notre vie consiste alors à tenter de reprendre conscience, et une bonne part de notre énergie est consacrée à tenter de conjurer la peur ou même les angoisses existentielles liées à cette individualisation par toutes sortes de compensations et de rivalités. Ensuite, cette hypothèse transforme, parce qu'elle nous encourage à *reprendre conscience*. C'est une responsabilité, que nous pouvons accepter ou non, qui dissipe le malentendu tragique de la culpabilité, ce poison qui atrophie la conscience en lui inoculant la division et l'inhibition.

Voici deux regards sur cette crispation anxiogène.

D'abord celui d'un enseignant spirituel, Eckhart Tolle, à propos de l'attachement à cette forme qu'est le petit moi :

> Tout le malheur du monde vient d'un sentiment personnalisé du « moi » ou du « nous », qui cache votre nature essentielle. Lorsque vous n'avez pas conscience de cette essence intérieure, vous finissez toujours par engendrer le malheur. C'est aussi simple que cela. Lorsque vous ne savez pas qui vous êtes, vous construisez un soi mental à la place de votre magnifique être divin, et vous vous accrochez à ce soi craintif et indigent. La protection et l'amélioration de ce faux sentiment de soi deviennent alors votre principale force motivante[50].

---

50. Eckhart Tolle, *op. cit.*

Puis, celui d'un travailleur social engagé de longue date sur le terrain, le psychosociologue Charles Rojzman, à propos de l'angoisse existentielle qui permet d'appréhender, dans une optique de responsabilisation-transformation, des attitudes négatives traitées, d'habitude, seulement comme des *fautes* (ou *péchés*) :

> Beaucoup de problèmes sociaux, économiques ou politiques sont communément expliqués par l'égoïsme, la recherche du pouvoir, l'ignorance, voire parfois la stupidité. En fait, un certain nombre de ces problèmes deviendrait plus compréhensible si l'on décelait qu'ils viennent de tentatives inconscientes, de la part de certains sujets, de se défendre contre l'expérience d'une anxiété dont on ne peut contrôler les sources [...]. Le racisme pourrait être considéré comme une protection, un produit secondaire de l'anxiété, de même que l'agressivité ou l'accumulation des richesses[51].

En tout cas, belle histoire ou pas, cette hypothèse, jointe à la conscience ouverte par les découvertes de physique quantique, me permet de comprendre et de transformer mon propre désarroi et mon avidité lorsque je perds la conscience de mon appartenance au Tout inspiré. Elle permet de comprendre (et d'aider à se transformer) la personne qui plonge dans l'alcool ou la drogue, comme celle qui devient *workaholic, fashion victim, porn* et *web addict*. Elle nous permet de comprendre, au-delà des insécurités matérielles, l'insécurité ontologique évoquée par Charles Rojzman (l'individu, angoissé et impuissant, se sécurise dans « le narcissisme de groupe » des replis

---

51. Charles Rojzman, auteur français, a écrit, entre autres, *Savoir vivre ensemble, lutter autrement contre le racisme et la violence* et *La peur, la haine et la démocratie*. Il est le fondateur de Transformations Thérapies Sociales. Il base son analyse du dysfonctionnement de la société et ses propositions de changement sur ses nombreuses années d'expérience de travail dans les banlieues et les quartiers populaires.

intégristes, racistes ou fascisants) et de nous aider à transformer la conscience. Enfin, elle nous permet de comprendre (et de transformer) les mécanismes d'angoisse et les activités compensatoires qui font que des humains se retrouvent seuls à la tête de richesses dont ils ne savent plus que faire, à la suite de spéculations boursières qui permettent des enrichissements exponentiels sans création de valeur ajoutée réelle pour la collectivité.

Patrick Viveret, conseiller à la Cour des Comptes de France, semble bien placé pour constater que nous avons créé « une société toxicomane organisée autour de la rivalité et du désir de possession » :

> Au-delà d'un certain seuil, des inégalités de revenus ou de fortunes sont des incitations à l'incivisme et à la délinquance. C'est encore plus vrai à l'échelle mondiale. Quand la fortune de 225 personnes est égale aux revenus de 2,5 milliards d'êtres humains (chiffres officiels du Programme des Nations Unies pour le développement), le cocktail explosif de l'humiliation et de la misère constitue un réservoir de choix pour les fondamentalismes, les intégrismes et les terrorismes de toute nature. Problème d'ordre public donc, mais aussi problème de santé mentale[52].

Il relève qu'au-delà d'un certain niveau de fortune un phénomène psychique de déréalisation se met en place, que les soignants qui travaillent sur les psychoses maniacodépressives connaissent bien. Ce phénomène peut conduire à des mises sous tutelle ou sous curatelle des personnes atteintes qui se retrouvent incapables de gérer rationnellement leur argent. Le même processus est à l'œuvre chez nombre de sportifs, d'artistes, de PDG, de présentateurs de télévision,

---

52. Patrick Viveret, *op. cit.*

etc., qui « disjonctent » et entraînent souvent les collectifs ou les entreprises dont ils sont membres ou responsables dans leur propre délire.

Je ne peux m'empêcher, en évoquant ce constat effrayant de voir apparaître dans mon esprit les Indiens Zo'é, Abdallah, et des centaines d'autres êtres humains. Je ne peux m'empêcher de penser à la confiance et à la bonté qui émanent des personnes qui vivent « dé-contractées », dans la Conscience que tout est là, que l'Univers veille et que tout est donné par surcroît à ceux qui se savent du Royaume.

Continuons avec Patrick Viveret :

> Le manque de confiance dans l'avenir n'est qu'une variante d'un manque de confiance en autrui ou en soi-même. Si je veux épargner de l'argent pour mes vieux jours, c'est parce que j'ai peur de ne pas trouver d'aide au moment où je ne serai plus en mesure d'assurer moi-même ma propre autonomie. Mais si je vis sans peur, soit parce que j'ai la certitude de trouver toujours de l'aide auprès de mes proches, d'autres humains, soit parce que, par sagesse, je sais que la loi du bonheur est de vivre « à la bonne heure », c'est-à-dire au présent sans s'inquiéter de l'avenir, alors je n'ai plus besoin de stocker de la monnaie : <u>ma confiance en autrui, en la vie et en moi-même est ma meilleure épargne, et est à l'abri de tout vol et de toute perte</u>[53].

Quelles perspectives de changement de société ! La confiance en soi, en l'autre et en la vie plutôt que la possession, la thésaurisation et leurs variantes pathologiques (la compétition, l'accaparement et la guerre économique) ; l'appartenance à l'être plutôt que la possession par l'ego. Pouvons-nous encore douter du lien entre développement personnel profond et transformation sociale durable ?

---

53. *Ibid.* C'est moi qui souligne.

## CHAPITRE 6

## Nous avons plus appris à compenser qu'à vivre

> *Le diktat de l'ego est : cherche mais ne trouve pas.*
> *A course in miracles*

Nous approchons de la dernière partie, où nous verrons bientôt les perspectives très encourageantes qui se dégagent d'une conscience nouvelle, mais pour clôturer cette partie sur les conditionnements qui musellent l'être en nous, et pour nous aider à en sortir, observons quelques mécanismes de compensation très généralisés. Nous avons vu le contexte : nos sociétés sont malades à cause de la profonde angoisse que génère la culture mécaniciste, qui ramène chacun à sa solitude, mais aussi du discours économique et médical dominant, dont le point commun est qu'il considère la vie comme un combat et la mort comme un échec. On constate que les hommes et les femmes qui restent pris dans cette vision sont naturellement amenés à :

> [...] passer l'essentiel de leur existence à tenter d'oublier une histoire qui les condamne à la solitude et au non-sens. Tous ne jettent pas leur dévolu sur des drogues dures, ni même sur d'autres substances reconnues comme toxiques, tels le tabac, l'alcool ou les tranquillisants ; certains se droguent aussi à l'argent, au travail ou au pouvoir [...]. C'est donc à une véritable entreprise de désintoxication qu'il faut nous atteler, et, comme toute entreprise de ce genre, elle n'est possible que si un mieux-vivre est possible[54].

Pour pouvoir nous désintoxiquer, nous avons besoin de comprendre quelques mécanismes de compensation ou d'intoxication qui sont rarement perçus comme tels. Nous sommes en effet très habiles à nous leurrer, à nous conter des histoires et à nous faire tout un cinéma pour ne pas voir la réalité.

L'ego est un metteur en scène surdoué : il n'a pas son pareil pour nous faire croire que nos jeux de rôle, nos postures et nos répliques sont la vie même. Imaginez-vous que, sans vigilance, nous pourrions nous accrocher à un rôle de composition poussiéreux – même s'il paraît très digne – jusqu'à notre dernier souffle ! Nous avons mieux à faire que de toussoter dans les coulisses d'un théâtre, même en grande tenue, en attendant de faire nos trois petits tours. Notre être ne nous souffle-t-il pas, à l'occasion : « Arrête ton jeu, tu n'y crois même plus toi-même. Sors au soleil et vis ta vie » ?

## Diverses formes d'avidité

> *Cette gloutonnerie semblait indiquer qu'elle avait peur d'être privée de quelque chose dans la vie. [...] Cette peur de ne pas tout avoir dans la vie, c'est elle qui vous fait tout manquer. Elle vous empêche d'atteindre l'essentiel.*
>
> Etty Hillesum

---

54. Patrick Viveret, *op. cit.*

Télévision, travail, reconnaissance, nourriture, choses à faire, mode et mondanités, alcool et drogues… nous ne manquons pas d'occasions d'être en manque, grâce à la panoplie des manies toxiques plus ou moins socialement acquises. (Remarquons que c'est rarement la chose en soi qui est toxique, mais plutôt notre lien avec celle-ci.) Au-delà de nos histoires personnelles, il y a un enjeu social que Charles Rojzman explique ainsi :

> L'avantage de l'un est perçu par l'autre comme son propre handicap. Cette logique installe une tension hostile entre les hommes. La conséquence est que l'estime de soi repose sur une base fragile qui est le succès. Nous le savons bien, depuis nos années d'école et ses multiples classements. Il faut réussir et ne pas se laisser distancer […]. Chacun vit ainsi avec un sentiment d'insuffisance qui est aggravé par le fait que cette compétition permanente crée une situation de solitude affective. Cette ruine de l'estime de soi entraîne des sentiments de rivalité et d'agressivité, des frustrations impossibles à satisfaire[55].

Nous pouvons en effet constater que le principe de la concurrence, tel qu'il fonctionne entre les acteurs de l'économie de marché, a été étendu à l'ensemble des relations entre les individus. Chacun doit lutter contre les autres.

Le besoin naturel de reconnaissance se trouve aujourd'hui renforcé par la tendance de notre société à survaloriser le succès individuel. Comme l'évoque Rojzman, il devient le pendant des sentiments d'humiliation et d'échec. Ce besoin de reconnaissance et de valorisation trouvera à se satisfaire chez les uns dans les conduites délinquantes ou le narcissisme de groupe, tandis que les autres se rassureront contre l'angoisse en cherchant du pouvoir, de la possession, du prestige et du « paraître ». Charles Rojzman constate ceci :

---

55. Charles Rojzman, *La peur, la haine et la démocratie*, Paris, Desclée de Brouwer, collection « Provocation », 1999.

> Les tensions vont naître alors entre les privilégiés du pouvoir et de la puissance, qui voudront toujours aller plus loin dans leur névrose, et les exclus qui, eux aussi, sont pris dans les mêmes contradictions. Ils trouveront alors refuge dans les satisfactions compensatoires des techniques d'oubli (télévision, toxicomanie, jeux, alcoolisme) ou les délires de la violence gratuite[56].

L'auteur ne nous laisse pas avec ce diagnostic tragique. Dans ses ouvrages, il décrit les ateliers de thérapie sociale qu'il anime au sein de collectivités, afin d'aider les groupes participants à accélérer leur processus de prise de conscience et de transformation. Si la plupart d'entre nous sommes capables de remettre nos systèmes de croyances en question individuellement, avec un peu d'aide le cas échéant, il nous montre que nous pouvons sérieusement accélérer le processus en nous y mettant ensemble. Et peut-être pour certaines situations n'avons-nous effectivement pas d'autre possibilité que de faire ce travail ensemble. Il évoque également les conditions d'élaboration d'une intelligence collective et d'une éducation civique.

## Le droit au bonheur et l'obligation d'être heureux

Revenons à l'image évoquée plus haut de la mise en scène de notre petit drame par l'ego. Épuisé d'avoir traqué le bonheur partout où il n'est pas, le personnage finit par se poster au guichet de l'Existence pour revendiquer, d'une petite voix nerveuse de créancier, le droit d'exister. Espérant quoi ? Qu'un fonctionnaire lui tamponne un sauf-conduit, un laissez-passer, une licence d'utilisation du logiciel « vivre » ou un permis de bâtir sa vie ? Ou alors, il vit dans la terreur d'un contrôle. Il se sent enrôlé, débiteur. Même si ses affaires, *côté bonheur*, ne sont pas florissantes, il croit devoir *assurer* pour n'être pas mis socialement en faillite : a-t-il déclaré un chiffre d'affaires

---

56. *Ibid.*

plausible ? Se ménage-t-il des signes extérieurs de richesse suffisants pour rassurer son entourage, éviter les questions et suspicions ? Paie-t-il bien l'impôt de la bonne mine, des sourires convenus et postures de circonstance, et autres généreuses contributions au *déni public* ?

Il faut être bien déconnecté de l'intériorité et n'avoir rien compris aux lois de la vie pour prétendre qu'un droit puisse compenser un état d'âme en peine, et ignorer qu'un passage à vide est un appel de l'âme. Pauvre culture, qui ramène ainsi l'essence de l'être à un jeu comptable de créances et de dettes. L'être n'est plus relié au Tout inspirant, mais broché dans la reliure d'un code de droits et obligations.

## La fascination pour l'horreur (et tout ce qui va mal)

Comment expliquer que l'horreur fasse vendre à ce point les journaux, la télévision et les films ? Une telle offre correspond à une demande : nous sommes fascinés par l'horreur. Et c'est presque inévitable : si une grande partie de la population se sent déconnectée de ce qui est vivant en elle, du frisson d'être en vie, du tressaillement d'appartenir au monde, elle va bien sûr nourrir le besoin de frissonner et de tressaillir avec la première mauvaise nouvelle venue. En regardant les effusions de sang des guerres et catastrophes devant lesquelles nous sommes impuissants, devant tous ces signes de mort, le peu de vie qui nous reste palpite enfin, nous nous disons : « Ça alors ! Je suis vivant(e)… parce que je ne suis pas mort(e) ! Je ne suis pas affamé(e), ni brûlé(e), ni sous les décombres, ni broyé(e) par une mine, ni… » Et nous voilà en train de prendre la mesure de la vie à l'aune de ce qu'elle n'est pas, faute d'avoir appris à vivre ce qu'elle est.

Comme l'individu en manque de tendresse et d'incarnation sensorielle pourra avoir tendance à compenser en cherchant dans la pornographie un ersatz de ce qui lui manque, nous cherchons dans l'horreur un ersatz de ce qui nous manque : l'intensité de l'être. Cette fascination pour ce qui va mal et ce qui est dysfonctionnel, plutôt que pour ce qui va bien et qui fonctionne, se retrouve dans notre extraordinaire capacité à ressasser nos petits (et gros) ennuis. On a vu qu'il ne s'agit pas de les évacuer en les niant, mais il ne s'agit pas non plus de s'y complaire. Nous retrouvons là le même risque : faute d'être nourri par la beauté de l'être et l'élan de vie, notre personnage se sustente en resuçant les os d'incidents mineurs.

Guy Corneau[57] illustre avec humour ce goût du drame dans une de ses conférences : « Si un scarabée en promenade se fait retourner sur le dos par un enfant qui joue, et met plus d'une heure à s'en remettre en pédalant les pattes en l'air, le soir, à l'assemblée des scarabées, il raconte toute son histoire avec grand émoi, en espérant capter l'attention de tous... »

Notre négligence ou notre distraction par rapport aux vivants a rendu notre culture mortifère : si nous n'y mourons pas de faim, nous y mourons de peur ou d'ennui. L'invitation, par la conscience et l'émerveillement, à retrouver notre cousinage avec tout l'univers me paraît une mesure de santé publique urgente pour changer la culture.

Méditons sur ce qui suit :

> Que restera-t-il de toute la peur et de tous les désirs associés à votre condition de vie problématique, qui accapare chaque jour la majeure partie de votre attention ? Un tiret de quelques centimètres entre votre date de naissance et celle de votre décès sur votre pierre tombale. Pour le soi égoïque, c'est une pensée déprimante. Pour vous, elle est libératrice[58].

---

57. Guy Corneau est psychanalyste jungien québécois, auteur de nombreux ouvrages dont *La Guérison du cœur, Victime des autres, bourreau de soi-même* et *Le meilleur de soi*. Il a créé en 1996 l'association Cœur.com (dont je suis l'un des membres fondateurs), basée au Québec et en Europe, qui propose des séminaires et ateliers sur la dissolution des entraves psychologiques (quitter l'enfermement) et l'éveil de notre élan vital (entrer dans l'ouverture). Voir le site www.productionscoeur.com.
58. Eckhart Tolle, *op. cit.*

## Le prétendu droit à la sécurité totale

> *Celui qui n'a pas reconnu que la vie est incessante*
> *métamorphose n'aura pas sa part du miracle.*
>
> CHRISTIANE SINGER

Chez des amis communs, à Bruxelles, Valérie et moi rencontrons Sonia et Alexandre Poussin. Ils ont traversé l'Afrique à pied du sud au nord, marchant du cap de Bonne-Espérance jusqu'au lac de Tibériade. Un total de 14 000 km en trois ans et trois mois, parmi tous les dangers et toutes les merveilles, sans commanditaires (*sponsors*), sans assistance ni logistique, sans une nuit à l'hôtel et refusant tout déplacement en voiture. Leur intention était de marcher sur les pas de l'Homme, en découvrant la terre où il semble être apparu. La presse a relaté leur magnifique aventure, dont ils ont fait deux beaux ouvrages[59]. D'emblée, nous nous sentons en amitié : nous aimons leur sens de l'essentiel (pour voyager léger, pas de poids ni d'argent) et de l'abandon dans la confiance. Nous rencontrons en eux deux êtres humains qui savent que la vie est à vivre en la prenant à pleines mains, pas juste en la contemplant sur un écran. Nous ne sommes pas surpris d'apprendre que leurs livres et conférences se révèlent un encouragement à « oser vivre » pour bien des gens.

Bien sûr, tout le monde n'est pas fait pour parcourir la planète à pied ; et il y a des milliers de registres différents pour oser vivre l'aventure de la vie au quotidien, chacun à sa façon. Toutefois, en quittant ce jeune couple, je ne pouvais m'empêcher de repenser aux manifestations de milliers de jeunes Français, qui ont sérieusement occupé la France durant l'hiver 2005-2006 pour contester le projet de CPE (contrat de premier emploi). Avec le CPE, le gouvernement voulait encourager les entreprises à embaucher les jeunes pour un premier emploi,

---

[59]. *Africa Trek tomes I et II*, Paris, Robert Laffont, 2004, 2005. C'est également le nom de leur site.

en allégeant considérablement les conditions de licenciement éventuel durant la première année : en gros, l'entreprise pourrait licencier sans motif ni procédure. Les jeunes qui manifestaient protestaient contre cette atteinte à la sécurité d'emploi. D'un autre côté, des contre-manifestants et des non-manifestants, y voyaient plutôt une opportunité pour accéder à l'emploi plus facilement... Quoi qu'il en soit, en observant la France au bord de la crise gouvernementale parce qu'une partie de sa jeunesse, âgée de 20 à 25 ans, tenait à la sécurité d'emploi dès la première année d'engagement – au point de descendre dans la rue et de secouer tout le pays –, je me sentais profondément impressionné. Je voyais là le résultat d'une culture qui entretient des conditionnements *contractants* et d'une société qui génère un climat à ce point angoissant que ses plus jeunes citoyens, au lieu de se sentir encouragés à l'audace et la création, se retrouvent massivement en position de demande et de doute. Il m'est apparu que la société, au lieu de faire des individus autonomes et confiants, fait des individus dépendants et inquiets, et cela dès leur plus jeune âge.

Bien sûr, il y a bien des jeunes qui entreprennent et s'engagent, avec tous les risques que cela comporte. Heureusement ! Si l'âge de tous les possibles, des expériences multiples, de l'adaptation, des défis et du grand frisson d'exister dans la découverte n'est pas celui de la vingtaine, quel est-il ? (Et à vrai dire je ne vois aucune raison pour que le frisson s'arrête.) Je ne juge ni les uns ni les autres : j'observe et m'interroge. La prétention à une sorte de sécurité maximale sur le plan matériel (emploi, assurances, pension) ne serait-elle pas le résultat d'une anémie de l'être entretenue par le système, et ne risque-t-elle pas de se retourner contre ses prétendants ? Je retrouve dans mes carnets ce constat du psychiatre Frédéric Fanget :

> « L'intolérance à l'incertitude représente un véritable danger pour l'équilibre psychique et l'aptitude au bonheur. »

Évidemment, quand le système éducatif génère des individus conformes aux normes (comme l'évoque Albert Jacquard dans la citation à la page 104), chacun a peur de ne pas correspondre aux critères, ou que l'autre soit *plus conforme* et prenne *sa* place. Par contre, si le système permet à chacun de prendre conscience de ses possibilités et d'apprendre à les exercer, la confiance en soi, en l'autre et en la vie ne tient-elle pas lieu de sécurité intérieure, à l'abri des ruptures de contrat et des crises, selon la réflexion proposée par Patrick Viveret au sujet de l'épargne (voir page 175)?

Lorsque je lui demande s'ils ont eu peur, par moments, au cours de leur voyage, Alexandre Poussin me répond en souriant : « Bien sûr, nous avons eu de belles frousses, et avons parfois dû notre salut à la fuite. Mais je peux dire que devant les dangers c'est surtout à une certaine attitude intérieure que nous devons notre sécurité. »

Si je compare ici, sans ironie – mais non sans humour bienveillant –, une traversée de l'Afrique à pied faite par des jeunes d'aujourd'hui avec une manifestation pour la sécurité de l'emploi dans les rues de Paris faite par d'autres jeunes d'aujourd'hui, c'est pour me poser la question suivante, en conclusion de cette deuxième partie.

---

**Y a-t-il vraiment, pour guider nos choix et trouver durablement du sens, réflexions plus pertinentes que celles-ci :**

– N'ai-je pas tendance à prendre mon personnage bien plus au sérieux que mon être ?

– Est-ce le vieil homme en moi ou l'homme nouveau que je nourris, l'ego-qui-a-peur ou l'être-qui-sait ?

– Suis-je (dans mes pensées, mes attitudes et mes regards) en expansion ou en contraction ?

– Ma façon d'être au monde contribue-t-elle au rêve que j'ai pour le monde, ou entretient-elle ce vieux monde dont je ne veux plus ? Autrement dit, et de façon pratique : est-ce que je fais partie du problème ou de la solution ?

# TROISIÈME PARTIE

## Où allons-nous ?
## Temps nouveaux, conscience nouvelle

*Ô MOI ! Ô VIE !*

*Ô moi ! Ô vie ! Les questions sur ces sujets qui me hantent,*

*Les cortèges sans fin d'incroyants, les villes peuplées de sots,*

*Moi-même qui constamment me fais des reproches,*
*(car qui est plus sot que moi et qui plus incroyant ?)*

*Les yeux qui vainement réclament la lumière, les buts méprisables, la lutte sans cesse recommencée [...]*

*La question, Ô moi ! si triste et qui me hante*
*– qu'y a-t-il de bon dans tout cela, Ô moi, Ô vie ?*

*Réponse :*
*Que tu sois ici – que la vie existe, et l'identité,*

*Que la grande représentation continue et que tu peux y contribuer d'un vers.*

Walt Whitman
*Feuilles d'herbe*[1]

---

1.   Le texte intégral en anglais est repris à l'annexe I, p 275.

Ce dernier vers est tellement plus beau en anglais que je le reprends ici :

> *That you are here – that life exists, and identity,*
> *That the powerful play goes on, and you may contribute a verse.*

Une telle invitation à la création mérite une page blanche : quelle sera notre contribution personnelle à l'œuvre collective qu'est l'humanité ? Quelle est notre couleur à nous, notre tonalité, notre sonorité, notre genre ? Tout contribue : la fragilité comme la puissance, la vigueur comme la douceur, le silence et l'action, l'intention autant que le geste juste...

Ceci est une page blanche ouverte à toute composition.

# CHAPITRE 7

## Temps nouveaux

> *C'est aussi notre seul moyen de préparer les temps nouveaux : les préparer déjà en nous [...]. J'aimerais tant vivre, contribuer à préparer les temps nouveaux, leur transmettre cette part indestructible de moi-même ; car ils viendront certainement. Ne se lèvent-ils pas déjà en moi jour après jour ?*
>
> Etty Hillesum,
> camp de Westerbork, 20 juillet 1942

En commençant par une page blanche cette dernière partie intitulée « Où allons-nous ? », je veux indiquer que nous irons où nous aurons décidé d'aller. Tout est ouvert, tout est à faire, tout est dans nos mains et chacun peut contribuer à la nouvelle culture. Bien des initiatives prouvent déjà que nous pouvons significativement transformer non seulement nos habitudes, mais notre façon d'être.

À vrai dire, il se passe beaucoup plus de belles et bonnes choses prometteuses que ce que je pourrais relater ici. Je ne partagerai donc que quelques-unes des découvertes, rencontres et réalités d'aujourd'hui qui m'inspirent la confiance dans ce constat: *la planète est malade, nos sociétés sont malades, mais les systèmes immunitaires commencent à réagir et à préparer la guérison.* De plus en plus de personnes le reconnaissent: nous sommes dans une période de bouleversement qui indique une transition fondamentale.

« Nous vivons une révolution comme l'humanité en a connu bien peu dans son histoire, un véritable *changement d'ère*, dont nous arrivons difficilement à prendre toute la mesure[2]. » La majorité l'ignore (ou feint l'ignorance) et continue son train-train sans s'interroger, victime du «syndrome du Titanic[3]», hypnotisée par son rêve de progrès. Certains en ont peur et s'accrochent, de façon parfois tragiquement désespérée, à des replis conservateurs ou intégristes – c'est le cas de certains mouvements religieux et terroristes –, certains angoissent et ne font rien. D'autres encore s'impliquent et transforment. À travers les contraintes et les absurdités du monde actuel, ils organisent, sans plus attendre, les conditions de la vie qu'ils veulent: ils créent ou co-créent des modes de vie choisis. Ils n'attendent pas que l'État les prenne en charge ni qu'un miracle leur tombe du ciel. Ils se prennent en charge eux-mêmes et contribuent activement au miracle, incarnant ainsi la belle métaphore de Christiane Singer: « Être soi-même un point d'acupuncture réactivant le corps social. »

Nous entrons bel et bien dans un nouvel âge, que nous le voulions ou non. Ce mouvement est beaucoup plus ancré, concret, socialement responsable et donc généreusement transformateur de toute une société que ce que l'expression *new age*, dans sa compréhension populaire, peut laisser entendre. Il porte déjà – n'est-ce pas encourageant – un nom poétique: l'Âge noétique[4]. L'âge de la connaissance et de la création, de

---

2. Joël de Rosnay, président du GRIT, le Groupe de Réflexion Inter et Transdisciplinaire qui examine les changements et transformations à plusieurs niveaux d'interdépendance entre l'homme, les organisations, la société et l'écosystème.
3. Nicolas Hulot, *Le syndrome du Titanic*, Paris, Calmann-Lévy, 2004.
4. Le mot *noétique* dérive de la racine grecque *noôs* (connaissance, intelligence, esprit) qui a inspiré le concept de noosphère à Teilhard de Chardin, évoqué plus loin.

la rencontre et de l'échange, où les nouvelles richesses sont l'imagination, l'intuition, le talent, la mémoire et le partage d'informations. Avant d'en explorer certains aspects, l'anecdote suivante peut nous inspirer.

### On a médité au Parlement européen

Bruxelles, lundi 3 décembre 2007 à 17h30. Dans un grand auditoire du prestigieux et tout nouveau bâtiment du Parlement européen, plus de 500 personnes d'une trentaine de nationalités sont assises en silence, les yeux fermés, pendant une quinzaine de minutes. Est-ce un nouveau rituel de clôture de la journée de travail au Parlement ?

À l'invitation de M. Nirj Deva, citoyen britannique, membre du Parlement européen et président de la Chambre de Commerce Europe-Inde, toutes ces personnes sont rassemblées pour le 4e Forum international *Ethics in Business - Corporate Culture and Spirituality*[5].

On y retrouve entre autres plusieurs anciens premiers ministres européens, des scientifiques de renommée internationale, des chercheurs et des professeurs d'université venant d'un peu partout à travers le monde, des patrons de multinationales, des hauts responsables d'institutions internationales (comme la Banque mondiale et l'Unesco) et des représentants de grands cabinets de droit et d'affaires. Ces hommes et ces

---

5. Ce symposium est l'initiative de l'International Association for Human Values (IAHV), créée en 1997 par Sri Sri Ravi Shankar, maître spirituel né en 1956 dans le sud de l'Inde. Sri Sri Ravi Shankar est internationalement reconnu pour son implication dans des projets humanitaires d'envergure et sa démarche de transformation sociale. Il a fondé, en 1981, The Art of Living Foundation, un organisme humanitaire international engagé dans des projets d'éducation. Il véhicule le message que la paix globale naîtra du service et du respect des valeurs humaines et participe aux grands forums tels *The UN Millenium Peace Summit* et *World Economic Forum*. Conscient du rôle que les grandes entreprises ont à jouer dans le changement, il crée le séminaire APEX (*Achieving Personal Excellence*), à l'intention des grands patrons d'entreprise à qui il enseigne les valeurs de la conscience, l'appartenance et l'engagement. C'est sous sa guidance que l'IAHV crée en 1993 le symposium *Corporate Culture and Spirituality*. Pour plus d'informations, voir le site www.iahv.org.

femmes, âgés de 40 à 75 ans, méditent, doucement guidés dans leur intériorité par la voix du sage Sri Sri Ravi Shankar, qui les invite à ressentir leur présence à l'être en eux, au-delà de leurs fonctions, cultures et traditions. Cinq cents responsables de haut niveau, venus de toute la planète se rejoignent ainsi en silence dans la conscience de l'Être.

Entre les costumes sombres et les tailleurs de ville, les présentations PowerPoint et Slide Show, l'ambiance de la session ne fait pas *new age*, mais tout au long de la journée chacun s'est accordé à reconnaître qu'un âge nouveau s'ouvre et qu'il est urgent de décloisonner nos systèmes de pensée et d'ouvrir nos consciences. Si je raconte cet épisode encourageant, c'est pour que l'on puisse prendre conscience de ce qui change.

Il n'est évidemment pas nouveau de voir des individus se recueillir dans un mouvement religieux ou laïc qui les rassemble. Il n'est pas non plus nouveau de voir de hauts responsables et des chercheurs de toutes nationalités se rassembler pour réfléchir à des enjeux d'intérêt commun.

Ce qui me paraît nouveau, par contre, c'est que des hauts responsables et des chercheurs de toutes nationalités et confessions, représentant par leurs fonctions des rouages ou des leviers importants dans la société, soient venus des quatre coins du monde pour réfléchir ensemble aux enjeux spirituels découlant de notre façon de traiter l'humain, les ressources, l'équité dans les affaires, et terminent tout naturellement leur rencontre en se recueillant ensemble dans ce qui rassemble croyants et incroyants par l'intérieur : l'être.

J'ai eu l'occasion d'assister à ce symposium parce que, juste avant, l'IAHV organisait le premier *World Youth Forum*, rassemblant durant 4 jours 50 jeunes de 18 à 35 ans, de 25 nationalités différentes et à peu près autant de langues, qui se destinent ou sont déjà dans la haute direction d'entreprises. Le but de ce forum est, dans le même esprit, de permettre à ces jeunes de travailler, avec différents intervenants, sur les enjeux de l'éthique et de la spiritualité dans l'entreprise. J'ai ainsi eu la chance d'être invité à présenter à ces jeunes les enjeux de la conscience non violente – débarrassée des habitudes qui génèrent la violence et inhibent l'élan personnel – comme clé de la créativité, de la synergie et de la conscience communautaire.

Il me paraît également nouveau qu'un organisme international crée une session résidentielle sur l'éthique et la spiritualité à l'usage des futurs grands patrons, et ce, à un niveau qui rassemble les participants – dans le respect et au-delà de leurs appartenances religieuses – autour des valeurs du service, du respect des ressources, de l'équité et du sens de la vie.

Bien sûr, une quinzaine de minutes de recueillement, même si elles rassemblent cinq cents personnes, ne changent pas le monde. Mais peut-être y aurait-il un changement si des milliers de personnes s'y adonnaient chaque jour. Voyons comment cela pourrait être possible, en explorant les découvertes et les perspectives qu'apportent les temps nouveaux.

### L'Âge noétique

L'entrée dans l'Âge noétique, comme toute période de changement, bouleverse : excès, chaos, ruptures et ouvertures s'y succèdent. C'est comme un accouchement, avec ses douleurs, ses attentes, ses spasmes et ses contractions et, finalement, la délivrance.

> [Les ruptures de notre époque] sont autant de signes d'un passage, d'un saut, du franchissement irréversible d'un seuil. [...] Nous passons de l'âge « moderne » à l'âge post-moderne, de la société des objets et de la consommation à la société de la connaissance et de l'information, d'une économie industrielle à une économie immatérielle, d'un pouvoir de l'argent à un pouvoir du talent, d'une vision mécaniste et réductrice du monde à une vision organique et holistique. C'est cela que j'appelle la révolution noétique. Elle avait été prédite par Henri Bergson, Albert Einstein, Werner Heisenberg, etc., et elle a été déjà décrite par Edgar Morin, Ilya Prigogine, Trinh

Xuan Thuan, Ervin Laszlo, Hubert Reeves, Jacques Lesourne, Henri Atlan et bien d'autres[6]...

La prédiction de Teilhard de Chardin[7] se réalise : une nouvelle couche sur l'oignon terrestre est en émergence. Au cours du temps, l'évolution ne cesse d'aller du plus simple au plus complexe : après la lithosphère (de *lithos*, la pierre, soit le règne minéral), il y a eu la biosphère (le règne végétal et animal), puis la sociosphère (le règne de l'humain et des sociétés humaines). Émerge aujourd'hui une nouvelle couche abstraite « faite de connaissances autonomes et reliées entre elles par des réseaux infinis ». Cette couche Teilhard l'appela la noosphère. L'évolution cosmique est passée successivement de l'Énergie à la Matière, de la Matière à la Vie, et passe maintenant de la Vie à la Pensée, donc à la connaissance. « L'homme, après s'être libéré des dangers de la Nature sauvage, se libère, aujourd'hui, peu à peu, de l'emprise de la Machine (emblème et modèle mécaniste de la consommation) et de l'Objet (emblème de la société mercantile de la consommation) pour entrer dans l'ère de la connaissance et de la pensée créative. »

C'est bien d'une libération (ou d'une délivrance) qu'il s'agit, pour sortir de l'asservissement au *tout économique*, de l'« addiction » à la croissance et aux logiques égocentriques de rivalité et d'accaparement, et pour se détacher collectivement des richesses extérieures. C'est une renaissance dans l'ère de la connaissance et de la création (où l'économie est remise à la place qu'elle n'aurait jamais dû quitter : celle de simple moyen permettant d'assurer la création, les échanges et le partage de richesses) qui permettra aux individus de s'éveiller aux

---

6. Marc Halévy, *Sciences et sens. Qu'est-ce que la vie ? Qu'est-ce que l'esprit ?*, Éditions Marane, 2007.
7. Pierre Teilhard de Chardin (1881-1955), auteur de nombreux ouvrages, était jésuite, théologien, philosophe, géologiste et paléoanthropologue. Ses découvertes pionnières remettaient déjà tant de *croyances* et de *systèmes de représentation* en question que l'Église catholique a interdit la publication de ses travaux.

nouvelles richesses qui sont, elles, intérieures : l'intuition, l'imagination, l'expression artistique, l'intelligence collective, la capacité à nouer des liens durables et profonds, à inventer sa vie comme une œuvre au service de la collectivité, et la conscience de contribuer à l'évolution de l'humanité.

Ce mouvement est en route et nous voyons déjà les premières transformations comportementales et sociales qu'il suscite. Une part significative de la population est en train de transformer ses modes de pensée et de vie, confirmant par là une tendance que bien des personnes ressentent depuis longtemps, dans différents secteurs de la société, et qui se perçoit particulièrement dans le domaine où j'œuvre.

Pour évoquer ces changements de culture, continuons l'exploration de la révolution que constitue le nouveau regard des sciences sur la vie et le vivant, déjà abordé dans la deuxième partie.

### La révolution quantique, les champs morphiques et la conscience élargie

Nous savons qu'au cours de l'histoire les grandes découvertes scientifiques ont entraîné des bouleversements de conscience, même si certaines ont été d'abord rejetées comme des hérésies par le corps scientifique ou par l'Église avant d'être reconnues. L'invention de la boussole et de l'imprimerie, ainsi que la navigation (qui a repoussé ses limites lorsque l'on a découvert que la Terre était ronde) ont, par exemple, fait exploser en leur temps la circulation de l'information et des connaissances. Les découvertes d'aujourd'hui nous permettent de comprendre que le monde est inspiré et interconnecté, qu'il est lui-même formé et structuré par la circulation de l'information et des connaissances. L'essence de la matière n'est pas brute mais subtile : ce qui nous rassemble est immatériel. La science nous décrit aujourd'hui un univers intelligent et, au lieu de tout disséquer en morceaux séparés, elle nous rassemble dans la vaste communauté cosmique.

Un des découvreurs les plus connus de ce monde d'interaction est le D$^r$ Rupert Sheldrake, biologiste et auteur de nombreux ouvrages. Je me suis intéressé à ses découvertes à l'occasion d'une conférence qu'il a donnée à Bruxelles, intitulée *Champs morphiques et conscience élargie*. Sa méthode de recherche, résolument ancrée dans l'observation pragmatique des interactions entre vivants et non-vivants, et non dans la tentative de confirmer une vérité préétablie, m'a immédiatement interpellé. J'ai apprécié le fait qu'il porte un regard scientifique sur des matières longtemps laissées à l'écart, dans l'ombre prêtée à des notions comme la parapsychologie ou la médiumnité, et ce, même si ce qu'il découvre bouscule pas mal de disciplines établies.

Ainsi, dans sa conférence, il parle de ses recherches en télépathie, qui se basent sur des milliers de témoignages. Selon lui, 80 % d'entre nous ont déjà eu un appel téléphonique inattendu d'une personne à qui nous venions de penser et qui, soudain, s'est manifestée en nous appelant; ou nous avons déjà deviné le nom d'une personne qui nous appelait ou nous adressait un courrier. Sheldrake parle aussi de certains animaux domestiques qui savent à quel moment leur propriétaire prend la décision de rentrer à la maison, même si celle-ci contrevient à ses habitudes et qu'il se trouve à des centaines de kilomètres de la maison. Ainsi, dans un de ses derniers livres, il prouve ce que tous les propriétaires d'animaux savent, c'est-à-dire qu'il y a bien un lien particulier qui se crée de conscience à conscience entre l'animal et eux, quelle que soit la distance. Comment se fait ce lien? Comment fonctionne la télépathie, si c'est bien de cela qu'il s'agit?

Rupert Sheldrake s'est depuis plus de trente ans penché sur les phénomènes de télépathie, de prémonition, de précognition, ainsi que sur celui de la constance des formes vivantes. Vous vous demanderez peut-être quel est le rapport entre ces sujets… En tant qu'expert dans le développement des plantes, il s'est demandé comment la matière trouve sa forme, comment chaque espèce vivante se structure, où est le plan qui fait la fougère, le chêne ou le papillon. La plupart d'entre nous pensons vaguement que tout cela est programmé dans les gènes ou l'ADN, mais ce n'est pas si sûr. Pour Rupert Sheldrake, l'activation des gènes et des protéines n'explique pas plus le développement de la forme que la livraison des matériaux de construction sur un chantier n'explique la structure du bâtiment à construire.

Il raconte qu'alors qu'il faisait ses études de biologie et de biochimie à Cambridge, puis à Harvard, un fossé de plus en plus grand s'est ouvert entre son inspiration originale – c'est-à-dire son intérêt pour la vie et les organismes vivants – et le genre de biologie qui lui était enseignée : « Orthodoxe, mécaniciste, qui dénie essentiellement la vie des mécanismes en les traitant comme des machines. » Il y avait très peu de liens entre l'expérience directe des animaux et des plantes et la façon dont il devait les étudier, en les manipulant et en les disséquant en morceaux de plus en plus petits jusqu'au niveau moléculaire, et en considérant leur évolution comme le fruit des hasards et des forces aveugles de la sélection naturelle.

Différentes expériences l'ont amené à constater que la vision mécaniciste de l'univers n'est plus la vérité scientifique, mais seulement un vieux système de croyances socialement installé. Elle constitue un paradigme, soit un modèle de la réalité collectivement admis. Il a réalisé que les découvertes révolutionnaires qui se font dans son domaine impliquent le remplacement d'anciens paradigmes scientifiques par de nouveaux[8].

Et c'est ce à quoi Sheldrake s'attache : tenter de trouver un nouveau fondement qui puisse expliquer de nombreux phénomènes inexplicables. Il est ainsi arrivé à la notion de champs morphiques (du grec *morphé* : la forme).

---

8. Cette partie s'inspire de l'autobiographie du Dr Rupert Sheldrake, que l'on retrouve sur le site www.sheldrake.org.

À l'issue de quinze années de recherches, je suis arrivé à la conclusion que, pour la compréhension du développement des plantes et de leur morphogenèse[9], leurs gènes et le produit de leurs gènes ne sont pas suffisants. La morphogenèse dépend également de champs organisationnels. Le même argument s'applique au développement des animaux. Depuis les années 1920, de nombreux biologistes du développement ont suggéré que l'organisation biologique dépend de champs, appelés selon les cas champ biologique ou champ de développement, champ de positionnement ou champ morphogénétique. Les cellules viennent d'autres cellules et toutes les cellules héritent de champs d'organisation. Les gènes font partie de cette organisation. Ils jouent un rôle essentiel. Mais ils n'expliquent pas l'organisation elle-même [...]. La plupart des biologistes du développement acceptent la notion d'une conception holistique ou intégrative de l'organisation de la vie. Autrement la biologie pataugerait dans un océan de données [...]. Ma suggestion est que des champs morphogénétiques imposent un plan [l'auteur emploie le mot *pattern*] à une activité de développement qui sinon serait livrée au hasard[10].

Autrement dit, sans les champs, la matière des organismes vivants resterait informe, ne disposant pas, par elle-même, de l'information lui permettant de se structurer en feuille, en tige, en branche ou en corps. C'est un premier aspect : l'information véhiculée par les champs donne la forme. Le deuxième aspect est le suivant : selon cette théorie, il n'y a pas que les formes minérales ou biologiques qui sont concernées. Toutes les formes, qu'il s'agisse d'un comportement ou d'une aptitude psychique, obéiraient à des champs inconnus dans la science actuelle.

---

9. Morphogenèse : développement des formes, des structures d'un organisme vivant.
10. D'après l'interview du D$^r$ Rupert Sheldrake par le magazine *Nouvelles Clés* : www.nouvellesclés.com.

> Ces champs constitueraient une mémoire des formes, régie par des lois de résonance dont la plus frappante est que, plus la matérialisation d'une forme se répète, plus son champ se renforce par-delà l'espace-temps : plus les gens font du vélo, plus l'apprentissage du vélo est facile[11].

Pour Sheldrake, les champs organisant l'activité du système nerveux sont reçus par résonance morphique, convoyant une mémoire collective et instinctive. Ainsi, chaque individu puise et contribue à la mémoire collective de l'espèce. Concrètement, cela veut dire que de nouveaux types de comportements se répandent plus rapidement que ce qui serait autrement possible. Par exemple, si des rats d'une certaine espèce apprennent un nouveau tour à Harvard, alors des rats de la même espèce seraient à même d'apprendre le même tour plus facilement partout dans le monde, que ce soit à Édimbourg ou à Melbourne.

### La première mésange et la bouteille de lait

Lors de la conférence à laquelle j'assistais, Rupert Sheldrake évoquait le même phénomène que celui des rats en racontant l'histoire des mésanges et des bouteilles de lait. (Ces bouteilles de lait frais posées traditionnellement par le laitier sur le seuil des maisons, dans les villages anglais.) Lorsqu'une première mésange a compris que, d'un coup de bec au travers du fin couvercle d'aluminium, elle pouvait se délecter de la crème portée à la surface du lait, dans le goulot de la bouteille, le comportement s'est étendu d'abord tranquillement aux mésanges du voisinage et des villages aux alentours, puis, subitement, à toute l'Angleterre, et cela à une vitesse que ne pouvait expliquer le seul mimétisme de mésange à mésange. Visiblement, l'information était passée de conscience à conscience par d'autres canaux que les sens officiellement répertoriés.

---

11. *Ibid.*

## Le centième singe et les patates

En écoutant Sheldrake, je me suis souvenu de cette belle histoire du centième singe (que vous connaissez peut-être par cœur, car elle circule aujourd'hui sur Internet[12]), que j'avais entendue il y a près de quinze ans, au cours d'une formation, et trouvée bien encourageante.

Je vous la résume ici brièvement : dans les années cinquante, des scientifiques ont étudié le comportement de singes japonais dans les colonies de l'archipel Okinana Tô. Ils les nourrissaient de patates douces jetées sur le sable. Une jeune femelle, dégoûtée des grains de sable, pensa à laver la patate dans un ruisseau avant de la manger. Quelques autres parmi les plus jeunes l'imitèrent, les plus vieux étant moins ouverts à adopter le nouveau comportement. Durant les années 1952 à 1958, de plus en plus de singes adoptèrent le nouveau comportement par les modes d'apprentissage habituels (observation et mimétisme) sans pour autant que toute la colonie de singes n'y adhère. Toutefois, à un certain moment, les scientifiques perçurent un basculement : tous les singes, même les plus âgés, adoptèrent spontanément le nouveau comportement, avec une soudaineté qui contrastait avec le temps qui s'était révélé nécessaire pour que le nouveau comportement se propage.

La première constatation faite par les scientifiques fut celle-ci : lorsqu'un certain nombre d'individus, disons 99 (le nombre exact importe peu, les proportions permettant cet effet n'étant pas connues), a intégré un nouveau niveau de conscience, dès que le centième individu l'intègre à son tour, toute la communauté « bascule » dans le nouveau palier de conscience.

La deuxième constatation faite par les observateurs à l'époque, c'est qu'au moment où la colonie de singes adoptait collectivement le nouveau comportement sur l'île en question, les singes de même espèce, sur les îles environnantes

---

12. On peut la trouver sur le site www.hundredthmonkey.net.

dans l'archipel, acquéraient systématiquement le même comportement, sans qu'il y ait eu de possibilité de contact auditif ou visuel.

Cette histoire (comme celle des mésanges) illustre la notion de masse critique ou d'effet de seuil. À l'époque où je l'ai entendue, faute de plus d'informations sur le sujet, je me suis dit : *Si non e vero, e ben trovato !*[13], car elle venait nourrir et encourager mon intuition sur le thème que je tente de développer dans ce livre : notre ouverture de conscience individuelle est la clé de l'ouverture de conscience collective.

### L'effet de masse critique

Sheldrake évoque également ce phénomène pour les humains. Au début du siècle précédent, l'apprentissage de la bicyclette était laborieux. Aujourd'hui, en quelques jours, tous les enfants « pigent » le principe de l'équilibre en mouvement. Plus récemment, à l'époque de la découverte de la planche à voile, son apprentissage se révélait également laborieux pour les premiers amateurs. Avec la généralisation de son usage, en quelques années, la capacité d'apprentissage s'est considérablement améliorée. Internet est une bonne illustration de ce processus. Son usage fut d'abord limité à des groupes restreints, qui s'y initiaient péniblement, puis s'étendit de plus en plus, pour soudainement exploser, devenant ainsi l'outil avec lequel les enfants jonglent aujourd'hui, pratiquement sans instructions. Bien sûr, qu'il s'agisse du vélo, de la planche à voile ou de l'ordinateur, l'amélioration des outils au cours du temps est un facteur qui favorise l'apprentissage, sans qu'apparemment il explique à lui seul l'effet de masse.

En bref, si l'on applique le principe de la masse critique aux humains, lorsqu'un groupe limité de personnes apprend une nouvelle façon de penser, de faire ou d'être, ce nouveau niveau de conscience reste partagé entre les seuls initiés. Mais

---

13. Dicton italien signifiant : « Si ce n'est pas vrai, au moins c'est bien trouvé ! »

si ce groupe s'accroît et atteint un certain nombre d'individus, le nouveau niveau de conscience se généralise rapidement au sein de l'espèce, sans qu'une expérience extérieure soit nécessaire.

### L'eau est consciente et notre cerveau fait des vagues

Avant de vous préciser où je veux en venir – et que sans doute vous pressentez – en évoquant les champs morphiques et le phénomène de masse critique, dans ce chapitre consacré aux temps nouveaux et à la conscience nouvelle, quelques mots encore sur deux notions qui peuvent nourrir nos intuitions vers de nouvelles perspectives.

**La non-localité** : il s'agit de la possibilité d'une action à distance entre particules, et donc d'un effet non local. Selon cette théorie, si deux particules subatomiques ont été en interaction étroite et se retrouvent séparées, elles sont instantanément informées de tout changement affectant l'autre, quelle que soit la distance qui les sépare. Le concept de non-localité, établi depuis 1982, est venu anéantir les fondements mêmes de la physique : la matière ne pouvait plus être considérée comme séparée de son contexte (comme un simple élément de la mécanique), dès lors que des interactions pouvaient se faire à distance (la *cause observable* ne se trouve pas nécessairement dans *l'espace observable*)[14].

**La conscience élargie ou « l'esprit étendu »** (*the extended mind*) **selon Rupert Sheldrake** :

> Notre esprit s'étend au-delà de notre cerveau, tout comme les ondes téléphoniques dépassent le téléphone. Le cerveau et le corps ne sont qu'une partie du système. Le problème de la science actuelle est qu'elle suppose que l'esprit est limité au

---

14. Voir Lynne McTaggart, *L'univers informé. La quête de la science pour comprendre le champ de la cohérence universelle*, Montréal, Éditions Ariane, 2005.

cerveau. Cela n'est pas prouvé, juste l'idéologie matérialiste en a fait, non une hypothèse, mais un dogme. C'est une énorme impasse qui inhibe la recherche et la trouble […] ; je pense quant à moi que notre esprit est étendu dans l'espace, et aussi dans le temps. Nos intentions s'étendent vers le futur[15].

Voici la perspective qui s'ouvre : nous sommes des émetteurs-récepteurs. Nous savons maintenant ce que, depuis la nuit des temps, seuls certains initiés découvraient après un long parcours : nous pouvons ouvrir d'autres canaux de perception que les cinq sens, la sensibilité et l'intelligence intellectuelle ; nous pouvons ouvrir les canaux de l'intuition, de la perception extrasensorielle, vibratoire et subtile. Mais, en outre, nous savons maintenant que nous pouvons émettre ou transmettre de l'information par nos pensées et nos intentions.

À titre d'exemple, je ne peux que citer brièvement ici les étonnants travaux qu'un chercheur japonais, le D\textsuperscript{r} Masaru Emoto[16], mène depuis des années sur la conscience de l'eau. Il a découvert que l'eau capte l'information subtile et vibratoire des pensées, des mots et des sons, en multipliant les expériences qui confirment cette mémoire de l'eau. Ainsi, en apposant une étiquette portant un mot sur des flacons d'eau, puis en gelant cette eau, il obtient des cristaux de glace tout à fait harmonieux et dont les photos sont magnifiques si le mot évoque une image positive comme *amour, paix, compassion* ou *confiance*, et des cristaux informes si le mot évoque une image négative comme *désespoir, souffrance* ou *haine*. Il a fait les mêmes expériences avec de la musique de Bach ou des sons discordants. Il constate que, comme les sons, les mots sont porteurs d'une vibration qui informe l'eau. Plus étonnant encore, il a constaté que l'eau

---

15. Rubert Sheldrake, magazine *Nouvelles Clés* : www.nouvellesclés.com.
16. Le D\textsuperscript{r} Masaru Emoto est un chercheur de renommée internationale, et l'auteur d'ouvrages à grand succès dont *Message from waters* et *The True Power of Water*. Il veut contribuer, par ses recherches sur la conscience de l'eau, à répandre une conscience de paix. Pour plus d'informations, voir le site www.masaru-emoto.net.

captait les pensées de ceux qui la manipulaient et que les cristaux de glace pouvaient témoigner de la nature des intentions des personnes.

Puisque nous sommes à 90 % composés d'eau, nous pouvons mieux comprendre l'impact de notre ton de voix et de nos intentions dans nos rapports quotidiens: diffusons-nous un état d'être aimant et bienveillant? Et, en cas de différend, demeurons-nous attentifs et empathiques tant dans la forme que dans le fond? Nous pouvons peut-être mieux comprendre maintenant les fatigues, migraines ou nausées que certaines personnes ressentent après un conflit violent ou lorsqu'elles vivent dans un climat de tension.

Erwin Laszlo, déjà cité précédemment, évoque également cette extension de l'esprit et de la conscience:

> Tout ce dont nous faisons l'expérience dans notre vie (nos perceptions, sentiments et pensées) s'accompagne de fonctions cérébrales. Et celles-ci ont une contrepartie ondulatoire puisque notre cerveau, comme tout le reste dans l'espace et le temps, crée des vortex porteurs d'informations. En d'autres mots, notre cerveau « fait des vagues »! Ces vagues-ondes se propagent dans le vide et interfèrent avec les ondes créées par le corps et le cerveau d'autres personnes, ce qui donne lieu à de complexes hologrammes. Génération après génération, les humains ont laissé leurs traces holographiques respectives dans le champ akashique. Le regroupement de ces hologrammes donne un super hologramme qui est en fait celui d'une tribu, d'une collectivité, d'une culture. À leur tour, ces hologrammes collectifs entrent en contact pour créer le super superhologramme de tous les peuples, un réservoir qui contient l'information collective de l'humanité entière[17].

---

17. Erwin Laszlo, *Science et champ akashique*, Montréal, Éditions Ariane, 2005.

On retrouve là le concept de l'inconscient collectif développé par le psychanalyste C. G. Jung, ainsi que celui de la noosphère élaboré par Teilhard de Chardin. Lynne McTaggart cite différentes découvertes sur le même sujet, dont certaines ont été considérées comme sacrilèges, tant elles remettaient en cause des certitudes (tout comme Teilhard de Chardin, qui avait dû renoncer à publier de son vivant l'essentiel de ses découvertes, par interdiction de l'Église). Ainsi, celle selon laquelle la conscience est un phénomène d'ordre global qui ne siège pas simplement dans le cerveau. Cette découverte explosive du professeur Walter Schempp sur la mémoire quantique donna lieu à l'idée la plus révolutionnaire de toutes : la mémoire ne réside pas dans le cerveau mais dans le champ du point zéro. Rappelons-nous que le champ du point zéro est le champ unifié, dont nous avons parlé dans la deuxième partie, qui sous-tend toute manifestation de vie : un champ d'énergie et d'informations assurant la cohérence et l'interconnexion entre tous les éléments. Un bon nombre de chercheurs, y compris Ervin Laszlo, iront plus loin en avançant que le cerveau n'est pas un lieu d'entreposage mais plutôt un mécanisme de réception et de lecture : le cerveau extrait l'information du milieu ultime d'entreposage qu'est le champ du point zéro. Pour certains chercheurs, tous les processus cognitifs supérieurs résulteraient d'une interaction avec le champ du point zéro. Cette interaction constante pourrait expliquer l'intuition ou la créativité, ou encore l'apparition d'idées sous la forme de révélations.

> Si le corps humain échange de l'information avec un champ de fluctuations quantiques, cela sous-entend quelque chose de très profond, à savoir que les humains seraient capables d'accéder à des connaissances et de communiquer de manière bien plus profonde et vaste que ce que nous envisageons actuellement. <u>Les frontières de l'individualité seraient également estompées, ainsi que notre sentiment d'être séparé du reste</u>. Si les organismes vivants sont des particules chargées qui

interagissent avec un champ, en voyant et recevant de l'information quantique, où finissons-nous et où le reste du monde commence-t-il ? Et où, dans tout cela, la conscience se trouve-t-elle ? Dans notre corps ou dans le champ ? Mais à l'évidence, <u>il n'y a plus de reste du monde si nous et le monde sommes si intimement reliés</u>. Il n'y a plus d'« ici » et de « là-bas », il n'y a plus « moi » et « l'autre », « je » et « tu » : il y a « nous », c'est-à-dire, une seule conscience qui se matérialise ou se manifeste sous de multiples aspects. « Dans la relation de nos corps à l'univers, il n'y a pas de dualité « moi » et « non moi ». Comme nous ne faisons qu'un avec notre monde, notre vérité fondamentale réside <u>dans la relation qui nous unit</u> à lui[18].

Cette perspective ne vient-elle pas dissoudre nos vieilles et amères impressions de solitude et de non-appartenance ? Au fond, nos souffrances ne naissent-elles pas de notre ignorance, de l'ignorance de notre vraie nature ? Et la conscience de notre vraie nature ne nous invite-t-elle pas à la convivialité avec toute chose ?

## L'ère de la convivialité cosmique

### Au-delà de toi et moi : Nous

> Voici que la science constate, par l'observation de la nature,
> ce que les spiritualités connaissent par l'intériorité :
> être en lien, être relié, être Un avec le Tout
> est notre vrai nature.

---

18. Lynne McTaggart, *op. cit.* C'est moi qui souligne.

Ce changement de paradigme ouvre la perspective d'un changement de civilisation. Comme le dit Jaqueline Bousquet : « La reconnaissance de l'immatériel, donc des champs informationnels, doit nous permettre de sortir de la crise de civilisation que nous sommes en train de vivre[19]. »

Je vois dans cette compréhension du cosmos une leçon d'humilité qui remet l'homme à sa place et promet de grands changements. Il y a quelques siècles, la découverte que la Terre n'était pas le centre du monde (géocentrisme) et que le ciel ne tournait pas autour d'elle, mais qu'elle tournait sur elle-même et autour du soleil (héliocentrisme), a secoué les certitudes mais aussi la vanité de l'époque, et ouvert la conscience humaine à une tout autre perspective. Freud a décrit cette prise de conscience comme un coup porté au narcissisme de l'ego collectif, qui a dû ressentir quelque chose comme : « Quoi, la Terre n'est pas le centre du monde ? » Aujourd'hui, la découverte que la connaissance qui forme l'univers se conserve et circule dans tout l'univers et pas seulement dans la conscience humaine détrône l'homme de sa position de maître conscient d'un royaume inconscient et vient secouer nos certitudes et notre vanité actuelles : « Quoi, l'homme ne serait donc pas au centre de l'univers ? »

Et si l'homme était au service de l'expansion de conscience qui inspire l'univers ? S'il était non pas le Maître, mais un collaborateur, un *œuvrier*, en charge de l'esprit à transmettre et à célébrer ?

Cette image de service interactif, en collaboration avec chaque chose, loin des archétypes de domination et de maîtrise, n'ouvre-t-elle pas une ère de convivialité cosmique ? De l'astre au caillou et de la fougère à l'être, de la révolte à l'amour et de la confusion à l'unité, la vie, l'univers, la nature ou Dieu tissent un filet de liens subtils et bienveillants qui relie et

---

19. Jacqueline Bousquet est docteur en sciences, biologiste, chargée d'enseignement et auteur.

soutient toute chose. Chacun peut, en trapéziste averti, compter sur ce filet fidèle pour oser sa propre vie.

### L'intention agit à distance

Depuis une vingtaine d'années, des scientifiques engagés dans des recherches sur la conscience sont parvenus d'abord à mesurer l'intensité de la concentration d'un individu, puis à prouver que les effets de cette concentration s'intensifient quand un nombre d'individus fonctionnent à l'unisson, en se concentrant dans le même esprit. En travaillant avec des groupes de guérisseurs de toutes les origines et confessions, et des patients cardiaques ou sidéens, ils ont ainsi découvert le potentiel guérissant de l'intention. Si celle-ci agit sur l'eau, comment n'agirait-elle pas sur l'humain et ses 90 % d'eau ? Selon certaines de ces études, l'intention faciliterait la programmation des informations quantiques perturbées, en ramenant la stabilité et la cohérence dans un système. L'une d'elles rapporte que, quelle que soit leur méthode de guérison ou leur perception d'un être supérieur, les guérisseurs témoignent qu'après avoir formulé leur intention, ils s'effacent et s'abandonnent à une force de guérison supérieure : ils ouvrent la porte et laissent « quelque chose de plus grand » entrer. Certains demandent de l'aide au monde des esprits, à la conscience collective, ou à des figures religieuses comme Jésus. Leur travail de visualisation vise à la détente, au lâcher prise, et à laisser l'amour ou la lumière entrer. Ces recherches scientifiques ne prétendent évidemment pas prouver que Dieu existe ni qu'il réponde aux prières. Elles ne peuvent que constater les résultats positifs quantifiables.

D'autres études prouvent, en étudiant l'action de groupes de méditants, que le calme individuel agit sur le calme collectif. Ces études, pratiquées notamment dans une cinquantaine de villes américaines, indiquent que le taux de criminalité baisse de 20 à 24 % lorsque seulement 1 % de la population pratique régulièrement la méditation. Dès que le groupe de méditants se disperse, le taux de criminalité remonte. Bien sûr, ces études ont vérifié que l'effet ne pouvait être dû à des variables comme le climat, les forces de police en place, ou l'une ou l'autre campagne anti-crime[20].

Ces recherches semblent établir qu'un individu, et *a fortiori* un groupe, en état de recueillement ou de concentration entre en contact avec un champ fondamental qui lie tout ce qui existe, et qu'il peut donc, par ce biais, solliciter une influence sur la cohérence de ce qui l'entoure.

N'est-ce pas le sens du recueillement et de la prière que l'on retrouve dans toutes les traditions : se relier à quelque chose de plus vaste que nous pour que rayonne la paix, pour que la cohérence de la guérison revienne dans le corps ou le cœur de ceux à qui l'on pense ? C'est ce qui a de tout temps inspiré les communautés monastiques qui ont fait de cette «reliance» contagieuse le sens même de leur existence.

> La science met le recueillement dans les mains du citoyen laïque, athée ou croyant, en lui faisant valoir que s'adonner à une pratique d'intériorité, comme la méditation, sert la cohérence sociale.

### Le recueillement sert la cohérence sociale

Après cette excursion dans les champs morphiques, la masse critique et le basculement de conscience, le cerveau qui fait des vagues et l'intention qui guérit, je reviens à cet épisode d'un moment de méditation au Parlement européen.

Cinq cents personnes qui se recueillent pendant quinze minutes en se reliant à l'être, c'est certainement apaisant et inspirant, mais, j'en conviens, cela ne transforme pas encore le monde. Mais imaginons simplement que, dans *les temps*

---

20. Ces références sont empruntées à Lynne McTaggart, *op. cit.*, qui cite de nombreuses sources scientifiques.

*nouveaux qui viennent*, de plus en plus de *citoyens nouveaux* aient appris, dès leur premier cours de science à l'école, qu'ils appartiennent tous à un univers inspiré, qui est comme un grand arbre où, de la racine à la feuille, chaque élément a sa place et est intimement relié à l'ensemble. Imaginons que de plus en plus de citoyens aient appris, comme on apprend sa langue maternelle ou l'écriture, la pratique d'un art ou d'une technique, qu'on peut capter l'information utile au déploiement de sa propre forme, pour ne pas s'épuiser à devenir branche si l'on est feuille ou fruit.

Imaginons qu'ils aient aussi appris qu'on peut diffuser, à partir de notre être intérieur, de l'information utile au bien-être des autres et à la cohérence du groupe. Imaginons aussi qu'un nombre croissant de ces nouveaux citoyens, forts des bienfaits qui en résultent, intègrent dans leur mode de vie la pratique régulière d'un état de conscience unifié et en paix. Imaginons enfin que le nombre, en augmentant, atteigne le seuil décrit par l'histoire du centième singe, où la pratique intégrée par une masse suffisante d'individus s'étend à toute l'espèce.

Est-ce une utopie? Non, c'est un apprentissage.

## L'intériorité : un apprentissage non confessionnel qui ne coûte rien, et dont le bénéfice n'a pas de prix

Pourquoi ce qui a valu pour la bicyclette, la planche à voile et Internet – qui demeurent des accessoires, plaisants ou utiles – ne vaudrait-il pas pour notre bien-être intérieur et collectif, que chacun trouve fondamental ? Évidemment, ces trois accessoires montrent directement leurs attraits, et nous apprenons plus vite quand nous voyons d'emblée notre bénéfice. En conséquence, n'avons-nous pas besoin de mieux percevoir et faire connaître le bénéfice personnel et collectif qui découle de l'intériorité ?

Pour cela, il s'agit de décloisonner nos habitudes de pensée:

> « Nous devons aujourd'hui globaliser la Sagesse, comme les multinationales le font pour les grandes marques : coca, jeans, [...]. Les religions doivent servir à tout le monde, et pour cela il faut qu'elles se sécularisent. En même temps, il faut que le politique se spiritualise. »
>
> Sri Sri Ravi Shankar

Nous pouvons encourager les religions à s'ouvrir à des pratiques d'intériorité qui puissent toucher, parler et aider concrètement le plus grand nombre ; et encourager de même les sociétés civiles à s'ouvrir à la conscience que l'intériorité est la clé de la nature humaine, et qu'elle peut être valorisée sans compromettre le libre choix de chacun, par des pratiques simples qui rassemblent dans une conscience commune. On peut notamment imaginer l'instauration, dans les programmes scolaires – mais aussi dans les administrations, les hôpitaux et les entreprises –, d'apprentissages nouveaux qui ne coûtent rien : temps d'arrêt, temps de silence, exercice de visualisation ou d'inspiration par la fréquentation de nos rêves et de notre élan de vie, temps de contemplation de la beauté dans les arts et la nature, temps de parole libre, exercice d'expression créatrice, temps consacré à l'entraide et à la compassion active, exercice de philosophie, de poésie et d'imagination...

> « Quand mes ressources humaines sont à bout, j'ai encore ma ressource divine ! »

Je me souviens à ce propos d'Anne-Françoise, jeune médecin, récemment divorcée dans des circonstances pénibles et restée seule avec ses trois jeunes enfants. Voici son témoignage :

« J'ai appris à me lever dix minutes plus tôt chaque jour pour méditer. Sans ce moment de recueillement au cœur de moi-même et au-delà de mes fatigues, tristesses et découragements, je n'ai pas la force d'être disponible à mes enfants et à mes patients. Je deviens stressée et agressive, et les enverrais tous au diable… J'ai appris à me recueillir en moi-même, à me rassembler, sans pensées ni émotions, à l'endroit où je sens que la Vie est au-delà de mes préoccupations et circonstances de vie. À cet endroit, je me régénère. Je ne sais pas s'il s'agit de Dieu, de l'esprit, de la sagesse de la vie ou de l'univers, et à vrai dire cela n'a aucune importance. L'essentiel c'est que je sais qu'il y a là une ressource intarissable : je l'appelle ma ressource divine. Quand mes ressources humaines sont à bout, j'ai encore ma ressource divine ! Ce temps de recueillement a changé ma vie. »

Je reçois régulièrement des témoignages en ce sens. La pratique d'un recueillement quotidien, comprenant l'apaisement puis le dépassement des pensées et émotions pour se centrer dans l'être, se révèle un élément extrêmement puissant du processus de transformation, et ce, que l'on se dise croyant ou non.

Aujourd'hui, il me semble que de plus en plus de personnes intègrent de telles pratiques dans leur vie et, en tout cas, cherchent à trouver les clés d'une intériorité transformante.

Nous acceptons bien la discipline de trier nos déchets ou de surveiller nos consommations d'énergie, car nous avons enfin compris les conséquences de nos attitudes pour l'ensemble de la vie planétaire. Nous acceptons la discipline de respecter le code de la route ou de payer nos impôts, car bon gré, mal gré nous percevons également les conséquences de notre attitude, sinon socialement (pour le bien de la communauté), du moins égoïstement, pour éviter les ennuis, les rappels à l'ordre ou les sanctions.

Aujourd'hui, nous sommes en train de percevoir les conséquences de notre manque d'intériorité. La Terre nous fait plus d'un rappel à l'ordre, et la menace de gros ennuis et d'une sanction de notre attitude est tout sauf utopique. Pour moi, il ne s'agit pas de morale. La morale n'est qu'une vieille tentative éculée de nous éveiller à la conscience et notamment à la conscience que tous nos actes ont des conséquences. Il s'agit précisément de conscience. Les découvertes scientifiques évoquées viennent confirmer des intuitions spirituelles séculaires : même nos pensées, nos états d'âme et nos intentions ont des conséquences. Il ne s'agit donc pas seulement d'adopter un comportement approprié aux yeux de la « bonne morale » – ce qui nous laisse osciller sans cesse entre des états récurrents de bonne ou de mauvaise conscience –, il s'agit, ni plus ni moins, d'apprendre à nous centrer et à nous éveiller à la conscience de notre appartenance au « nous ».

# CHAPITRE 8

## Conscience nouvelle : choix et voies d'aujourd'hui

*La démocratie ne peut plus se désintéresser de ce qui se passe dans le for intérieur.*
*La laïcité est tout compte fait un exercice spirituel.*

CLAUDE NICOLET[21]

C'est une tendance que j'observe depuis que je suis en contact, direct ou indirect, avec des milliers de gens par mes conférences et séminaires[22], ainsi que par les livres, colloques et émissions auxquelles je participe, et que

---

21. Claude Nicolet est historien, professeur à l'Université de Paris et membre de l'Institut (Académie des Inscriptions et Belles-Lettres).
22. Indépendamment des séminaires, j'ai animé ces dernières années entre 40 et 50 conférences par an, dans toutes sortes de milieux sociaux, la plupart du temps pour des audiences de 250 à 650 personnes. Je rencontre ainsi entre 15 000 et 20 000 personnes par an. Certes, ce n'est pas un contact personnel, mais le public est là, et les gens n'hésitent plus à être très personnels et profonds lors du temps d'échange «Questions-réponses» que je privilégie systématiquement, ou à l'occasion des conversations et courriels qui suivent la conférence. Lorsqu'on se parle à cœur ouvert, on atteint vite l'essentiel.

confirment nombre d'associations, d'institutions et de réseaux avec lesquels je travaille.

Il semble que, pour la première fois dans l'histoire humaine, un grand nombre d'êtres s'interrogent individuellement sur le sens de leur vie et sur l'enjeu spirituel de la Vie, de façon à la fois aussi personnelle et pragmatique. C'est l'individu qui cherche à transformer sa façon d'être au monde, pour vivre mieux. Il s'ouvre pour cela à des voies nouvelles. Ce mouvement d'ouverture de conscience est aujourd'hui reconnu comme une caractéristique de l'ère nouvelle. Il vient secouer de vieilles habitudes, notamment celle d'ignorer tout questionnement, mais aussi celle de « ronronner ensemble » dans une pensée unique.

Cette tendance s'observe également par des changements de vie significatifs qui correspondent à des choix nouveaux. Commençons par ceux qui suivent.

## Choix nouveaux

### L'émergence des Créateurs de Culture

Depuis quelques années se dessine un courant d'hommes et de femmes notamment décidés à ne plus laisser leur sécurité entre les seules mains de l'État (sécurité d'emploi, d'assurance-maladie, de retraite, de ressource minimum, de cadre de vie), leur santé entre les seules mains de la médecine conventionnelle et de l'industrie pharmaceutique, et leur salut entre les seules mains d'une autorité politique ou religieuse.

Les sociologues Paul Ray et Sherry Anderson rapportent les résultats d'une enquête qu'ils ont menée pendant douze ans, dans un livre[23] que j'ai trouvé bien intéressant, dans son genre, parce qu'il explique historiquement le processus sociologique d'apparition d'une nouvelle conscience (l'enracinement, la germination puis la naissance) au cours du siècle

---

23. *L'émergence des Créatifs Culturels,* Paris, Éditions Yves Michel, 2001. Les propos qui suivent s'inspirent de ce livre. Voir aussi le site www.culturalcreatives.org.

précédent, et l'émergence des multiples aspects d'une nouvelle culture qui se rencontre dans toutes les couches de la population. Cette enquête révèle l'émergence de tout un groupe culturel aux convictions et valeurs particulières, qui représente de 25 à 30 % des populations adultes aux USA et en Europe. Apparemment donc, entre un quart et un tiers des adultes contemporains ont déjà transformé – ou sont en train de le faire – leur vision du monde, leurs valeurs et leur mode de vie, autrement dit, leur culture. Ces milliers de personnes, créatives et optimistes, sont à la pointe et à l'origine de plusieurs types de changements culturels modifiant en profondeur non seulement leur propre vie, mais aussi la société en général. Les auteurs de l'enquête ont décidé de les appeler « les créatifs culturels », car, d'innovation en innovation, ils sont en train de créer une nouvelle culture pour le XXIe siècle.

> Changer de manière de voir le monde, cela signifie littéralement <u>changer de perception de la réalité</u>. Et cela entraîne aussi des changements étroitement corrélés : <u>changer de valeurs, c'est-à-dire l'ordre de priorité fondamental dans la vie</u> ; changer de style de vie, c'est-à-dire la manière de dépenser son temps et son argent ; et changer de mode de vie : comment, tout d'abord on gagne cet argent[24].

L'enquête rapporte qu'au début des années soixante les personnes qui se lançaient dans un changement aussi radical représentaient moins de 5 % de la population. À peine une génération plus tard, ce pourcentage est cinq à six fois plus élevé. Les deux sociologues relèvent qu'à l'échelle du développement d'une civilisation, cette accélération est particulièrement inhabituelle et significative. Elle témoigne que le *changement d'ère* est bien réel. Des hommes et des femmes comme vous et moi ont décidé de cesser d'être coincés dans

---

24. Paul Ray et Sherry Anderson, *op. cit.* C'est moi qui souligne.

une vie qui ne leur correspond pas ; ils ont décidé de cesser de se mentir et de se faire violence en raison de leurs vies divisées. Ils ont décidé d'être vrais et de se centrer pour aligner leur vie sur leurs valeurs. Pour cela, ils ont accepté l'inconfort du changement en renonçant la plupart du temps à de prétendus conforts dont ils ne veulent plus payer le prix.

Ce mouvement existe à travers toutes les couches de la société. Il n'est pas organisé comme tel, car il n'est pas encore conscient de son existence et n'a donc pas développé de véritable sentiment identitaire. Pour le moment, une grande partie de ses membres se croit encore marginale, mais ce mouvement est aisément identifiable par tout un ensemble de caractéristiques typiques. Celles-ci en font un troisième groupe culturel situé en dehors de la bipolarité classique – sans doute plus manifeste aux États-Unis qu'en Europe – qui organise en gros la société entre « les modernistes » (qui est la culture dominante : les tenants du libéralisme et du matérialisme, de la croissance exponentielle, du progrès scientifique et technologique, et de la consommation sans limite) et « les traditionalistes » (qui sont attachés aux valeurs du patriarcat, s'opposent aux nouveaux modes de vie, défendent la version conservatrice de leurs traditions religieuses et tiennent aux conventions morales ou idéologiques sécurisantes).

Entre ces deux pôles, une nouvelle conscience est en émergence, qui représente une troisième voie. Nous avons évoqué précédemment le principe de la troisième voie comme étant une façon de sortir du piège de la pensée binaire. Les créatifs culturels, même s'ils sont encore dispersés, semblent donner, par leur façon d'être, une incarnation concrète à cette troisième voie. Ils ne se laissent pas enfermer dans des tiroirs qui s'excluent l'un l'autre : on ne les retrouve plus dans le clivage politique traditionnel gauche-droite ; ils ne sont ni de gauche ni de droite, mais « en avant ! ». Ainsi, ils ne se retrouvent pas tiraillés entre le libéralisme matérialiste et le traditionalisme religieux. Ils montrent une façon de garder le meilleur de la modernité : soit la liberté et l'autonomie, en en refusant le pire, la chosification, et de garder le meilleur des sociétés de tradition : l'exigence spirituelle et la force du lien de proximité, en refusant le pire, l'oppression due aux aveuglements moraux et religieux.

De même, ils ont complètement dépassé les croyances binaires qui entretiennent l'idée que s'occuper de soi serait de l'égocentrisme, et que pour s'occuper des autres il faut se couper de soi. Pour eux, le sens spirituel de la vie est une valeur essentielle qui va de pair avec le développement psychologique et l'implication sociale : « le sacré inclut l'épanouissement individuel et la solidarité ».

Pour les créatifs culturels, la réalité comprend le cœur et l'esprit, le privé et le public, l'individu et la communauté, le spirituel et l'incarné. Ils ont changé leur vision du monde, soit tout ce qu'une personne considère comme réel et convenu, et à quoi elle attache de l'importance : Dieu, l'économie, la technologie, la planète, le fonctionnement des choses, la bonne manière de travailler et de jouer, les relations avec les proches. Leur centre de gravité s'est déplacé, entraînant avec lui les notions de ce qui est important et secondaire, vrai et faux, juste et injuste.

> C'est tout simplement des gens ordinaires [...]. En s'éloignant des présuppositions et des valeurs habituelles de la culture moderne, <u>ils construisent par petits bouts une vie qui les passionne.</u>
>
> Si vous les interrogez, ils vous diront probablement que c'est une démarche longue et difficile. Dans une société où les valeurs sont compartimentées et étiquetées, ils font leur maximum pour tisser une vie cohérente et intégrée, au travers de ces compartiments. [...] Ils sont <u>des explorateurs à la recherche de façons de mettre en pratique leurs valeurs dans leur vie quotidienne</u>[25].

---

25. *Ibid.* Vous pouvez vous prêter au jeu de vérifier si, à votre manière et là où vous êtes, vous faites partie de ce mouvement de conscience en consultant la liste proposée par les auteurs dans leur livre, et qu'à titre d'encouragement je reproduis à l'annexe 2, p. 276.

## Des citoyens et citoyennes deviennent eux-mêmes le changement

J'ai trouvé une illustration encourageante de l'émergence de cette nouvelle culture dans la lecture de *80 hommes pour changer le monde*[26]. Dans ce livre, les deux jeunes auteurs racontent leur rencontre, à travers la planète, de 80 alter-entrepreneurs, hommes et femmes, qui ont inventé toutes sortes de façons nouvelles de créer des ressources et des richesses. Ils décrivent les réalisations d'hommes et de femmes qui ont choisi de *faire partie de la solution* en mettant leur intelligence, leur sensibilité et leurs compétences au service d'une économie qui respecte inconditionnellement l'homme et la nature, tout en créant du bénéfice pour tout le monde, et en respectant l'équilibre social et l'équité, *l'un n'empêchant pas l'autre*!

Je cite quelques exemples parmi les 80 repris dans leur livre, parce que j'ai aimé leur présentation qui illustre bien comment sortir des pièges de la dualité ou de la pensée binaire. Avant de décrire chaque projet en quelques pages, les auteurs reprennent systématiquement l'idée nouvelle du projet à créer, puis les pensées binaires et croyances limitantes qui pourraient tuer le projet dans l'œuf, et enfin la solution créative trouvée par une troisième voie.

---

**Quelques alter-entrepreneurs créateurs d'une nouvelle culture**
– 60 millions de consom'acteurs (France) : Alter Eco, leader français du commerce équitable.
- Défi : comment permettre à des paysans défavorisés de pays en développement d'améliorer leurs revenus sans devenir des assistés ?
- Idée reçue : « Vocation sociale et esprit d'entreprise sont incompatibles. »
- Solution durable : des producteurs heureux font des produits plus savoureux, qui gagnent naturellement la préférence des consommateurs et des parts de marché.

---

26. Sylvain Darnil et Mathieu Le Roux, *80 hommes pour changer le monde. Entreprendre pour la planète*, Paris, Éditions J.-C. Lattès, 2006.

- Écover (Belgique) : leader européen des détergents écologiques.
  - Défi : comment produire des détergents et produits d'entretien à la fois efficaces et respectueux de l'environnement ?
  - Idée reçue : « Un produit d'entretien efficace est forcément polluant. »
  - Solution durable : en s'inspirant des mécanismes mis en œuvre par le corps humain qui fait beaucoup avec pas grand-chose, on peut concevoir des produits efficaces, biodégradables... et rentables !
- L'écoparc de Kalundborg (Danemark), une vraie « symbiose industrielle ».
  - Défi : comment réduire l'impact environnemental d'une grande zone industrielle ?
  - Idée reçue : « C'est possible mais cela engendrera forcément un coût supplémentaire ! »
  - Solution durable : s'inspirer de la vie à l'état naturel, qui fait du moindre déchet une ressource pour un autre organisme. Dans ce parc industriel, chaque entreprise récupère les déchets de l'autre comme un ingrédient de sa propre production.
- « Vers un monde sans pauvreté », Muhammad Yunus (Bangladesh), fondateur de la Grameen Bank, première banque de microcrédits au monde.
  - Défi : comment aider les populations les plus défavorisées à se sortir d'une situation d'extrême pauvreté, sans entrer dans une logique d'assistanat ?
  - Idée reçue : « Les banques ne prêtent qu'aux riches. »
  - Solution durable : inventer une banque qui permette à trois emprunteurs sur quatre de se sortir d'une situation d'extrême pauvreté, tout en générant du bénéfice, et appliquer le modèle dans le monde entier. (Muhammad Yunus a reçu le prix Nobel de la paix 2007.)

Le livre décrit ainsi, avec leurs résultats, plus de 80 projets en cours, tous extraordinaires, qui nous montrent de quoi demain pourrait être fait. Voici ce que précisent les auteurs dans leur conclusion :

> Finalement les principaux freins au changement restent ceux qui empêchent n'importe quel créatif de faire les choses différemment [...]. Tous ces alter-entrepreneurs ont une éthique personnelle forte, croient fondamentalement en la capacité de chaque être humain de devenir acteur de changement positif. Mais surtout, ils éprouvent un bonheur sans bornes de pouvoir aligner leurs actions quotidiennes sur leur système de valeurs [...]. Non contents de rêver un monde meilleur, ils participent activement à le construire.

En lisant ces 80 histoires, j'ai été heureux de rencontrer des personnes qui construisent le monde dont elles rêvent au lieu de se plaindre de celui où elles vivent. J'ai aimé leur courage d'oser remettre systématiquement en question les vieux systèmes établis, leur talent pour s'extirper des pièges de la pensée binaire et des croyances limitantes, leur capacité de recul par rapport au profit immédiat, leur intégrité et la cohérence avec laquelle elles alignent complètement leurs actions sur leurs valeurs, leur conscience d'appartenir à un monde plus grand qu'elles et leur goût de servir, quitte à prendre des risques.

> « Je dormais et je rêvais que la vie n'était que joie.
> Je m'éveillai et vis que la vie n'était que service.
> Je servis et je compris que le service était joie. »
> RABINDRANATH TAGORE

Nous pouvons voir que la capacité d'un être humain à créer du changement social, économique et écologique ne s'enracine pas tant dans son savoir (les études faites et compétences acquises) ni dans son savoir-faire (l'expérience intégrée de la mise en œuvre de son savoir et de ses compétences) que dans son savoir être (la conscience ouverte), et que celui-ci se nourrit de temps de recul et d'écoute propice à l'intériorité transformante.

Cette réflexion de Gandhi: « Devenons nous-mêmes le changement que nous voulons voir dans le monde », connue seulement, jusqu'à récemment, des personnes impliquées dans le processus de transformation individuelle et sociale, se retrouve aujourd'hui comme en-tête de nombreux projets, colloques, séminaires, groupes de réflexion et d'action sociale. J'y vois un des nombreux signes que notre conscience collective s'ouvre.

### Le besoin de cohérence et l'aventure intérieure

Quel que soit le sens du projet, ce changement de vision et de vie n'est pas nécessairement facile. Je peux en témoigner pour l'avoir vécu et continuer de suivre son invitation pas toujours confortable, mais son bénéfice n'a pas de prix.

Il ne s'agit pas de « tout bazarder » dans sa vie sociale, professionnelle et *a fortiori* familiale, mais plutôt de regarder plus consciemment tous les aspects de cette vie et de rétablir ou d'ajuster, selon les cas, la cohérence entre les valeurs auxquelles on croit et celles que l'on vit. L'élément déclencheur est souvent un sentiment récurrent d'insatisfaction profonde, une impression d'incohérence, voire d'inanité ressentie lorsqu'on poursuit des objectifs devenus sans pertinence. Ces objectifs et ces choix de vie ont sans doute été prioritaires un temps, mais ils ne le sont plus. L'être en nous réclame que nous en prenions conscience. Il s'agit donc de commencer par changer de regard, par changer notre « perception de la réalité, l'ordre de nos priorités », comme l'évoque l'extrait cité plus haut.

Je ne dis pas que le processus de changement ne nous amènera pas, à un certain moment, à changer de cadre, je dis qu'une expérience forte de connaissance de soi consiste à d'abord s'appliquer à changer sa façon d'être dans le cadre (je suis resté quelques années dans mes cadres affectifs et professionnels précédents, en y trouvant l'occasion d'expérimenter « en *live* » les prises de conscience que la découverte de mon intériorité m'apportait). Le risque, sinon, est de ne rien apprendre sur soi et de passer d'un cadre (affectif, social ou professionnel) à un autre, sans grandir en conscience. Oser être soi dans un cadre connu, avec bienveillance et respect, nous aide considérablement à nous affranchir de la peur du regard de l'autre, à nourrir notre confiance en nous et à améliorer notre capacité d'affirmation.

Évidemment, nous nous sentons souvent plus libres d'être nous-mêmes dans un cadre nouveau (et, dans certains cas, cela peut d'ailleurs se révéler la seule façon d'entamer le processus de confiance en soi et de libération du regard de l'autre), mais cette sensation de plus grande liberté, loin du cadre familier, n'est souvent qu'épidermique et donc précaire. Tant que la liberté, elle, n'est pas encore intégrée intérieurement comme un état d'être durable, son ressenti dépend toujours de conditions extérieures perçues comme favorables.

Voici le témoignage d'une femme d'âge moyen ayant fait l'objet de l'enquête en question sur les créatifs culturels :

« Laisser derrière soi le vieux modèle, cela ne veut pas nécessairement dire que vous laissez tout tomber ; parfois c'est vous que quelqu'un laisse tomber. Cela ne veut pas non plus forcément dire que quelqu'un va quelque part parce que, quoi que l'on dise ou fasse, ce que l'on quitte n'est ni une relation, ni un lieu, ni même un contexte. Ce que l'on quitte, c'est une conscience, qui était auparavant sécurisante, et des catégories définies qui permettaient de classer et d'identifier les choses et qui savaient ce qu'elles étaient. Ce qui remplace toutes ces certitudes, c'est un *non-savoir*, une ouverture, quelque chose d'indiciblement et de parfois insupportablement nouveau. »

C'est ici que commence l'aventure : aller vers « où on ne sait pas ». Est-ce Ignace de Loyola qui disait : « Si tu veux aller où tu ne sais pas, passe par où tu ne sais pas » ? Dans cette aventure, nous ne sommes pas tout seuls. Aujourd'hui, il existe bien des moyens de nourrir nos besoins d'entraide et d'encouragement et de développer la conscience et la confiance que nous sommes bien guidés de l'intérieur.

## La simplicité volontaire : une démarche personnelle de décroissance

*Vivre simplement, pour que simplement d'autres puissent vivre.*

GANDHI

Un des mouvements qui illustre particulièrement bien cette émergence d'une nouvelle culture s'appelle Mouvement pour la simplicité volontaire. Il est né il y a quelques années au Québec, où ses rencontres rassemblent aujourd'hui des centaines de personnes, et il se répand un peu partout[27]. Un de ses principes fondateurs est :

> « Moins de biens, plus de liens. »

C'est grâce à lui que je découvre la réflexion de Gandhi reprise ci-dessus. Le mouvement veut faciliter une démarche personnelle de décroissance, soit le retour à une vie plus simple, *sans forcément tout larguer*. Des groupes de personnes intéressées à ce projet peuvent se constituer librement pour échanger, s'entraider en apprenant ensemble à rendre viable au quotidien les valeurs auxquelles ils croient : privilégier l'être plutôt que l'avoir, le partage plutôt que l'accaparement, le temps libéré plutôt que le compte en banque, le *assez* plutôt que le *plus*, la communauté plutôt que l'individualisme, la participation citoyenne active plutôt que la consommation mercantile passive. « La simplicité volontaire est une invitation à réduire notre consommation matérielle et à développer des

---

27. En Belgique, il a été introduit en 2003 par l'association sans but lucratif Les Amis de la Terre et compte déjà une vingtaine de groupes. Voir le site www.amisdelaterre.be.

activités à haute valeur humaine afin de moins "peser" sur notre terre, de préserver les ressources et de se réapproprier du temps pour une vie plus harmonieuse[28]. » Les gens qui pratiquent la simplicité volontaire ont compris que nous nous sommes laissés formater par la croissance inéluctable, au point de perdre le goût d'oser l'autonomie et la confiance en soi.

> L'industrialisation, la priorité donnée à l'individu, le matérialisme ont largement contribué à faire éclater les groupes, les « familles »; à isoler l'homme de la nature, du ciel et des autres. L'homme se retrouve seul, coupé du spirituel et des autres hommes. Pour remplir tout ce vide, notre société lui offre la consommation, source permanente de plaisirs immédiats, garantis à vie par la publicité. Il est nécessaire de faire le chemin inverse : remplacer la consommation par quelque chose qui amène au moins autant de plaisir, et de plaisir durable[29].

Il ne s'agit donc en rien de se mortifier, mais au contraire de quitter une vie mortifiante en réapprenant à se vivifier. Les membres du mouvement de la simplicité volontaire insistent sur la qualité de vie retrouvée : « Le désencombrement matériel facilite celui de l'esprit et du cœur et redonne du temps et de l'énergie à consacrer à nos proches ainsi qu'aux activités qui ont vraiment de la valeur pour nous. »

## Pierre, de la banque au potager
Le parcours de Pierre illustre ce processus de changement qualitatif par le réaménagement complet des priorités.

Il est cadre dans une banque située dans une grande ville, mais à 40 ans, il en a plus qu'assez des navettes quotidiennes épuisantes, de passer huit à dix heures par jour avec des gens qui ne partagent pas ses valeurs, de ne jamais voir ses enfants

---

28. Ezio Gandin, Les Amis de la Terre, Liège (Belgique).
29. « Les Amis de la Terre », *Ici et maintenant*, mars 2006. (Entrevue avec Ezio Gandin.)

encore en bas âge, et de vivre une routine ayant pour seul bénéfice d'assurer la sécurité alimentaire familiale. Il raconte : « Je travaille sans compter mes heures pour que mes enfants ne manquent de rien, et quand je rentre, épuisé et à bout de nerfs, je m'énerve parce qu'ils jouent… Je suis complètement incohérent ! »

Il rêve – comme bien d'autres avant lui – de garder des moutons dans le Larzac, de vivre de son potager biologique et de mettre ses enfants à l'école du village… mais bien sûr, il se dit que ce n'est qu'un rêve. Il n'ose pas « tout plaquer ».

Le plus difficile pour lui sera de quitter les pièges de la pensée binaire (« Soit je reste et je m'ennuie, soit je plaque tout et je revis ») et l'attachement à la forme (« Je ne vivrai la vie que je veux qu'au Larzac avec mes moutons »). Je l'invite simplement à imaginer librement ce que serait sa vie au Larzac, à s'en inspirer, à en fréquenter l'esprit, pour identifier ce qu'il pourrait recueillir, de cette vie-là, afin de l'instaurer dans sa vie quotidienne, sans plus attendre et sans tout *bazarder*. Petit à petit, Pierre laisse tomber la forme de son projet sans en perdre l'essence : la sobriété, la vie familiale et la nature. En accord avec sa femme et ses enfants, il décide d'abord de travailler moins. Pour cela, il demande et obtient un contrat à trois quart-temps, et compense la diminution de salaire qui en résulte en réduisant son train de vie : il supprime ses abonnements à la salle de sport et à la télévision et revend la seconde voiture du ménage, qui servait principalement au transport des enfants et aux courses familiales. Il achète des vélos pour tout le monde, et utilise son temps libre pour aménager un potager et assurer les déplacements nécessaires avec la voiture qu'il a conservée. Quand il ne l'utilise pas, il la prête volontiers à ses voisins, qui l'aident à leur tour pour l'entretien de son potager ou pour les navettes des enfants. (Le temps où Pierre et sa femme pensaient devoir tout faire seuls et sans soutien n'est pas si loin…) Les enfants s'amusent dans le potager, construisent des cabanes et y invitent leurs copains. Même s'ils ont gardé un lecteur de DVD pour le divertissement et la culture, ils ont oublié l'époque où ils se retrouvaient agglutinés, sans un mot, des heures durant, devant n'importe quelle émission, en buvant des sodas trop sucrés. Aujourd'hui, leur mère leur fait des sirops avec les fruits du jardin.

Pierre retrouve santé et enthousiasme en exploitant son potager – il n'y a pas si longtemps, il pédalait encore sur un vélo de salle sous les néons et dans l'air conditionné, en comptant les kilomètres virtuels sur un petit écran – à un point tel qu'il décide d'annexer le jardin de sa voisine (laissé en jachère depuis longtemps) au sien, et de la rétribuer en échange d'un panier de légumes hebdomadaire. La voisine est si contente de cet arrangement qu'elle lui offre de garder ses enfants lorsqu'il a envie de s'offrir une sortie avec sa femme – avant, les faire garder leur coûtait trop cher pour qu'ils osent sortir...

Un jour, le restaurant bio du coin, à court d'approvisionnement, lui achète quelques kilos de légumes. Pierre n'en croit pas ses yeux : il peut vendre ce qu'il a tant de plaisir à produire de ses mains ! Cette occasion est le déclic qui le motive, dans les mois qui suivent, à quitter définitivement la banque.

Aujourd'hui, il a rassemblé plusieurs petits producteurs comme lui et il gère une petite coopérative de produits bio. Il vit la plupart du temps au plein air, prend presque tous ses repas avec ses enfants et rencontre des gens qui partagent les valeurs d'une vie simple, familiale et ressourçante. Il se ressource maintenant dans sa vie quotidienne, alors qu'il n'y a pas si longtemps il devait attendre les sports d'hiver ou les vacances d'été pour le faire – et les budgets alloués à ces vacances représentaient des semaines de travail...

Utopie ? Non, c'est une aventure quotidienne qui se passe près de chez vous, et qui montre que, lorsque nous nous remettons sur notre axe, c'est-à-dire lorsque nous nous centrons, les choses s'alignent pour nous, comme elles le font pour les oiseaux des champs[30].

Je vous le disais au début de cette partie en vous proposant la page blanche : tout est ouvert, tout est à inventer, il y a mille façons d'être en vie.

Je peux aussi vous donner l'exemple d'un architecte, devenu thérapeute à mi-temps après avoir entendu maintes fois des couples se disputer au sujet de la construction de leur maison ; de cet avocat devenu masseur à mi-temps parce que, parallèlement à son métier – qu'il aime –, il avait besoin de pratiquer une activité manuelle créatrice qui soit au service de l'humain ; de cette magistrate pour enfants, ou encore de cette pédopsychiatre, fatiguées des routines déshumanisantes, qui ont l'une et l'autre intégré dans leur travail les approches de cœur et la capacité d'empathie apprises dans leurs stages de développement personnel, avec des résultats bien plus satisfaisants ; de ce directeur de marketing épuisé de vendre des marchandises superflues à des gens qui ont déjà tout, et qui décide de mettre son talent de promotion au service d'actions humanitaires ; de cette responsable d'une entreprise financière, désabusée par la brutalité et l'inanité de la soif de gain du milieu dans lequel elle travaille, qui met aujourd'hui son expérience en gestion au service d'un grand organisme social…

**Les peurs, les doutes, les renoncements et les frictions sont des ingrédients, et non des accidents, du processus**
Il y a beaucoup d'exemples de changements de vie et il semble que ceux-ci aient souvent quelques points communs :

---

30. Petit exercice ludico-pédagogique de connaissance de soi : avez-vous pu lire cet exemple en participant joyeusement à cet épisode de vie, ou avez-vous vérifié systématiquement tous les points inapplicables à votre situation en vous disant « Oui, mais… » ? Et, que vous ayez ou pas trouvé inspirant l'exemple de Pierre, reconnaissez-vous une partie de vous qui réagit comme cela ? Enfin, qu'est-ce que cela vous fait de constater que c'est cette partie de vous qui réagit ?

– Ils ne se font pas sans peur ni doutes, et c'est l'occasion pour nous d'apprendre à *cohabiter avec* ces sentiments sans être *habités par* eux[31];

– Ils ne se font pas sans une diminution, parfois significative, du pouvoir d'achat et donc du train de vie. Ce renoncement – qui la plupart du temps se révèle plus facile à vivre que ce que l'on craint – fait partie des conséquences d'un choix de vie plus sobre, axé sur la qualité et non la quantité, et n'empêche en rien le retour d'une abondance matérielle créée par de nouvelles activités qui peuvent se révéler à la fois nourrissantes pour l'âme et productrices de ressources. L'un n'empêche pas l'autre;

– Ils suscitent habituellement beaucoup d'émoi dans l'entourage, du genre : « Mais tu n'y penses pas sérieusement, songe à l'avenir de tes enfants, abandonne donc ces idées farfelues et rentre dans les rangs ! » Suivre son élan, sans se laisser démonter par la pression sociale, constitue un exercice d'autonomie.

Ces caractéristiques ne sont pas des accidents. Elles font en effet partie du processus qui nous fait passer d'un stade où nous sommes divisés par une double vie (celle que nous vivons et celle dont nous rêvons) au stade où nous sommes enfin un « in-dividu » : un être réunifié, qui réconcilie son personnage (ce qu'il montre) et sa personne (ce qu'il est), sa personnalité (qu'il s'est construite) et son identité (qui lui est propre), un être qui se rapproche de l'Être ; qui trouve « un sens personnel et vivant à son existence », selon l'expression de Dürckheim. Voici quelques explications pour illustrer ce sujet – qui mériterait d'être développé plus en détail dans un autre contexte :

---

31. Voir Thomas d'Ansembourg, *Être heureux, ce n'est pas nécessairement confortable.*

### L'effet centripète des peurs et des doutes, des renoncements et de la pression des pairs

Peurs et doutes, *renoncements nécessaires* (pour reprendre un titre célèbre) et pression des pairs, ces caractéristiques sont des ingrédients du processus de transformation, parce qu'elles nous amènent à nous centrer au cœur de nous-mêmes, là où sans doute nous ne serions pas parvenus à nous positionner sans l'aide de leur effet centripète.

– Les peurs et les doutes vont nous amener à nous écouter, à nous questionner et à nous relier à nos vrais besoins pour nous y ancrer. Ces sentiments sont la porte d'accès à la confiance en soi, la confiance en la vie, et à l'accueil de notre élan créateur. La peur cache un désir ; le doute, une envie de croire. Nous sommes amenés à nous demander : « Quel est mon plus profond désir en cette vie ? Y a-t-il un enjeu fondamental auquel je puisse croire ? » Nous approchons de l'être en nous. Nous allons naître à nous. Pensez-vous que l'enfant prêt à naître se réjouisse de sentir s'accélérer autour de lui les contractions qui vont le mettre au monde ? Renoncer à son douillet confort et vivre la peur de la séparation se révèlent cependant être les conditions de sa naissance. Pour la mère également, si la perspective de la naissance est heureuse, elle se réjouit rarement de passer par les douleurs de l'enfantement. Cependant, renoncer à l'état de grossesse – certaines mères ont du mal à quitter cet état de fusion et de plénitude – et vivre l'appréhension et la douleur de la mise au monde se révèlent également les conditions de la naissance. Si l'accouchement sans douleur existe, avec péridurale, les mères qui ont enfanté sans péridurale témoignent qu'en s'aidant de techniques respiratoires, de chant, de visualisation et autres, la douleur se révèle supportable et la sensation consciente de la mise au monde, heureuse.

Ce qui est certain, c'est qu'il n'y a pas de péridurale pour l'accouchement de soi-même, mais cela ne veut pas dire que nous sommes condamnés à la douleur. C'est passionnant, mais il est vain d'espérer que ce soit confortable...

**Il n'y a pas de péridurale pour l'accouchement de soi-même.**

– Le renoncement et la simplification vont encore nous faciliter l'accès à notre être profond. Désencombrés de l'accessoire et retrouvant un

> rythme plus doux, nous serons plus à même de rencontrer l'essentiel.
> – Les incompréhensions familiales ou sociales viennent parachever le travail, si je puis dire. Elles sont un dernier test avant l'autonomie, qui est la clé de la véritable interdépendance : cette épreuve composée de frictions est là pour nous permettre de travailler notre confiance en nous et notre capacité d'affirmation bienveillante, malgré la critique ou le rejet. Elle nous permet également de nous ouvrir à l'accueil de la différence et à la compréhension bienveillante de l'autre, sans pour autant douter de nous.

Après tout, le seul risque, de ce point de vue, n'est-il pas celui de vivre l'expérience décrite par Christiane Singer :

> Une cocasse expérience guette ceux qui commencent timidement de croire à ce qu'ils découvrent, à ce que le silence leur ouvre, à ce que leur propre corps leur révèle tout bas : ils se voient immanquablement reprocher leur manque de réalisme par ceux-là même qui ont perdu tout contact avec la réalité – l'ayant définitivement confondue avec l'échafaudage compliqué des impératifs économiques et de la législation sociale[32].

Tout ce travail d'intériorité est sans doute décapant : il nous amène à connaître notre « bois brut », sans patine ni peinture, à trouver – à cristalliser – notre densité, à nous incarner solidement. Il nous invite à vivre avec la dignité et la fantaisie d'*un enfant de l'Univers choyé par sa vraie Famille.*

Sur le plan psychologique, c'est l'occasion de rencontrer notre vraie personne, l'individu unique, *décapé* autant que faire se peut de ses complexes et conditionnements limitants, de ses croyances et projections inhibantes.

Sur le plan spirituel, c'est l'occasion d'apprendre à fréquenter la dimension inaltérable de nous-mêmes, celle qui est hors d'atteinte de la peur et du doute, indifférente au

---

32. Christiane Singer, *Les âges de la vie*, Paris, Albin Michel, 1998.

renoncement, indemne de toute friction ou critique : l'être. L'être est la vie en nous : il nous guide à travers les circonstances de la vie sans jamais nous mettre à leur merci. Même si notre personne a été abusée, manipulée ou trahie, l'être en nous, lui, ne peut être blessé ni meurtri. Il est notre participation à l'Être.

En apprenant ainsi à nous centrer de plus en plus dans l'être, nous prenons conscience de la puissance de la vie : nous ne sommes pas tout seuls, nous sommes *branchés sur l'Être*. Que nous l'appelions l'Esprit, la Vie, l'Énergie ou Dieu importe bien moins que d'en ressentir la généreuse puissance.

C'est une expérience qui chaque fois nous rassemble et nous ré-unifie : elle implique tout l'être dans un même élan. Elle n'est sans doute jamais faite une fois pour toutes, mais plus nous la vivons souvent, plus il nous est facile d'y accéder.

## La décroissance économique et la croissance spirituelle

C'est ainsi que, pour bien des personnes engagées dans une voie de simplicité volontaire, celle-ci s'intègre dans un cheminement spirituel au sens le plus ouvert de ce mot : une recherche du vrai soi, de la vérité intérieure. Cette recherche, en nourrissant l'être de plus en plus en profondeur, nous permet de nous détacher petit à petit des avidités qui dispersent et des surconsommations qui polluent et gaspillent.

Pour certains, le lien est évident entre décroissance économique et croissance spirituelle. L'emballement de la machine économique, la tyrannie du temps, la pression mise à tous les échelons pour la production sans limite, la croyance que tout peut s'acheter – même la jeunesse – trahissent l'angoisse existentielle fondamentale : la peur de mourir n'est-elle pas un symptôme de la peur de vivre, d'expérimenter l'intensité de la vraie vie ?

On l'a vu, l'être qui ne se sent pas en sécurité à l'intérieur se sécurise par l'extérieur :

> Le lien entre matérialisme et sécurité permet d'expliquer pourquoi des pays aussi différents que les États-Unis et la Chine présentent un tel niveau de matérialisme. L'insécurité y est endémique. Le génie de ce système fondé sur l'insécurité est qu'il est autoalimenté. Plus on ressent de l'insécurité, plus on est matérialiste ; et plus on est matérialiste, plus on ressent de l'insécurité [...]. Des études ont montré que <u>les gens savent parfaitement quelles sont leurs véritables sources d'épanouissement durable – construire des relations solides, s'accepter tel qu'on est, appartenir à une communauté –</u>, mais une redoutable alliance d'intérêts politiques et économiques s'efforce de les en détourner dans le seul but de les faire travailler plus et dépenser plus [...]. La plupart d'entre nous reconnaissent confusément que d'énormes changements de vie s'imposent, mais nous attendons que quelqu'un d'autre fasse le premier pas[33].

Oser faire le premier pas, alors que tout le système s'y oppose, demande du courage et de la force intérieure. Au fond, c'est une forme de résistance citoyenne à l'occupant : nous avons laissé envahir nos territoires intérieurs et extérieurs ; nous sommes *sous l'occupation* du mythe de la croissance exponentielle. Il s'agit de « décoloniser notre imaginaire[34] ».

Cet éveil ou ce réveil passe par un travail d'intériorité qui me paraît d'intérêt public. Il est d'intérêt public de favoriser l'accès des êtres humains à leurs ressources de bien-être, de créativité, de sécurité et de force intérieure qui sont les conditions de la solidarité, du partage et du *bien vivre ensemble*. L'intériorité révèle aujourd'hui pleinement sa dimension sociale et citoyenne :

---

33. Madeleine Bunting, « La frugalité, salut de notre âme », *The Guardian*, Londres, cité dans « Travailler moins pour gagner moins et vivre heureux », *Courrier International*, n° 896, semaine du 2 au 9 janvier 2008. C'est moi qui souligne.
34. Expression empruntée à Serge Latouche, auteur de *Décoloniser l'imaginaire*, Lyon, Parangon, 2003. C'est par ailleurs l'objectif du symposium *Réveiller le rêveur, changer le rêve*, déjà cité à la page 87.

> L'essentiel des problèmes que l'humanité rencontre peut trouver des solutions à condition de comprendre que la plupart des difficultés ne se situent pas dans l'ordre de l'avoir, du fait de la rareté des ressources physiques, techniques ou monétaires, mais dans l'ordre de l'être, la plupart des raretés étant artificiellement produites par <u>des rapports sociaux, mondiaux, destinés à compenser le mal-être de la minorité possédante</u>. […] C'est par peur de l'avenir et par peur d'autrui que des êtres humains accumulent de la richesse et du pouvoir au détriment d'autres, <u>placés ainsi artificiellement en situation de pénurie</u>. Dans nos activités contemporaines obsédées par la compétitivité, la peur de la vieillesse et de la mort conduit à un formidable accaparement mondial de richesses à travers le financement, via les fonds de pension, de la retraite des personnes âgées d'Occident et singulièrement des États-Unis[35].

D'où l'urgence d'encourager à tous les niveaux l'ouverture de conscience, l'ouverture spirituelle au sens le plus large possible, et de favoriser les échanges, les décloisonnements et les rapprochements des sagesses et traditions – qu'elles soient religieuses, agnostiques ou athées – qui offrent des outils de transformation personnelle véritable[36].

Pour le citoyen de ce millénaire, il ne s'agit plus seulement d'aller, à l'occasion, se ressourcer dans sa propre pratique religieuse ou ses propres activités de bien-être intérieur. Christiane Singer en a une vision très claire :

« Dans ce monde qui se dessèche, si nous ne voulons pas mourir de soif, il nous faudra nous-mêmes devenir source. »

Depuis des années, je rencontre de plus en plus d'êtres qui ne cherchent pas seulement à étancher leur soif, mais qui deviennent source.

---

35. Patrick Viveret, *op. cit.* C'est moi qui souligne.
36. De plus en plus d'initiatives et de rencontres internationales existent en ce sens : Dialogues en humanité, Hommes de Paroles, Alliance Pachamama, Journées internationales de la Spiritualité Laïque, etc.

## Voies nouvelles

> *Il n'y a qu'une manière aujourd'hui de parler de spiritualité, c'est de l'allier à l'humour, à la légèreté, à la poésie... Ce qui est lourd n'a pas d'avenir.*
>
> Christiane Singer[37]

### De l'adhésion à l'expérience intérieure : vers l'intériorité du citoyen

Si l'histoire a connu nombre de mobilisations d'hommes et de femmes en quête de sens, c'est davantage sous la forme de participation à des mouvements communautaires, comme les religions, ou politiques, comme les idéologies ou les partis. Ces mouvements – pour différents qu'ils soient dans leurs objectifs – peuvent avoir eu en commun le fait de « proposer » davantage l'adhésion collective à une vérité proclamée que de fournir individuellement *un mode d'emploi de l'être* pour une recherche intérieure.

Dans ce contexte, l'individu qui se trouve aux prises avec des questions personnelles fondamentales encourt le risque de ne recevoir que des réponses toutes faites, sensées aller de soi.

Aujourd'hui, le monde politique et la société civile vont être amenés à réaliser qu'on ne peut pas tenter de transformer l'extérieur sans se préoccuper de l'intérieur, et donc à prendre en compte l'intériorité du citoyen. De plus en plus de gens s'en rendent compte, comme l'indique cette réflexion du Réseau des Écoles du Citoyen (RÉCIT) :

> Les Démocraties ne se réduisent pas à un exercice électoral périodique : elles ont besoin de citoyens pratiquant concrètement les valeurs démocratiques. Elles ont besoin d'une force spécifique qui, tout en restant fidèle à leurs principes, les tire vers le haut, soude le corps social et qui a nécessairement un contenu moral et spirituel[38].

---

37. Citée dans *Derniers fragments d'un long voyage*, Paris, Albin Michel, 2007.
38. www.recit.net.

Et cette prévision du scientifique Marc Halévy :

> Après avoir cru que le progrès de l'humanité passait d'abord par le progrès moral (les traditionalistes) et ensuite par le progrès technologique (les modernistes), nous savons aujourd'hui que le progrès de l'homme doit passer par l'intériorité : l'humanité ne survivra pas sans un immense effort de respiritualisation[39] !

Déjà, sur le plan de la compréhension psychologique des mécanismes de notre for intérieur, nous pouvons constater que l'intérêt des individus est croissant. De plus en plus de personnes lisent et s'impliquent dans un travail de remise en question, de transformation et de développement personnel qui mène aux interrogations fondamentales.

### La psychologie positive

À la prestigieuse université de Harvard, le cours *How to get happy* du professeur Tal Ben-Shahar fait salle comble. En tout, 900 étudiants s'y retrouvent chaque semaine. C'est un record de *non-absentéisme*. Le professeur Ben-Shahar enseigne la psychologie positive, et parmi ses recommandations figurent les invitations suivantes : « Donnez-vous la permission d'être humain en acceptant vos émotions » et « Exprimez de la gratitude chaque fois que c'est possible ».

Cette science nouvelle étudie les aspects positifs des expériences humaines afin d'aider l'individu à améliorer sa vie et à éviter les différentes pathologies qui résultent habituellement du fait que la vie est bloquée ou a perdu son sens.

Ce nouveau courant est parti du constat qu'en se focalisant uniquement sur les pathologies, la psychologie entretenait un modèle maladif du fonctionnement humain, et ignorait les expériences humaines positives comme l'espoir, la sagesse,

---

39. Marc Halévy, *op. cit.*

la créativité, le courage, la spiritualité, l'intuition et la responsabilité.

Ce courant étudie par exemple comment l'optimisme et l'espoir ont un impact sur la santé, comment l'autonomie et la connaissance de soi facilitent le bonheur et quelles sont les conditions pour que le talent et la créativité se déploient. Il s'intéresse tant à l'individu qu'au groupe et aux valeurs de la citoyenneté qui permettent l'intégration heureuse de l'individu. Un de ses créateurs, le professeur Mihaly Csikszentmihalyi constate ceci :

> La psychologie n'est pas juste l'étude des pathologies, fragilités et traumatismes, elle est aussi l'étude de la force et du courage. Le traitement ne consiste pas seulement à réparer ce qui est cassé mais à nourrir ce qui est le meilleur[40].

Ainsi pour ce chercheur, une grande œuvre de santé et de prévention de ce siècle consiste à créer « une discipline qui traite des enjeux fondamentaux de la vie et le fasse avec la patiente simplicité des sciences naturelles ».

Selon le D<sup>r</sup> David Servan-Schreiber :

> Il ne s'agit plus d'aider les gens à passer de - 5 à 0 sur l'échelle de satisfaction mais de permettre à chacun de passer de 0 à + 5. La psychologie positive est révolutionnaire en ce qu'elle s'intéresse à ce qui rend les gens heureux[41].

Ainsi, dit-il, la psychologie positive a observé que les moines tibétains peuvent radicalement transformer l'état de leurs

---

40. Extrait d'une interview avec Mihaly Csikszentmihalyi. Professeur réputé de psychologie du bonheur, Mihaly Csikszentmihalyi a établi les critères de « l'expérience optimale », condition clé de l'épanouissement de l'individu, caractérisée par un état de flux, de mouvement et de concentration vers la réalisation des tâches. Il est aussi l'auteur de différents ouvrages dont *Vivre : la psychologie du bonheur*.
41. Extrait d'un article consulté sur le site www.psychologies.com.

cerveaux vers plus de sérénité et de compassion en se remplissant d'émotions positives. Dès lors, elle propose que l'on note dans un journal, au moins une fois par semaine, les événements les plus positifs que nous avons vécus et comment nous y avons contribué. Selon les recherches, après seulement six semaines – soit à peu près le temps nécessaire à l'action d'un antidépresseur – la satisfaction que nous procure notre vie s'améliore considérablement.

Un des résultats les plus solides de la psychologie positive est l'importance démontrée de la connexion aux êtres. Mihaly Csikszentmihalyi remarque ceci :

> Les gens sont le plus heureux lorsqu'ils sont en compagnie d'autres êtres humains. Le pire à se souhaiter est de rentrer seul à la maison sans rien à faire de particulier, et c'est précisément ce qu'une grande partie des gens croit désirer de plus.

Si, aujourd'hui, les étudiants du professeur Shahal laissent tomber les cours de gestion financière ou d'économie politique pour assister en masse à son cours de psychologie sur les mécanismes de pensée et les types de fonctionnement qui facilitent l'accès au bonheur, nous pouvons y voir un signe encourageant que les priorités changent et que les consciences s'ouvrent.

## L'intériorité transformante : des outils, des processus, des ateliers

Comme nous l'avons évoqué précédemment, beaucoup d'hommes et de femmes trouvent aujourd'hui soutien et nourriture dans une vie spirituelle qui ne se conforme pas nécessairement à une pratique religieuse établie, mais qui transforme.

Si l'un n'exclut pas forcément l'autre, il est clair que ces hommes et ces femmes veulent un mode d'emploi concret pour transformer leur vie, réaligner leurs priorités, changer de cap, connaître leurs ressources intérieures, se débarrasser de leurs « vieilles casseroles » inhibantes (qui sont habituellement la mésestime de soi, la peur du regard de l'autre et la méfiance envers la vie), afin de mettre joyeusement leur élan et leurs talents au service de la communauté.

Ils veulent apprendre des pratiques simples, qu'ils pourront utiliser dès que possible par eux-mêmes pour se ressourcer, se recentrer, s'inspirer et accoucher d'eux-mêmes. Pour cela, ils s'impliquent souvent dans un travail personnel sur soi, dans une perspective d'ouverture de cœur et de conscience. Ils trouvent régulièrement dans le travail en ateliers de groupe un complément chaleureux et éclairant. Ils y découvrent et y pratiquent le pouvoir de l'accueil sans jugement, de l'écoute mutuelle vraie, de l'empathie, de la présence silencieuse, des résonances interpersonnelles au sein d'une communauté (ce que l'autre vit nous touche et nous éveille à ce que nous vivons, même si nos circonstances de vie sont très différentes). Ils bénéficient du *processus naturel d'accélération des prises de conscience* qui résulte de l'énergie qui se dégage de la communauté d'attention bienveillante. Nombreux sont ceux qui ressentent alors une qualité de présence et de conscience qui dépasse leurs individualités pour les rassembler dans l'Être.

Ils n'ont ni la vanité de croire qu'on s'en sort tout seul, ni l'aveuglement d'attendre le salut sans bouger : ils se sentent de plus en plus appartenir au *Tout inspiré,* et celui-ci le leur rend bien. Cela veut dire que, comme ils ont appris à compter avec une confiance croissante en la bienveillance du *système* dont ils font partie (qu'ils l'appellent l'Univers, l'Absolu, l'Esprit ou Dieu), et que celui-ci leur répond avec une bienveillance croissante, ils sont de plus en plus généreux d'eux-mêmes. Ils s'investissent, osent et se donnent, prenant parfois des risques de trapézistes, parce qu'ils sont de plus en plus conscients qu'un filet d'Amour Infini leur assure soutien et rebondissement en cas de chute.

Cette attitude correspond pour moi à ce qu'on appelle, en langage religieux, l'abandon à la providence divine et à la grâce, le don de soi. Ce n'est évidemment pas quelque chose que l'on décrète. Dire : « Abandonne-toi ! » à quelqu'un qui est tendu est aussi absurde que de dire : « Sois spontané ! » Ce n'est pas non plus quelque chose que l'on décrit : en effet, comment décrire la saveur d'un fruit à celui qui n'en a jamais goûté ? C'est une expérience à vivre, qui implique tout l'être dans un processus de métamorphose.

Aujourd'hui, je constate que l'attente est forte et concrète : les gens que je rencontre ne veulent pas seulement d'une lecture, même nourrissante, ni d'un prêche, même éclairant, qui leur parle de sens ou d'amour – comme on donne un cours magistral. Ils attendent d'en faire l'expérience dans leur vie au sens où Dürckheim l'entend :

> Les expériences dont on peut dire qu'elles sont de nature transcendantale sont <u>celles qui révèlent à l'homme qu'il possède des forces lui permettant de dépasser son mode ordinaire</u> d'appréhension des choses, des expériences susceptibles d'ébranler l'homme au plus profond de son être et de le transformer[42].

Et pour cela, ils veulent le soutien « technique » de passeurs d'expérience.

Je les vois exactement comme j'étais moi-même avant de me mettre en route. Ils réalisent, plus ou moins consciemment, qu'ils se sont intérieurement égarés dans l'étroite et sombre vallée de l'illusion ; qu'ils s'y retrouvent prisonniers de l'ego, livrés aux tourments changeants et récurrents des émotions et des désirs. Ils se sentent à bout et affamés d'une nourriture à la fois plus subtile et plus substantielle. Ils ont l'intuition, de plus en plus tôt, que la vision de la vraie vie leur est barrée par

---

42. Karlfried Dürckheim, *Exercices initiatiques dans la psychothérapie*, Paris, Le Courrier du Livre. C'est moi qui souligne.

quelques chaînes de montagnes (croyances et habitudes de pensée) qui coincent un plafond de nuages bas (peu ou pas de perspective d'émancipation spirituelle). Ils ne se contentent pas d'avoir l'assurance que le soleil brille au-delà des nuages : c'est dans leur vie quotidienne qu'ils veulent voir sa lumière. Ils sont déterminés à trouver les sentiers pour passer les cols, dépasser les montagnes et s'éveiller à une vision élargie. Ils aiment s'ancrer dans la terre et ressentir la filiation du vivant (« L'univers est ma famille »), développer leurs capacités d'ouverture à l'autre, d'où qu'il soit (ressentir, et pas seulement penser « nous »), et faire l'expérience qu'ils sont bien guidés de l'intérieur...

Ils ne veulent pas d'un cours de géographie sur plan qui leur apprenne la composition des sous-sols et leur décrive les sentiers, cols et courbes de niveau, ni d'un cours d'astronomie qui leur indique la position des étoiles et le mouvement des planètes. S'ils veulent passer un moment sur le terrain avec l'un ou l'autre guide de montagne expérimenté, c'est pour qu'il leur montre comment observer la météo, employer la boussole et lire la carte, allumer le feu et bivouaquer par gros temps, filtrer l'eau et se nourrir de l'essentiel, et enfin, le cas échéant, descendre en rappel à l'intérieur d'eux-mêmes contre une paroi glissante, pour remonter en escalade sur l'autre pan ; tout cela pour élargir leur vision et gagner en hauteur de conscience, en élan créateur, en capacité d'aimer et de se laisser aimer. Il y a peu de discours : le verbe est rare, la pédagogie pratique et la technique efficace. Et cela n'exclut pas la connaissance des sous-sols ni la contemplation des étoiles...

Chercher *un sens personnel et vivant à son existence*, c'est un peu comme sortir d'une dépression. Si vous dites à une personne en dépression (avec les meilleures intentions du monde, pour la consoler ou l'encourager) : « Tout va bien quand même, ce n'est pas si grave : tu as encore une bonne situation et de si charmants enfants ! », vous creusez le fossé entre vous et elle. Vous la renvoyez à sa solitude et à sa détresse. Elle se sent de moins en moins comprise, de plus en plus séparée des autres, de plus en plus «incompétente». Elle est au fond du puits, et vous, vous lui dites: «Regarde comme le paysage est beau!» Pour l'accompagner, il s'agira de s'arrêter avec elle là où elle est et de marcher dans ses traces avec empathie. Il s'agira de se mettre en lien avec ce qu'elle vit là, maintenant. (Je décris dans mes livres précédents des exemples de présence et de langage propres à l'accompagnement empathique.)

La démarche empathique demande deux qualités peu fréquentes, même chez les personnes les mieux intentionnées: l'humilité d'accepter qu'elles ne savent pas ce qui est juste pour l'autre; et la confiance que l'autre dispose de toutes les ressources intérieures pour trouver par lui-même ce qui est juste pour lui.

Ce qui vaut pour la dépression vaut pour la quête de sens. Ne sommes-nous pas tous plus ou moins en dépression, si nous ne voyons pas le sens de nos vies? À la personne en quête de sens, il s'agira non pas de dire: «Voici la direction dans laquelle tu dois aller», mais de l'aider à trouver sa réponse à la question: «Aimerais-tu savoir où tu vas?» Graduellement, si l'on chemine en restant au plus près de ce qui est vivant en l'autre, la clarté se fait. L'exemple de la jeune Charlotte, au début de la première partie (voir page 26 et suivantes), illustre particulièrement ce processus, qui part de sa tendance suicidaire pour arriver à son élan créateur, en suivant *la spirale de la conscience concentrique*, en accompagnant pas à pas ce qu'elle vit et ressent, et en se gardant bien de la «tirer hors d'elle-même» en lui présentant des références ou représentations qui ne correspondraient pas à son propre cheminement.

En Occident, nous l'avons dit, il semble que nous ayons oublié que la vie est un parcours initiatique, ce qu'enseignent pourtant la plupart des traditions spirituelles. Faute de vivre leur propre vie comme une quête alchimique, peu d'êtres se révèlent à même d'accompagner les autres dans leur transformation, alors même que la demande est grande. Cela explique l'attrait grandissant pour des approches spirituelles ancrées dans l'expérience intérieure, et le désintérêt pour l'adhésion à une révélation reçue seulement comme un enseignement extérieur. Pour moi, ce désintérêt n'est pas une fuite : c'est une rencontre. Ce n'est pas un déclin, c'est une nouvelle exigence.

Révélation ou expérience intérieure, l'une n'empêche pas l'autre, pour autant que nous acceptions que la révélation comprise aux premiers degrés comporte le seul véritable risque de notre existence : le *statu quo* spirituel.

## Le citoyen du troisième millénaire aura une vie intérieure nourrie et nourrissante

> *L'homme a mûri, le temps est venu pour lui de s'ouvrir à l'expérience d'une réalité qui appartenait jusque-là au « domaine de la foi ». C'est grâce à des expériences qui, de l'« au-delà », nous touchent d'une façon inouïe au plus profond de nous-mêmes, nous enrichissent et nous transforment que nous pouvons non plus « croire », mais « savoir » que nous participons à l'ÊTRE.*
>
> Karlfried Dürckheim

Nous le constatons tous les jours : il y a sur la terre bien assez de lois morales ou religieuses, de principes intangibles et de dogmes en tous genres pour parvenir à nous diviser, voire à nous détester, mais pas assez d'intériorité pour apprendre à nous aimer.

À l'heure où l'univers inspiré et interrelié nous apparaît dans sa richesse subtile, où de plus en plus d'hommes sentent qu'ils font partie d'un monde global et où, pour la première fois dans l'histoire, tous les citoyens de ce monde sont sommés de s'unir pour relever des défis planétaires, aucun mouvement religieux, laïc, politique ou philosophique n'est crédible s'il prétend au monopole de la conscience et de la vérité.

De même, aucun mouvement ne pourra plus longtemps prétendre que nous pouvons changer l'extérieur sans d'abord changer à l'intérieur.

Si ce qui est figé risque bien de nous diviser (la référence à « son » dogme ou à « sa » loi à soi, la prétention à avoir raison et à connaître la Vérité...), ce qui est subtil nous rassemble à coup sûr (l'amour, la communion, la conscience, la présence, l'émerveillement...).

> Ce qui est figé nous divise, ce qui est subtil nous rassemble.

Nous sommes donc invités à laisser les querelles d'école et les spéculations mentales au musée, pour apprendre à goûter ce qui nous rassemble : l'intériorité et, par elle, l'accès à l'être et à l'émerveillement de pouvoir nous retrouver ensemble à la source.

## Qu'importe le nom de la source, pourvu que nous puissions y boire

Oserais-je, au risque de paraître trivial, rappeler ici le fameux vers d'Alfred de Musset : « Qu'importe le flacon pourvu qu'on ait l'ivresse... » ? Comme je l'ai plusieurs fois suggéré, qu'importe l'appellation que chacun choisira de donner à l'expérience de cette source – élan vital, Sagesse intérieure, Être, Esprit, Vie ou Dieu –, pourvu que nous en expérimentions le bénéfice ; car elle est déterminante pour le sens de toute notre vie, le bien-être de nos proches et des communautés auxquelles nous appartenons, et jusqu'à l'espèce humaine entière si l'on en croit les principes quantiques de transmission de connaissance et de conscience.

Voici ce dont, pour conclure, je voudrais témoigner. À force de voir, sous mes yeux, des hommes et des femmes en période de changement ou de crise (deuil, séparation, accident, dépression...) trouver les ressources pour transformer leur vie, je sais que nous serons en bonne voie de nous dégager de nos souffrances et d'avancer dans notre élan dès que, croyants ou non-croyants, nous aurons pu *faire l'expérience de la prise de conscience suivante* – et veillé à nous ressourcer dans cette conscience : *J'appartiens à un univers vivant et inspiré. Je ne suis pas tout seul et je n'ai pas que mon mental intelligent et rationnel comme outil pour résoudre les énigmes sur mon parcours. Je peux expérimenter de l'intérieur la présence d'une ressource puissante en moi qui, quel que soit son nom, n'attend qu'une ouverture de ma part pour m'éclairer et m'alimenter, que les outils de cette ouverture s'appellent notamment silence, attention et écoute intérieure, sensibilité, intuition et discernement, lâcher prise et élan créateur ; et que cette expérience, loin de m'enfermer à l'intérieur de moi-même, m'ouvre à la* reliance *et à la* compassion *pour les êtres et les choses, au goût de l'action juste et, de plus en plus, à la joie rayonnante.*

C'est bien d'une expérience qu'il s'agit et qui engage tout l'être, pas seulement notre réflexion mentale, notre sensibilité émotionnelle ou notre perception intuitive. Lorsque le vent souffle sur la voile levée, il n'y a pas une partie du bateau qui peut dire : ceci ne me concerne pas, moi je reste où je suis.

Il importe donc de créer ensemble, croyants et incroyants, laïques et religieux, les conditions favorables à cette expérience intérieure, en ne perdant pas de vue que c'est elle qui compte puisque c'est elle qui relie. En cela, l'athéisme n'empêche évidemment pas de partager l'expérience d'une vie intérieure nourrie et nourrissante : la puissance transformatrice de la Vie-Dieu-l'Univers est là pour tout le monde et circule partout où on lui ouvre les vannes, quel que soit le nom que nous lui donnions, ou l'absence de nom.

Le philosophe André Comte-Sponville, qui se définit comme athée, constate :

> On peut se passer de religion […] mais pas de communion, ni de fidélité, ni d'amour. On ne peut davantage se passer de spiritualité. […] Que vous croyez ou non en Dieu, au surnaturel

ou au sacré, vous n'en serez pas moins confronté à l'infini, à l'éternité, à l'absolu – et à vous-même[43].

Ou encore :

> Croyants et incroyants, nous ne sommes ici séparés que par ce que nous ignorons. Cela n'annule pas nos désaccords mais en relativise la portée. Il serait fou d'attacher davantage d'importance à ce que nous ignorons, qui nous sépare, qu'à ce que nous savons très bien, d'expérience et de cœur, et qui nous rapproche : <u>ce qui fait la valeur d'une vie humaine</u>, ce n'est pas la foi, ce n'est pas l'espérance, <u>c'est la quantité d'amour, de compassion et de justice dont on est capable</u>[44] !

Dans cet esprit, j'ai trouvé limpide cette anecdote qu'Arnaud Desjardins rapporte, en citant un moine cistercien théologien connu pour ses travaux sur les pères de l'Église :

> Dans chaque tradition, vous retrouverez le même symbole d'une eau source de vie, l'eau qui désaltère vraiment. Les contemplatifs, les ascètes, les mystiques de toutes les religions, sont penchés sur cette même source, tellement absorbés dans le fait d'en boire qu'ils n'ont pas le temps de discuter à son sujet. Et puis, suffisamment en retrait pour être sûrs qu'aucune gouttelette ne risque de les éclabousser, les théologiens de toutes les religions, sans avoir bu une seule gorgée de cette eau, discutent inlassablement pour savoir si celle-ci est alcaline, minérale, sulfatée, magnésienne, ou si elle contient trop de nitrate[45].

---

43. André Comte-Sponville, *L'esprit de l'athéisme. Introduction à une spiritualité sans Dieu*, Paris, Éditions Albin Michel, 2006.
44. *Ibid.* C'est moi qui souligne.
45. Arnaud Desjardins, *En relisant les Évangiles*, Paris, Éditions de la Table Ronde, 1990.

Cet émerveillement du *simple* fait d'être, d'appartenir à la vie, cette seule absorption dans la conscience de *la merveille*, voilà finalement ce qui comble, guérit, transforme; voilà ce que cherchent les humains.

### Expérience personnelle, appartenance à la collectivité et participation à l'univers

Je le constate tous les jours dans mon travail: l'homme ressent le besoin de s'ancrer dans son être par une démarche d'intériorité. Il ressent le besoin de renouer les liens d'appartenance à sa communauté et de se réenraciner dans son histoire collective par des relations vraies de personne à personne et toutes sortes de liens subtils comme les contes, les mythes et les symboles. C'est ainsi qu'il s'ouvre aujourd'hui aux différentes cultures et traditions spirituelles et que sa conscience s'élargit: il perçoit de plus en plus son appartenance à l'univers non comme une belle vision, mais comme une évidence écologique.

Les moyens de communication, les voyages, la circulation des personnes et des idées, qui font de notre planète un village global, génèrent *une nouvelle conscience de la responsabilité de chacun dans l'avenir de l'humanité*.

Cette certitude de partager le même destin remet en lumière «[...] l'*unité* du genre humain, l'*unité* de l'homme avec le cosmos et l'*unité* de la personne elle-même[46]». La démarche spirituelle d'aujourd'hui est directement inspirée et concernée par ces enjeux planétaires. Elle se défait de la conception du monde objective, mécaniste et aliénante, et voit l'univers comme un grand tout organique dont toutes les parties sont interreliées: «L'être humain fait un avec le cosmos et comprend que les lois qui régissent l'univers à ses différents niveaux sont en lui. La nouvelle spiritualité vise à mettre les humains en syntonie avec l'univers[47].»

---

46. Richard Bergeron, «Pour une spiritualité du troisième millénaire», *Religiologiques*, n° 20, automne 1999. Richard Bergeron est professeur émérite à la faculté de théologie de l'Université de Montréal.
47. *Ibid.*

Se réharmoniser avec l'univers, se sentir relié au-delà des apparences et séparé de rien me paraissent des apprentissages nécessaires. Je suis chaque jour plus intimement convaincu que la conscience planétaire ne peut émerger qu'en dépassant les dualismes et les séparations qui cloisonnent et divisent le monde : l'homme et la nature font un, le corps et l'âme font un, et, au-delà du bien et du mal, il y a quelque chose qui nous rassemble. C'est d'ailleurs dans cette conscience d'unité que le poète et maître soufi Rûmî nous donne rendez-vous depuis le XIIIe siècle : « Il y a un lieu au-delà du bien et du mal. C'est là que je te rencontrerai. »

C'est en tendant vers cette unité que nous nous rassemblons, car, comme le dit Pierre Teilhard de Chardin : « Tout ce qui monte converge. » De ce fait, les spiritualités dualistes n'ont pas d'avenir : la dualité entrave le processus spirituel qui tend vers l'unité.

Dans ce processus, de tout temps mais particulièrement aujourd'hui, c'est l'expérience subjective qui est le point de départ de la spiritualité. C'est la personne comme sujet, dans ses attentes et ses doutes, dans ses élans et ses deuils, qui est au cœur de la démarche spirituelle. C'est la personne comme sujet qui est appelée à expérimenter une dimension *autre* de son être. Ainsi, aujourd'hui : « Il ne s'agit pas de croire parce que le pape, l'Église ou le Christ l'enseignent, mais de croire parce que c'est vrai, parce qu'on l'a expérimenté, senti, éprouvé dans son être personnel[48]. » Déjà le psychanalyste Jung constatait :

> « Je ne crois pas en Dieu : je Le sais. »

La vie spirituelle est toujours partie d'un retournement de l'écoute et du regard vers l'intérieur, car aucune rencontre de

---

48. *Ibid.*

Dieu – quel que soit son nom – n'est possible sans que la personne ne se soit préalablement rencontrée elle-même. Aller vers Dieu, c'est aller vers son être essentiel, son être source :

> Ma vie n'est qu'une perpétuelle écoute au-dedans de moi-même, des autres, de Dieu. Et quand je dis que j'écoute « au dedans », en réalité c'est plutôt Dieu en moi qui est à l'écoute. Ce qu'il y a de plus essentiel et de plus profond en moi écoute l'essence et la profondeur de l'autre. Dieu écoute Dieu[49].

Qui peut vraiment douter que l'expérience *subjective* soit la seule occasion d'accéder à sa force et à sa créativité comme *sujet* autonome et responsable ? Qui pourrait « transporter des montagnes » et transformer le monde s'il n'a pas accès à ses ressources intérieures et à son élan vital ? Qui peut « devenir source » s'il est divisé par les culpabilités, la bonne ou la mauvaise conscience, l'angoisse existentielle, la peur de mal faire, de ne pas correspondre à « la Loi » ou à une image idéale, et d'être puni ?

Les enjeux urgents du monde d'aujourd'hui demandent que les hommes et les femmes apprennent à s'ancrer dans leur force intérieure et leur unité profonde ; à sentir, en chacune de leurs cellules, leur appartenance au Tout inspiré et leur responsabilité dans la convivialité cosmique ; et à déployer généreusement leur créativité, pour tirer la collectivité des impasses économiques et écologiques actuelles.

Pour cela, les religions sont invitées à lâcher leur peur que l'expérience intérieure – qu'elles discréditent souvent en la qualifiant de *subjective* – compromette l'accès à « la splendeur de la vérité ». Par souci de cohérence, elles ont besoin d'apprendre (au double sens de faire l'apprentissage et d'enseigner) « le sens de l'intériorité, de l'unité et de la non-violence

---

49. Etty Hillesum, *Une vie bouleversée : 1941-1943*, Paris, Seuil, Collection « Points », 1995.

intérieure », faute de quoi ce sont elles-mêmes qui risquent de compromettre l'essor de Conscience indispensable pour appréhender les nouveaux enjeux.

Pour cela, la société civile est également invitée à apprivoiser sa peur que l'intériorité – qu'elle discrédite également, en la reléguant au mieux à la sphère privée – compromette la laïcité essentielle à la démocratie et à l'efficacité du système. Elle a aussi à apprendre le « sens de l'intériorité, de l'unité et de la non-violence intérieure », faute de quoi elle risque de compromettre le processus d'humanité et de citoyenneté qui seul peut nous protéger de la barbarie. Les guerres du pétrole sont assez tragiquement absurdes pour que nous mettions tout en œuvre pour éviter celles de l'eau, puis de l'air, puis de l'espace vital...

# CONCLUSION

*Ne vous demandez pas de quoi le monde a besoin.*
*Demandez-vous ce qui vous éveille à la vie, puis faites-le.*
*Car ce dont le monde a besoin c'est d'êtres qui s'éveillent à la vie.*

D[R] HOWARD THURMAN[1]

Voici, en quelques points, le cheminement de la réflexion proposée dans ce livre.

- Depuis longtemps, les hommes et les femmes se sont fait violence en négligeant leur sensibilité, leur intériorité et leur besoin de sens, de beauté, de tendresse et de proximité. Cette violence intérieure s'est propagée à l'extérieur dans beaucoup de leurs rapports : au monde, à la nature, à l'argent, au pouvoir, aux hommes et aux femmes comme aux enfants…

---

1. Howard Thurman (1899-1981) est philosophe, théologien, pasteur baptiste, activiste des droits de l'homme et doyen de la chapelle Marsh à l'université de Boston. Il est aussi l'auteur, notamment, de *Search for Common Ground*.

- Aujourd'hui, nous, citoyens de la planète, faisons face à des défis que l'humanité n'a pas encore connus, des défis planétaires : menace d'effondrement de nos écosystèmes, menace d'affrontement croissant pour les ressources naturelles, fractures économiques exponentielles entre les nantis et les démunis, générant la violence de ceux qui, n'ayant jamais rien eu à gagner, n'ont forcément plus rien à perdre.
- Nous avons créé une société qui fonctionne de façon non seulement mortifère, mais suicidaire. Nous avons urgemment besoin de revoir la vision du monde, les systèmes de pensée, les habitudes et modes de fonctionnement qui ont créé cette société et qui nous ont amenés à vivre d'une telle façon notre rapport à la Terre (et à l'univers dont nous sommes), notre rapport au Temps et nos rapports humains.
- Ce travail de transformation de nos systèmes de représentations et de nos croyances collectives passe par une remise en question profonde. J'ai la conviction que la clé non seulement de la paix, mais de la survie de notre espèce se trouve dans cette remise en question individuelle, courageuse et responsable. Je pense cela parce que, depuis près de quinze ans, j'ai accompagné des centaines de personnes à travers les processus de transformation personnelle. La démarche de transformation est plus ou moins volontaire selon qu'elle est délibérément choisie par la personne insatisfaite de ses habitudes de pensée et de fonctionnement et qui décide d'en changer, ou qu'elle fait suite à un événement douloureux : deuil, accident, maladie, séparation... qui amène la personne à prendre conscience qu'elle ne peut s'en sortir toute seule, qu'elle est mal outillée pour traverser ces difficultés et qu'elle a besoin d'aide.
- Les processus de transformation varient bien sûr en fonction des individus. Toutefois, des constantes se dégagent.

### Constantes observées dans les processus de transformation personnelle

1. Tout individu tend vers la paix intérieure, un contentement profond de l'être dans la communion avec lui, l'autre et la vie. C'est ce que chacun cherche, quelles que soient les stratégies qu'il met en place (même celles qui paraissent les plus contradictoires par rapport à l'objectif). La vraie vie ne consiste pas seulement à ne pas souffrir, comme beaucoup le croient, mais à savourer la paix intérieure.

2. Les processus qui nous font passer de la souffrance à la paix sont ceux qui nous permettent de passer :
    - de la division à l'unité ;
    - de la dispersion à la cohérence ;
    - de la fragilité à la force intérieure ;
    - de l'impression de manque et de vide à celle de joie, de bien-être intérieur, voire de plénitude.

    Ils correspondent également au parcours qui nous mène :
    - de l'opposition à l'action ;
    - de la réaction à la création ;
    - de la résistance à l'existence ;
    - de la survie à la vie.

    En bref, il s'agit de la métamorphose de l'ego à l'Être. C'est une alchimie qui nous fait transformer le plomb de la souffrance et de la division en l'or de la Présence et de l'unité.

3. La plupart du temps, quelle que soit notre éducation familiale, scolaire et même religieuse, personne ne nous décrit cela aussi clairement et simplement ; personne ne nous enseigne les clés du processus d'évolution spirituelle qu'est la vie. Nous l'apprenons sur le tas, et le plus souvent à la dure. Il arrive que les modèles et le langage religieux, malgré leurs bonnes intentions, ferment des cœurs et des consciences plutôt qu'ils ne les ouvrent. Or, bien des cœurs et des consciences s'ouvrent à une compréhension spirituelle proposée sans langage ni modèle religieux (l'un n'empêchant pas l'autre).

4. Lorsque les difficultés et, *a fortiori*, les épreuves apparaissent, ce qui nous pose problème la plupart du temps ce ne sont pas nos conditions de vie (bien sûr, il arrive que nos conditions de vie soient dramatiques), mais le conditionnement de notre esprit. Autrement dit, ce n'est pas

> tant « ce qui nous arrive » qui cause des difficultés que « comment nous vivons ce qui nous arrive » et dans ces moments, ce dont nous manquons ce n'est pas de ressources mais d'accès à ces ressources. La transformation consiste à ouvrir l'accès à ces ressources.
>
> 5. Les personnes qui goûtent les bénéfices d'une transformation profonde sont celles qui acceptent de se déconditionner de leurs vieilles habitudes de pensée et de fonctionnement. Dès qu'elles acceptent de changer leur propre logiciel ou système de programmation, elles font l'expérience d'une nouvelle façon d'être au monde : c'est une nouvelle naissance. Celle-ci s'accompagne la plupart du temps de l'expérience que nous sommes bien guidés, quel que soit le nom que chacun donne à cette guidance : la Sagesse intérieure, la Vie, l'Esprit, l'Univers ou Dieu.
>
> 6. L'accouchement de soi n'est pas nécessairement confortable et beaucoup s'arrêtent devant l'inconfort des remises en question. À l'unanimité, ceux qui ont accepté ce processus déclarent que leur nouvelle vie dans la nouvelle conscience n'a pas de prix et valait tous les efforts.
>
> 7. Les personnes qui s'impliquent pleinement dans le processus ne s'enferment pas dans une complaisance narcissique à l'égard d'elles-mêmes. Au contraire, en s'ouvrant à l'Être en elles-mêmes, elles s'ouvrent à la conscience et à l'appartenance communautaires, et s'impliquent la plupart du temps avec bien davantage de force intérieure, de discernement et d'inventivité dans des projets au service de l'humain. Elles deviennent généreuses de la joie et des ressources qu'elles ont trouvées en elles.

- En constatant que ce potentiel existe dans le cœur de chaque être humain, puis en regardant le monde et la vie quotidienne de bien des gens, il me paraît d'intérêt public d'inviter les populations à s'initier à la vie intérieure.
- En regardant le monde, nous pouvons percevoir que les inégalités criantes et la mise en péril de nos ressources et de l'écosystème planétaire ne sont pas tant le fait d'un manque de richesses que des angoisses existentielles de ceux qui génèrent et gèrent les richesses. Il semble que la quête insatiable de pouvoir et d'avoirs de certains soit

l'expression tragique de besoins d'amour et de reconnaissance blessés, d'un besoin d'appartenance en souffrance, et de l'insatisfaction de leur besoin de ressentir intimement *le sens personnel et vivant* de leur existence.

- En regardant nos vies quotidiennes, nous pouvons percevoir que notre propre rapport paisible et heureux avec le temps, l'argent, les biens matériels comme avec les relations humaines, l'amour et le bonheur semble souvent compromis par ces mêmes besoins en souffrance : amour, reconnaissance, appartenance et sens. Ce ne sont pas nos difficultés personnelles en soi qui ont des conséquences sociales (nos difficultés font partie de nos chemins de vie et nous pouvons nous sentir capables de les traverser et même d'en tirer enseignement), c'est plutôt notre incapacité à faire face à nos difficultés personnelles qui entraîne des conséquences sociales préjudiciables. Causes et effets se combinent et se croisent souvent, mais voici quelques liens régulièrement observés parmi d'autres :
  - le manque d'estime de soi et la fragilité par rapport au regard de l'autre entraînent la dépression, l'agressivité, la jalousie, la compétition, les rapports de force (rapport de domination-soumission, harcèlement, séduction et manipulation...) ;
  - la peur de manquer et le désir de paraître mènent aux névroses perfectionnistes, à la surconsommation jusqu'à l'endettement, aux transgressions et comportements délictueux (faux, contrefaçon, vols et détournements) ;
  - l'insécurité affective et la perte de sens conduisent à la dépression, aux dépendances, à la violence et aux conduites à risque ;
  - l'attachement (aux objets, à l'argent, au pouvoir, aux idées, à l'image de soi...) génère la violence et l'intolérance (pour protéger ses acquis et ses attachements) ;
  - le rapport hostile au Temps et le piège du « faire » se manifestent par l'angoisse et le stress, ce qui génère des comportements d'absentéisme, de conduite automobile

dangereuse, de brutalité et de manque de respect, et, particulièrement vis-à-vis des enfants dans les familles et les écoles, des comportements de non-assistance à personne en danger de manquer d'amour, de reconnaissance, d'appartenance et de sens...

Et ainsi, le cercle vicieux se boucle. Tous les maillons de cette chaîne tragique se tiennent et la souffrance s'autogénère. Nous risquons d'entretenir collectivement ces dysfonctionnements si nous ne prenons pas individuellement conscience tant de l'urgence d'en sortir que du pouvoir de rayonnement de notre attitude individuelle.

- En conclusion, il m'apparaît que :
  - la transformation individuelle de l'ego à l'Être sert la transformation sociale, principalement parce qu'elle fait passer de la solitude à l'appartenance, de la compétition à la solidarité et de l'accaparement au partage ;
  - le développement personnel profond est ainsi le ferment du développement social durable ;
  - l'intériorité, creuset de la transformation personnelle, est la clé de la citoyenneté d'aujourd'hui ;
  - nous avons chacun la liberté d'encourager, de travailler, de créer et d'échanger des outils et des processus qui ouvrent l'intériorité et la conscience d'appartenir à un monde inspiré.

## Quelques outils simples de pratique de l'intériorité

Voici, parmi tant d'autres, quelques approches simples pour nous aider à ouvrir et à affiner notre conscience. Je les pratique et les enseigne depuis des années. Je propose de les voir comme un jeu. Nous jouons bien aux cartes ou au football, et cela nous divertit un moment en absorbant notre attention. Nous pouvons de même jouer à nous recentrer, en posant par moments notre attention sur notre intériorité.

Ces pratiques nous permettent de nous rapprocher petit à petit de notre être en nous défaisant doucement de notre personnage. Elles nous permettent de tendre vers plus de cohérence en nous alignant sur notre élan de vie et en nous amenant à constater – de façon bienveillante – nos incohérences. L'accueil de celles-ci est donc fondamental : nous ne pouvons sortir de nos incohérences si nous les ignorons, les refoulons ou les combattons. Lorsque nous combattons quelque chose – quoi que ce soit –, notre énergie s'épuise en lutte et n'est donc plus disponible pour la transformation et la création. Par contre, si nous nous observons régulièrement et sans jugement, avec l'amour d'un parent qui observe son enfant qui apprend, ces pratiques nous révèlent à nous-mêmes en nous rapprochant de notre centre.

## Écouter et demander : émettre et recevoir par la méditation et la prière

J'ai évoqué de nombreuses fois l'écoute intérieure. Le processus de la CNV m'a été bien utile pour apprendre comment m'écouter *au bon endroit*, retrouver d'abord plus de clarté et de paix entre mes sentiments et mes besoins.

Sa pratique régulière permet ensuite d'acquérir la capacité de traverser la couche des sentiments et des besoins pour entrer dans l'état d'écoute méditative, sans pensée ni émotion, en pure présence au souffle de la vie ou de l'esprit. Cet état résulte d'une pratique qui s'affine et s'approfondit avec les années et nous dispose à une grande réceptivité. Dans ce cas, nous déployons notre antenne pour capter.

Dans cet état de recueillement, nous pouvons de mieux en mieux discerner *vers où nous tendons*, quel est l'axe de notre vie, pour aligner nos attitudes et nos choix. Nous pouvons également porter notre conscience sur les demandes que nous nous adressons à nous-mêmes ainsi qu'à l'Univers ou à Dieu. Formuler clairement nos demandes, si possible à haute voix, est la première étape pour leur donner corps. Dans tous les stages que j'anime, j'invite les personnes à formuler clairement leurs besoins. D'abord, pour mobiliser leur être. Tant que nous marmonnons nos plaintes ou nos vagues désirs, rien ne bouge. Lorsque nous acceptons de formuler une demande claire – ne serait-ce que de dire haut et fort : « J'ai besoin d'aide ! » – notre être se réveille et s'oriente pour capter des solutions. Ensuite, pour mobiliser la vie, l'Univers, l'Esprit ou Dieu – selon le vocabulaire de chacun. Le Christ disait : « Demandez et vous obtiendrez. » Et c'est vrai. Que nous soyons croyants ou non, nous pouvons faire l'expérience que, si nous nous impliquons avec intégrité dans la démarche de transformation, l'univers (la vie...) répond à nos demandes en fonction de nos vrais besoins – et non pas en fonction de nos désirs ou de nos envies. Dans ce cas, nous utilisons notre antenne comme émetteur et nous pouvons établir un dialogue, une relation avec ce qui est au-delà de nous.

La découverte du champ du point zéro – ce champ d'ondes et d'informations contenant toute chose – peut éclairer particulièrement les athées et les agnostiques sur ce système de dialogue et d'échange qu'en langage religieux on appelle la prière. Celle-ci est un état de communion consciente d'être à Être, qui va bien au-delà de la caricature d'une formule psalmodiée sans ouverture de conscience et de cœur.

Je dois à la prière régulière ainsi comprise la force et la confiance qui m'ont permis d'apporter des changements fondamentaux à mon existence et qui continuent de m'inspirer dans tout ce à quoi j'œuvre.

### Respirer

Le travail sur notre respiration nous branche directement sur la vie, sans palabres. C'est l'écoute de la vie qui circule en nous. Des traditions ancestrales proposent des exercices de respiration pour s'ouvrir à l'Être.

Très simplement, je recommande de prendre régulièrement plusieurs respirations en étant pleinement conscients que ce mouvement même assure la continuité de la vie en nous. Nous pouvons alors nous laisser toucher par sa constance et ressentir de la gratitude : si figés, raides ou arrêtés que nous puissions nous croire, notre respiration, elle, est en mouvement. Si malmenés, rejetés ou trahis que nous puissions nous imaginer, notre respiration nous est fidèle, jusqu'à notre dernier souffle. Et elle reçoit si peu de gratitude pour sa fidélité...

À tout moment, dans la voiture, au travail, en préparant le repas, au réveil ou avant de méditer, quelques respirations conscientes nous ramènent à l'essence du « Je Suis » intemporel, qui dure et demeure au-delà des circonstances (voiture-travail-repas-réveil-méditation).

Rappelons-nous que le mot *spir*, qui veut dire « souffle », est la racine du mot spiritualité.

## Contempler

Voilà bien aussi une ressource inépuisable et facile d'accès : contempler la vie dans tous ses états. Contempler, c'est se nourrir de chaque instant pour finalement se sentir unifié avec tout ce qui est vivant. C'est devenir le sourire de la Joconde ou la voix du ténor ; l'orage ou le bourgeon qui s'éveille ; le geste de la mère qui serre l'enfant contre elle dans le métro, ou le souffle du malade sur son lit d'hôpital. C'est prendre sa part au festin de la vie.

> « J'ai reçu mon invitation au Festival de la Vie, et j'ai joué tant que j'ai pu. »
> RABINDRANATH TAGORE

Vivre chaque instant – autant que possible en conscience – nourrit l'être en nous. Lorsque l'être est nourri et vivant, l'ego lui fiche la paix. Mais lorsque l'être est affamé, l'ego prend toute la place.

## L'ego et l'être, comme un sucre au bord d'une tisane

Juste une précision à propos d'ego et d'être. Si nous cherchons l'unité en maintenant la division entre l'ego et l'être, nous nous maintenons dans la division. À nouveau, ce n'est pas l'un ou l'autre, mais l'un au service de l'autre.

Notre ego se tient à distance de l'être comme un sucre sur le bord d'une tasse de tisane. Il a peur de se dissoudre : « Moi qui ai de si belles arêtes et des angles si parfaits, moi qui suis si carré, solide et compact, je perdrai toute ma substance si je m'abandonne dans l'être… »

Comme le sucre, en lâchant l'attachement à la forme, donne sa saveur à la tisane, l'ego, en lâchant les attachements qui le coincent dans ses différentes formes, donne sa couleur et son parfum à l'être. Il ne s'agit pas de perdre notre identité, mais de dissoudre ce qui nous empêche de goûter sa pleine saveur.

## Explorer plus largement notre espace intérieur

*Un homme, avant de penser aux autres, doit avoir été rudement lui-même.*
*Il doit avoir fait le tour de sa personnalité pour la maîtriser*
*et la mettre au service des autres.*

Rainer Maria Rilke

La difficulté est que nous sommes souvent très « gentiment » nous-mêmes, en nous contentant d'occuper les seules parties de nous que nous connaissons et qui sont souvent les plus couramment admises (familialement, socialement), même si nous y sommes décentrés et à l'étroit.

Nous sommes tous plus vastes que ce que nous croyons : la connaissance de notre *périmètre* humain, même multiforme, va aider à identifier notre centre, pour autant que nous acceptions d'« être rudement nous-mêmes », en côtoyant toutes les parties de nous.

Visualisons cela par un dessin en deux dimensions.

*Conclusion*

Imaginez votre personnalité comme un territoire qui serait de forme ronde :

En deux (ou quelques) traversées de vous-même, vous aurez une chance de rencontrer votre centre :

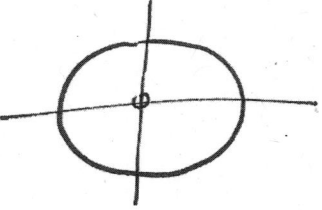

Imaginez que votre personnalité soit un territoire de forme carrée :

En deux (ou quelques) traversées de vous-même, vous aurez également l'occasion de rencontrer votre centre :

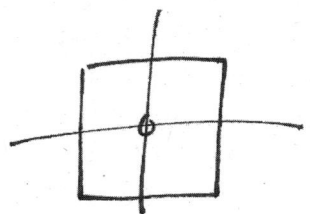

Mais qui peut dire qu'il est « tout rond » ou « tout carré » ? Ne sommes-nous pas tous infiniment plus complexes que cela, avec des rondeurs et des pointes, des péninsules et des baies à découvrir ?

Ce qui peut donner, disons, quelque chose comme ceci :

Comment trouve-t-on le centre d'une forme aussi spécifique ? Par un travail spécifique d'exploration intérieure :

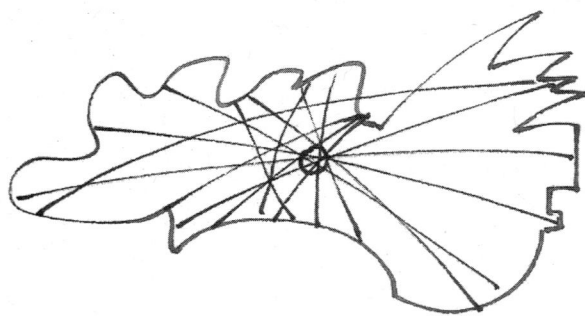

Cela consiste à identifier les contours, puis à chercher le centre en voyageant d'un bout à l'autre. Concrètement, pour nous connaître, nous sommes invités à voyager régulièrement jusqu'aux marches de nous-mêmes : jusque dans nos pôles et territoires d'outre-mer, de notre urbanité à notre sauvagerie, de nos déserts intérieurs à nos lacs intimes, de nos pics lumineux à nos fonds marins... et ce, en nous donnant l'autorisation de faire d'autres choses, de rencontrer d'autres gens, d'autres cultures et pratiques que ceux que nous avons l'habitude de fréquenter. Par exemple, si vous craignez de chanter, allez suivre un cours de chant ; si vous avez honte de danser, montez sur la piste de danse ; si vous rêvez d'une retraite silencieuse, retirez-vous quelques jours ; si vous avez envie de jouer au théâtre, faites un stage ; si vous avez peur des chevaux, suivez quelques séances de rencontre avec un cheval. Dépassez votre zone de confort : dans celle-ci rien ne se transforme, tout ronronne. Osez l'inconfort transformateur de la nouveauté et observez-vous en conscience : « Qui a peur en moi, qui doute, qui freine ? » et en même temps, savourez : « Qui s'ouvre, qui pousse vers l'avant, qui frétille de vie en moi ? »

Vous vous demanderez sans doute : « Comment ces va-et-vient et ces allers-retours peuvent-ils être autre chose que vagabondage, futile dispersion et temps perdu ? Comment peuvent-ils m'aider à me recentrer ? »

Ce qui « recentre », c'est de mieux cerner les pièges de l'ego et de développer la conscience grandissante qu'à travers tous ces comportements changeants une part de nous, notre conscience ou l'être en nous, est constante, quoi que nous fassions. « Qui je suis » n'est jamais défini par « ce que je fais », mais « ce que je fais » nous aide à définir un aspect de « qui je suis ». Ainsi, à force de rassembler ces différents aspects de « qui je suis » par un travail de *conscience en spirale concentrique* (voir page 135 et suivantes), nous nous rapprochons de plus en plus de l'être, au-delà du personnage en action.

À une certaine époque, j'ai consacré régulièrement du temps à sortir en boîte de nuit, en dépit du fait que je n'ai jamais aimé ni le bruit, ni la foule, ni l'obscurité. Cet attrait paraissait peu cohérent avec mon goût pour la nature, la solitude et le silence. J'avais heureusement déjà appris à m'observer sans me juger, et cette attitude m'a, petit à petit, permis de comprendre que, dans les deux cas, ce que je cherchais, c'était *l'intensité dans l'appartenance* : je croyais la trouver dans la boîte de nuit en dansant en rythme dans cette foule, comme dans la nature en prenant part à la grande respiration du monde. J'ai réalisé qu'au fond je n'aimais ni les boîtes de nuit ni la solitude en soi : *j'aimais me sentir relié.*

En explorant notamment ces deux extrêmes de mon territoire, j'ai pu définir un aspect de mon centre qui se révèle d'ailleurs essentiel pour la paix intérieure de chacun : se sentir relié, où que l'on soit.

Bien sûr, sans le recul de l'intériorité, une sortie en boîte de nuit reste une sortie en boîte de nuit, et une balade en forêt n'est rien de plus qu'une balade en forêt. Grâce à l'intériorité, nos apparentes incohérences sont des étapes vers l'unité.

Les deux questions qui suivent peuvent nous aider à prendre le recul qui permet d'affiner la conscience et de vivre « le quotidien comme exercice », selon la belle expression de Karlfried Dürckheim. Tout devient alors l'occasion de rencontrer l'être en soi.

### Qui choisit ?

Devant tout choix, d'attitude, de pensée ou de répartie, nous pouvons nous interroger : « Qui choisit ? » Est-ce notre vieux personnage, notre petit moi, ou est-ce notre être profond ancré dans l'élan de vie ?

Pour mieux nous connaître, nous pouvons remonter en amont, revisiter une série de choix, petits ou grands, que nous avons faits au cours du temps et nous interroger : « Qui, en moi, a fait ce choix ? » Cet exercice sur le passé est doublement éclairant : il nous permettra d'abord de reconnaître que nous étions déjà, pour certains choix, bien guidés par notre être, et cela nous donnera l'occasion de mieux l'identifier en nous. Il nous permettra ensuite de constater que, pour d'autres choix, c'est plutôt le personnage « gentil », évitant les conflits, craignant le regard de l'autre et ne voulant pas déranger qui a prévalu, ou d'autres aspects encore de notre personnalité. Nous aurons alors l'occasion de comprendre les bénéfices secondaires de cette attitude : en négligeant peut-être notre être profond, nous avons tout de même pris soin de certains de nos besoins, par exemple l'appartenance, la sécurité affective ou matérielle et la reconnaissance sociale.

Cette meilleure conscience de nous nous donnera l'occasion de nous *paterner* ou de nous *materner* un peu, pour nous encourager à oser être.

## Ma façon d'être au monde témoigne-t-elle du monde dont je rêve ?

> *La fin est dans les moyens comme l'arbre est dans la graine.*
>
> GANDHI

Cette deuxième question nous aide également à nous aligner par l'intérieur sur les valeurs auxquelles nous tenons, sans contraintes extérieures, ni « copié-collé ». Elle facilite une intégration personnelle de la cohérence qui laisse de la place à nos incohérences, en les rendant transformables.

Si vous interrogez les êtres humains un peu partout sur la planète sur le rêve profond qu'ils ont pour eux et l'humanité, vous obtenez, avec des variables, des réponses assez semblables : « Je rêve de sécurité et de santé pour ma famille, mes proches et moi-même ; je rêve de rapports de paix chaleureux et authentiques entre les humains ; je rêve de solidarité et d'équité ; je rêve que chacun reçoive les soins, l'attention et l'affection nécessaire pour bien vivre… » Si nous tendons généralement vers ce rêve, nous savons bien qu'il ne tombera pas tout préparé dans nos mains et qu'il doit être réalisé chaque jour un peu plus. Par qui, si ce n'est par nous ? Quand, si ce n'est tout de suite ? Et où, si ce n'est là où nous sommes, dans les circonstances précises que nous avons à vivre ?

Ainsi, cette question peut, comme la précédente, nous servir de repaire vers notre objectif : « Ma façon d'être au monde (mes attitudes, mes pensées, mes intentions, ma façon de m'exprimer et d'écouter) témoigne-t-elle du monde dont je rêve ? » ou – plus crûment : « Est-ce que je fais partie de la solution, ou est-ce que j'entretiens le problème ? »

Cette réflexion sur soi nous invite à sortir de l'inconscience de nos propres incohérences : constater et accepter – toujours avec bienveillance – nos propres incohérences est la seule façon dont nous pourrons en sortir.

Nous pouvons rêver d'un monde de douceur et de respect, sans même nous rendre compte qu'au moindre désaccord nous haussons le ton, parlons sèchement à nos enfants ou traitons notre interlocuteur d'une façon dont nous n'aimerions pas être traités. Nous pouvons rêver d'un monde d'écoute et de tendresse mutuelle, sans même constater combien nous n'avons envers nous-mêmes ni tendresse ni écoute…

Aujourd'hui, nous savons que nos efforts de conscience ne sont pas solitaires mais solidaires : ils font *relais* puis *système* ; *ils font des vagues* et *des holégrammes*, et contribuent ainsi à la grande œuvre collective qu'est l'humanité.

### Trois chaises pour asseoir l'élan

Voici un exercice de dialogue intérieur que j'ai longtemps pratiqué pour permettre à différentes parties de moi de trouver comment s'entendre, et que j'enseigne dans certains ateliers d'ouverture à la conscience non violente.

Notre ouverture de conscience est souvent bloquée, comme nous l'avons vu, par la pensée binaire qui nous divise entre notre élan de vie (nos rêves, nos projets les plus fous) et tous nos « oui, mais… » (nos peurs, nos doutes, nos renoncements nécessaires…). Pour ne plus être *pris entre deux chaises*, je propose d'introduire une troisième voie, celle du « sage intérieur », cette partie de nous qui sait. Dans l'écoute de celui-ci, nous allons prendre le temps de laisser notre intériorité composer avec ce qui est vivant mais bloqué dans les « oui, mais… » et ce qui est vivant mais paraît peut-être trop fou dans les élans.

Disposez d'abord deux sièges côte à côte. Attribuez par exemple celui de droite à votre élan de vie (l'essence de vos rêves) et celui de gauche à vos « oui, mais… ». Commencez par la chaise que vous voulez ; installez-vous aussi consciemment que possible dans cette partie de vous et laissez-la parler librement à haute voix. Puis prenez quelques moments d'écoute intérieure avant de passer sur l'autre chaise et de vous installer dans l'autre partie de vous. Laissez maintenant s'exprimer celle-ci à haute voix. Puis, après quelques instants d'écoute intérieure, revenez à la première chaise, remettez-vous dans cette partie de vous et répondez à la partie que vous venez de jouer, en créant un dialogue, et ainsi de suite. Il se peut que ce dialogue clarifie les enjeux, mais il se peut aussi que celui-ci tourne assez vite à la partie de ping-pong : « Je rêve de… je voudrais tant que…, oui mais c'est pas possible parce que…, pourtant je rêve quand même de… »

Cette vision binaire ferme un battant de porte pour en ouvrir un autre. Il y a chaque fois occlusion ou rejet d'une partie de nous. C'est le moment d'introduire, entre les deux premières chaises, la chaise du sage intérieur. Installez-vous « dans » votre sage intérieur et laissez-vous répondre tour à tour aux deux autres parties sans essayer de résoudre votre problème immédiatement, mais en tentant simplement de vous ouvrir à la possibilité d'une troisième voie. Maintenez ainsi les deux battants ouverts : c'est cette attitude d'ouverture au potentiel, à ce qui est possible, même s'il n'y en a pas encore de signes, qui permet à notre créativité, à notre intuition et, selon nos convictions, à la grâce et à l'esprit de nous inspirer.

Soyez vigilant, et changez de chaise en fonction de la partie de vous qui s'exprime : ne confondez pas la partie « oui, mais… » avec la sagesse du maître intérieur ; celui-ci ne vit pas dans la peur et ne s'accroche pas à la raison et au raisonnable.

Il n'y a rien à forcer : on ne fait pas pousser une plante en tirant dessus. Entretenez ce dialogue intérieur entre les parties de vous comme une conversation avec des proches que vous

chérissez et à qui vous osez dire les vraies choses, comme
« stop ! » et « ça suffit ! », mais aussi : « prends ton temps ».

Le signe démontrant que vous écoutez bien la partie de
vous-même qui est votre sage intérieur est la paix qui se dégage
de cette écoute, même si elle n'est pas encore suivie de conséquences pratiques, et l'impression récurrente que « cela sonne
juste ». Attention, il n'y a rien de magique ni d'automatique.
Pour certains choix décisifs dans ma vie, j'ai pratiqué cette
approche pendant plus d'un an afin de vérifier la récurrence
de l'impression que *cela sonne juste* ; pour d'autres, la clarté
s'est faite plus rapidement. Quelle qu'en soit la durée, cet
investissement de temps est le meilleur placement que nous
puissions faire : les bénéfices d'un choix qui a été fait par tout
notre être n'ont pas de prix.

Les bénéfices sont aussi dans l'assise et la fluidité intérieures que cet exercice permet d'acquérir : cette disponibilité
aux différentes parties de nous-mêmes nous donne l'occasion
de fréquenter notre être profond. Il stimule notre discernement
en nous rendant plus présents, parce que moins encombrés de
nous-mêmes. (Nous savons que les parties de nous les plus
encombrantes sont celles que nous n'écoutons pas : sans écoute,
pas de transformation.)

### Qui suis-je ? Un autre monde est possible

Dans un ouvrage récent intitulé *Pratique de l'éducation émotionnelle, une approche ludique*[2], qui est présenté comme un cours
imaginaire, j'ai découvert l'exercice suivant. Il porte une telle
promesse de citoyenneté nouvelle ancrée dans l'apprentissage
de l'intériorité et de l'ouverture de Conscience que je suis heureux de « célébrer » sa contribution à un nouveau monde en le
reprenant ici.

---

2. Michel Claeys Bouuaert, Gap, Éditions Le Souffle d'Or, 2004. L'auteur est psychothérapeute et enseignant à l'école internationale de Pékin. Ce livre reprend une série d'exercices ludiques d'éveil de conscience que je rêve de voir figurer dans tous les programmes scolaires.

**Exercice : Qui suis-je ?**

Les élèves ont eu un quart d'heure pour répondre en dix lignes maximum à la question : « Qui suis-je ? »

« Qui veut lire sa réponse ? Oui, David.

– Je m'appelle David, je suis un garçon né à Bangkok le 19 août 1987. Je mesure 1m 78, je suis blond et j'ai les yeux verts. J'ai deux sœurs, un chien et une tortue. Ma plus importante réussite à ce jour a été de remporter un tournoi de tennis junior, ce qui m'a valu d'avoir mon nom cité dans un journal. J'aime aussi jouer au piano et aimerais devenir joueur professionnel de piano jazz. Je suis plutôt amical et ouvert, j'aime rire avec mes copains. Je me sens bien dans ma vie et j'adore le cours d'Éducation Émotionnelle.

– Merci David. Voici donc la réponse de David à la question : « Qui suis-je ? » Bien, voyons cette réponse d'un peu plus près, à titre d'exemple. David, qui es-tu VRAIMENT ?

– Ben... Il n'y a pas un seul mensonge dans ce que j'ai dit.

– Je n'en doute pas un seul instant. David, es-tu ton nom ?

– Non.

– Donc, ce n'est pas cela que tu es. C'est quelque chose qui t'a été donné et qui sert surtout aux autres pour te repérer dans la masse. Ce n'est en tout cas pas ce que tu es. Qu'en est-il de tes sœurs, ton chien et ta tortue, ton piano, tes fringues et tes raquettes de tennis ? Est-ce cela que tu es ?

– Non.

– En effet, ce sont des choses que tu possèdes, si on peut dire... Si un jour tu perds tes raquettes ou ton chien, ou tout le reste, que reste-t-il de TOI ?

– ... Mon corps tout nu...

– Très bien, David. Mais tu sais, certaines personnes ont fait la difficile expérience de perdre un membre ou même un morceau de leur cerveau... Et ils sont toujours là, bien vivants. Ils sont toujours qui ils sont. Alors, quelle partie de ton corps est ton vrai TOI ?

– ... Peut-être n'est-ce pas mon corps. Peut-être est-ce ma conscience, mes ressentis, mes pensées...

– Ah, on se rapproche. Mais tes pensées, tes émotions, tes ressentis changent tout le temps. Peux-tu me dire quelles pensées et quels ressentis tu es ?

– ... Je suis... Peut-être simplement celui qui regarde ce qui se passe...

> — Très juste, David. Celui que tu es vraiment est dans cet espace intérieur qui observe l'expérience de la vie. Cette partie de toi qui dit simplement «je suis», bien au-delà de tout ce à quoi tu pourrais chercher à t'identifier. Les humains ont tendance à s'identifier à toutes sortes de choses, telles que leur nom, leur corps, leur rôle, leur histoire, leurs origines, leurs réalisations, leur culture, leur pays... et bien entendu leurs croyances et leur vécu émotionnel. Mais si je regarde d'un peu plus près, tout cela n'est pas ce que JE SUIS. Pourquoi pensez-vous que nous avons tendance à nous identifier à tout cela? Oui, Patricia?
> — Parce que nous ne savons pas vraiment qui nous sommes.
> — En effet, Patricia. Rappelez-vous notre sphère individuelle et son centre. Lorsque vous êtes dans la puissance de votre centre, vous n'avez pas besoin d'être désespérément à la recherche de ce qui donnera un sens et une valeur à votre existence. Vous êtes dans la force et la confiance, vous n'avez besoin de rien d'autre. Si vous n'êtes pas dans cet espace de force et de confiance, que se passe-t-il?
> — On se raccroche à tout ce qu'on trouve autour de nous.
> — Exact. C'est une quête désespérée qui ne mène qu'à la frustration et à la souffrance. On cherche alors à assurer son pouvoir sur les choses, à accumuler des possessions et à se sécuriser d'en l'avoir, alors que c'est dans l'être qu'on peut trouver son vrai pouvoir.

Vous voyez que s'interroger pour se transformer peut être ludique et léger. «Ce qui est lourd n'a pas d'avenir», disait Christiane Singer. Ce qui est grave non plus. La vie nous invite à la grâce et à la légèreté, comme celle de ce camélia que j'ai vu, à la mi-janvier, éclore d'une belle fleur rose dans notre jardin.

Qu'est-ce qui lui a pris de fleurir si tôt? Qui, dans ce jardin de ville, entre ces murs clos, lui a dit que son heure était venue?

Il le sait. Même en ville, il est relié au Tout.
Par l'intérieur.

Bruxelles, automne 2008

# ANNEXE 1

O ME!

O me! O life! of the questions of these recurring,

Of the endless trains of the faithless, of cities fill'd with the foolish,

Of myself forever reproaching myself, (for who more foolish than I, and who more faithless?)

Of eyes that vainly crave the light, of the objects mean, of the struggle ever renew'd,

Of the poor results of all, of the plodding and sordid crowds
I see around me,

Of the empty and useless years of the rest, with the rest me intertwined,

The question, O me! so sad, recurring – What good amid these,

O me, O life?

Answer
That you are here – that life exists and identity,

That the powerful play goes on, and you may contribute a verse.

WALT WHITMAN
Extrait de LEAVES OF GRASS

# ANNEXE 2

**Êtes-vous un Créatif Culturel ?**
Cochez les cases qui correspondent aux déclarations avec lesquelles vous êtes d'accord.
- ❏ Vous aimez la nature et sa destruction vous inquiète.
- ❏ Le sort global de la planète vous touche (réchauffement climatique, destruction des forêts tropicales, surpopulation, prise en compte insuffisante des impératifs de la durabilité écologique dans le système en place, exploitation des populations des pays pauvres) et vous souhaitez que l'on fasse plus pour l'améliorer, même si ceci implique de limiter la croissance économique.
- ❏ Vous seriez prêt à payer plus d'impôts ou de taxes, ou à payer des biens de consommation plus cher si vous aviez la preuve que l'argent récolté est bien utilisé pour la protection de l'environnement.
- ❏ Vous attachez beaucoup d'importance à la qualité des relations humaines.
- ❏ Vous considérez qu'il est important d'encourager et d'aider chacun à mettre en valeur les dons, talents et richesses uniques de sa personnalité.
- ❏ Vous faites du bénévolat pour une ou plusieurs causes.
- ❏ Le développement spirituel et psychologique est un domaine qui vous est familier.

- ❏ La spiritualité et la religion sont des aspects importants de votre vie, mais vous vous inquiétez de l'influence des intégrismes religieux.
- ❏ Vous souhaitez que les femmes soient traitées à l'égal des hommes, notamment dans le monde professionnel, voir plus de femmes à la tête des entreprises et des partis politiques.
- ❏ Vous êtes alarmés par les violences et les mauvais traitements que subissent les femmes et les enfants dans le monde entier.
- ❏ Vous souhaitez que les dépenses publiques et la politique en général soient plus orientées vers l'éducation et le bien-être des enfants, vers la réhabilitation des quartiers et des communautés, vers la création d'un système écologiquement stable et durable permettant de préserver l'avenir.
- ❏ En politique, vous n'êtes satisfait ni par la droite ni par la gauche, ni même par un centre mitigé.
- ❏ Votre vision de l'avenir est plutôt optimiste et vous vous méfiez du pessimisme et du cynisme que véhiculent les médias.
- ❏ Vous souhaitez vous impliquer activement dans la transformation de la société.
- ❏ Vous désapprouvez les méfaits des entreprises accomplis au nom du seul profit (licenciements, dégradation de l'environnement, exploitation des pays pauvres et de leurs populations).
- ❏ Vous surveillez vos dépenses et évitez de « surconsommer ».
- ❏ Vous désapprouvez la manière qu'a la culture moderne de toujours mettre l'accent sur la compétition, le succès et la réussite, sur l'acquisition et l'accumulation de nouveaux produits, et sur les signes extérieurs de richesse et le luxe.
- ❏ Vous êtes ouvert à ce qui vous est étranger : personnes, lieux et modes de vie.

Si vous êtes d'accord avec au moins dix déclarations de la liste, vous êtes probablement un Créatif Culturel.

# REMERCIEMENTS

En terminant ce livre, il me semble mettre la dernière main – pour le moment – à un travail d'équipe, équipe que je tiens à remercier de tout cœur.

D'abord toute ma reconnaissance va à Valérie et à nos trois filles qui ont eu la patience d'accueillir, au sein de la vie quotidienne, durant de nombreux mois, un mari et père pris par un long accouchement... Leur tendresse joyeuse est mon meilleur ancrage.

Je remercie ensuite toutes les personnes qui, avec confiance et sincérité, m'ont partagé l'essence de leur cheminement vers l'être depuis tant d'années, lors d'activités avec les jeunes d'abord, puis au cours de consultations et à l'occasion de séminaires et conférences, et enfin par courrier. Puisse leur contribution généreuse à la matière de ce livre encourager et éclairer bien d'autres personnes.

J'ai également beaucoup de gratitude pour les auteurs, chercheurs, sages, poètes et voyageurs et toutes les personnes dont les oeuvres ou la vie ont inspiré et nourri ma réflexion.

Puis, je remercie les amis qui ont consacré du temps à la relecture d'éléments ou de la totalité de mon manuscrit: Régine et Léon Parez, Catherine Schmider, Isabelle Rolin, Sandrine Van Dooren, Dominique Lahaut, Claire de Crayencour, Dominique Thommen, Anna Hofele, Sylvie d'Aoust et tout particulièrement mon éditeur, Erwan Leseul, pour la finesse et la profondeur de son analyse et de ses commentaires.

Je remercie tout spécialement Anna Hofele et Catherine Pirlot pour leur patient travail d'encodage et de mise en page du manuscrit.

Enfin, j'ai toujours beaucoup de reconnaissance pour les proches dont l'amitié et la collaboration si attentionnée m'ont permis d'être disponible pour l'écriture : Géry Froment, Cécile Denis, Sylvie d'Aoust, Jocelyne et Jean-Marie Theny.

# TABLE DES MATIÈRES

### INTRODUCTION
**L'intériorité qui transforme** .................................... 9
   Qui *fuis-je*, où *cours-je* et à quoi *sers-je*? ............. 9
   Qui fuyons-nous? ................................. 10
   Où courons-nous? ................................ 11
   À quoi servons-nous? ............................. 15
   Ce dont nous manquons, ce n'est pas
      de ressources, mais d'accès à ces ressources ....... 17

### PREMIÈRE PARTIE
**L'intériorité: Une notion psy, chrétienne, zen, *new age*,
ou le lieu même de notre humanité?** ................. 21

**Chapitre 1**
**Quitter l'« ENFER-mement »** ........................ 25
   Témoignages ..................................... 26
   Qu'elle soit citoyenne, philosophique ou spirituelle,
      l'intériorité est le creuset de notre humanité ...... 43

**Chapitre 2**
**Entrer dans l'« OUVERT-ure »** ..................... 47
   Témoignages ..................................... 50
   Priorité à l'Être dès l'enfance: le savoir, le faire
      et l'avoir suivront ............................ 59

**Chapitre 3**
**Il est urgent de ne rien faire, par moments** . . . . . . . . . .  67
   Se rendre disponible pour la transformation . . . . . . .  67
   Conscience, force intérieure et
      transformation sociale . . . . . . . . . . . . . . . . . . . . . . .  68

## DEUXIÈME PARTIE
**D'où venons-nous ? Pourquoi sommes-nous
à ce point coupés de notre intériorité ?** . . . . . . . . . . . . .  71

**Chapitre 4**
**Notre culture nous tire hors de nous**. . . . . . . . . . . . . . . .  75
   Notre culture occidentale divise et cloisonne
      plutôt qu'elle unit et relie. . . . . . . . . . . . . . . . . . . . . .  75
      Une culture chosifiante . . . . . . . . . . . . . . . . . . . . .  77
      Manger ou être mangé. . . . . . . . . . . . . . . . . . . . . .  84
      Chosification et catastrophes naturelles . . . . . . .  86
      Chosification et malaises sociaux . . . . . . . . . . . . .  89
      Un malaise plus général se répand :
         l'insatisfaction profonde de l'être. . . . . . . . . . . .  91
      Comment créer des modes de vie choisis : trouver
         un sens personnel et vivant à l'existence. . . . . .  92
      Changer nos logiciels personnels = changer
         notre culture commune . . . . . . . . . . . . . . . . . . .  93
      Souffrance et métamorphose. . . . . . . . . . . . . . . . .  96
      L'Univers est inspiré, tout interagit . . . . . . . . . . .  100
   Nos systèmes éducatifs nous tirent hors
      de nous-mêmes . . . . . . . . . . . . . . . . . . . . . . . . . . . .  104
      Les « il faut… tu dois… » . . . . . . . . . . . . . . . . . . . .  107
      Le double vaccin anti-bonheur . . . . . . . . . . . . . .  109
         Nos besoins s'emboîtent comme des poupées
         russes : toutes sont creuses, sauf l'ultime . . . .  111
      Le piège du « faire en oubliant d'être » . . . . . . . .  114
         La peur du vide et la surprogrammation . . . .  121
         Nous sentir « bougés de l'intérieur » . . . . . . . .  125
         L'Être en nous sait. . . . . . . . . . . . . . . . . . . . . . .  127
         Se laisser toucher par « ce qui ne peut
         être conçu » . . . . . . . . . . . . . . . . . . . . . . . . . . .  128

> La dualité et la pensée binaire.............. 131
>> Le travail de la conscience en spirale
>> concentrique .......................... 135
>> Le Bien et le Mal : l'archétype de la pensée binaire 140
> Nos références et pratiques religieuses
> ne garantissent pas l'intériorité.............. 143

## Chapitre 5
## Notre nature d'être incarné nous éloigne
## de notre être ....................................... 149
> « Je suis un être infini coincé dans un corps "fini" ».. 150
> La nostalgie de la plénitude ou du Paradis perdu :
> l'individuel pleure l'universel................. 159
>> Abdallah, chamelier, licencié en droit ........ 160
>> Nicolas Hulot et les Indiens Zo'é : sans un certain
>> niveau de conscience, tout le système
>> se dérégule.................................. 162
> Rentrer d'exil .................................. 166
> La contraction, la peur de manquer et le besoin
> de reconnaissance ........................... 170

## Chapitre 6
## Nous avons plus appris à compenser qu'à vivre ..... 177
> Diverses formes d'avidité...................... 178
> Le droit au bonheur et l'obligation d'être heureux... 180
> La fascination pour l'horreur (et tout ce qui va mal) . 181
> Le prétendu droit à la sécurité totale ............. 183

## TROISIÈME PARTIE
## Où allons-nous ? Temps nouveaux,
## conscience nouvelle ................................ 187

## Chapitre 7
## Temps nouveaux.................................... 191
> On a médité au Parlement européen ............ 193
> L'Âge noétique................................. 195
>> La révolution quantique, les champs
>> morphiques et la conscience élargie........... 197

| | |
|---|---|
| La première mésange et la bouteille de lait | 201 |
| Le centième singe et les patates | 202 |
| L'effet de masse critique | 203 |
| L'eau est consciente et notre cerveau fait des vagues | 204 |
| La conscience élargie ou « l'esprit étendu » (*the extended mind*) | 204 |
| L'ère de la convivialité cosmique | 208 |
| Au-delà de toi et moi : Nous | 208 |
| L'intention agit à distance | 210 |
| Le recueillement sert la cohérence sociale | 211 |
| L'intériorité : un apprentissage non confessionnel qui ne coûte rien, et dont le bénéfice n'a pas de prix | 212 |

## Chapitre 8
## Conscience nouvelle : choix et voies d'aujourd'hui ... 217

| | |
|---|---|
| Choix nouveaux | 218 |
| L'émergence des Créateurs de Culture | 218 |
| Des citoyens et citoyennes deviennent eux-mêmes le changement | 222 |
| Le besoin de cohérence et l'aventure intérieure | 225 |
| La simplicité volontaire : une démarche personnelle de décroissance | 227 |
| Pierre, de la banque au potager | 228 |
| Les peurs, les doutes, les renoncements et les frictions sont des ingrédients, et non des accidents, du processus | 231 |
| La décroissance économique et la croissance spirituelle | 235 |
| Voies nouvelles | 238 |
| De l'adhésion à l'expérience intérieure : vers l'intériorité du citoyen | 238 |
| La psychologie positive | 239 |

L'intériorité transformante : des outils,
   des processus, des ateliers .................. 241
Le citoyen du troisième millénaire aura une vie
   intérieure nourrie et nourrissante. ........... 246
Qu'importe le nom de la source, pourvu que
   nous puissions y boire .................... 247
Expérience personnelle, appartenance
   à la collectivité et participation à l'univers ..... 250

### CONCLUSION
Quelques outils simples de pratique de l'intériorité . 260
Écouter et demander : émettre et recevoir
   par la méditation et la prière ................ 261
Respirer ...................................... 262
Contempler ................................... 263
L'ego et l'être, comme un sucre au bord d'une tisane 264
Explorer plus largement notre espace intérieur ..... 264
Qui choisit ?. ................................. 268
Ma façon d'être au monde témoigne-t-elle du monde
   dont je rêve ?. ............................ 269
Trois chaises pour asseoir l'élan ................. 270
Qui suis-je ? Un autre monde est possible ......... 272

**Annexe 1** .................................... 275
**Annexe 2** .................................... 277
**Remerciements** ............................. 279

Achevé d'imprimer au Canada
sur papier Quebecor Enviro 100% recyclé
sur les presses de Quebecor World Saint-Romuald